高校体育教学与训练

杨 迁 海 冰 李 萍 主编

电子科技大学出版社
University of Electronic Science and Technology of China Press

·成都·

图书在版编目(CIP)数据

高校体育教学与训练/杨迁,海冰,李萍主编.--成都:电子科技大学出版社,2023.12
ISBN 978-7-5770-0726-7

I.①高... Ⅱ.①杨...②海...③李... Ⅲ.①体育教学-教学研究-高等学校 Ⅳ.①G807.4

中国国家版本馆CIP数据核字(2023)第231322号

高校体育教学与训练
GAOXIAO TIYU JIAOXUE YU XUNLIAN

杨 迁　海 冰　李 萍　主　编

策划编辑　刘　凡
责任编辑　刘　凡

出版发行	电子科技大学出版社
	成都市一环路东一段159号电子信息产业大厦九楼　邮编 610051
主　页	www.uestcp.com.cn
服务电话	028—83203399
邮购电话	028—83201495
印　刷	成都市火炬印务有限公司
成品尺寸	185mm×260mm
印　张	14
字　数	314千字
版　次	2024年5月第1版
印　次	2024年5月第1次印刷
书　号	ISBN 978-7-5770-0726-7
定　价	68.00元

版权所有,侵权必究

前 言

20世纪末,"科教兴国"就已经成为我国未来发展的主要战略,教育要面临的是世界范围的竞争,在经济全球化背景下的国际竞争中,高等教育对高层次人才的培养成为实施科教兴国战略的关键环节。

体育教育是我国教育事业的重要组成部分,实施体育教育对于现代全面、优秀人才的培养具有重要的作用与价值。高校体育顾名思义就是针对高等教育这一群体设置的体育课程。其旨在于激发大学生锻炼兴趣、促进其心理健康发展。在全面推进素质教育改革的过程中,学校体育作为高校教育的重要组成部分,肩负着培养全面发展人才的使命。高校作为人们接受系统体育教育的最后一站,更应该立足于自身特点,结合国际形势发展以及社会需求,在高校体育教育中形成有特色的体育教学创新理念,为培养适应未来社会需求的复合型人才,发挥体育教育独特的功能。

本书主要集中于高校体育教学的理念与实践进行阐述,将创新性与实践性相互结合,知识性趣味性强、理论研究科学严谨、语言描述准确、章节划分得体、结构体系完整,希望可以为阅读本书的广大读者受众带来一定的收获。

笔者在撰写本书过程中参考了一些专家、学者的研究成果和著作,在此表示衷心的感谢。由于时间仓促,水平有限,书中不足之处在所难免,恳切希望广大读者、专家批评指正。

目 录

第一章 体育与体育教学 …………………………………………………… 1
　第一节 体育概述 ………………………………………………………… 1
　第二节 体育教学的概念与性质 ………………………………………… 11
　第三节 体育教学原则 …………………………………………………… 13
　第四节 体育教学过程 …………………………………………………… 21
　第五节 体育教学评价 …………………………………………………… 27

第二章 高校体育教学综述 ………………………………………………… 35
　第一节 高校体育课程教学理论 ………………………………………… 35
　第二节 高校体育课程与教学目标 ……………………………………… 41
　第三节 高校体育教学价值观与目标思考 ……………………………… 45
　第四节 高校体育教学内容结构体系的构建 …………………………… 51

第三章 高校体育的教学内容 ……………………………………………… 55
　第一节 高校体育教学内容概述 ………………………………………… 55
　第二节 高校体育教学内容资源的挖掘与开发 ………………………… 61
　第三节 高校体育教学内容的编排与选择 ……………………………… 63
　第四节 高校体育教学内容的革新与发展研究 ………………………… 69

第四章 高校体育教学方法创新 …………………………………………… 73
　第一节 体育教学方法概述 ……………………………………………… 73
　第二节 传统体育教学方法及应用 ……………………………………… 77
　第三节 符合现代教育理念的体育教学方法 …………………………… 88

第四节　大学体育教学方法的创新与发展 …………………………… 92

第五章　体育教学的思维创新 …………………………………………… 99
　　第一节　思维创新概述 ……………………………………………… 99
　　第二节　思维创新的培养 …………………………………………… 101
　　第三节　思维创新在体育教学中的应用 …………………………… 105
　　第四节　以思维创新构建体育教学创新体系 ……………………… 110

第六章　高校体育教学模式创新 ………………………………………… 113
　　第一节　高校体育教学模式的概述 ………………………………… 113
　　第二节　合作学习体育教学模式 …………………………………… 118
　　第三节　多媒体网络体育教学模式 ………………………………… 122
　　第四节　高校体育教学模式的发展 ………………………………… 130
　　第五节　高校体育翻转课堂教学模式 ……………………………… 133

第七章　体育教学与运动训练研究 ……………………………………… 139
　　第一节　体育教学与运动训练的关系 ……………………………… 139
　　第二节　运动训练与体育教学的发展趋势 ………………………… 142
　　第三节　体育教学与运动训练理论实践研究 ……………………… 145
　　第四节　体育运动训练对体育教学的启示 ………………………… 148

第八章　体育课堂教学技能训练 ………………………………………… 153
　　第一节　体育课堂教学技能分类与形成 …………………………… 153
　　第二节　体育课堂教学技能训练过程与原则 ……………………… 160
　　第三节　体育课堂教学技能训练模式 ……………………………… 164

第九章　高校体育运动体能综合训练方法 ……………………………… 177
　　第一节　促使力量素质提升的训练方法 …………………………… 177
　　第二节　促使速度素质提升的训练方法 …………………………… 189
　　第三节　促使耐力素质提升的训练方法 …………………………… 199
　　第四节　促使灵敏素质提升的训练方法 …………………………… 206

参考文献 …………………………………………………………………… 217

第一章 体育与体育教学

第一节 体育概述

一、体育的概念和组成

（一）体育的概念

自从有人类以来，任何事物的产生和发展都是以社会需求为根本依据的。体育作为一种社会现象，也是随着人类社会的出现和演化而产生和不断发展的。这个过程由萌芽到发展再到不断完善，其本质是根据生产和生活需要，遵循着人体身心的发展规律，以身体练习为基本手段，为实现增强体质、提高运动技术技能水平、提升个人意志力和丰富社会文化生活而进行的一种有意识、有目的的社会活动，是伴随人类社会发展而逐步建立和发展起来的一个专门的科学领域。

体育萌芽于原始社会。原始人类依靠个体或群体行动采集野果、狩猎、捕鱼等获得各种食物，维持个体或群体的生存。他们的思想还停留在一种懵懂的意识状态，生活状态极为简单，生产工具极为简陋，这些活动还不是真正的体育，只能称为生活和劳动。在原始社会虽不复杂却极其艰苦的劳动中，竞技性和娱乐性是偶尔存在的，但体现出来的却不是体育的特征。因此，原始社会萌芽时期的体育，只能说是一种生活技能教育展示或传承而已。

体育虽然历史悠久，而"体育"一词却出现得比较晚，19世纪中叶才由国外传入我国。其本义是指以身体活动为手段的教育，直译为"身体的教育"，简称为"体育"。体育刚传入我国时是作为教育的一部分而出现的，主要是指身体的教育，是一种与维持和发展身体的各种活动有关联的教育过程，与国际上理解的体育是一致的。

随着社会的进步和体育事业的不断发展，体育的目的和内容都大大超出了原来的范畴，其基本概念也出现了广义和狭义之分。广义的体育是指以身体练习为基本手段，结合自然环境因素和卫生措施，达到增强体能、增进健康、丰富社会文化娱乐生活等目的的一切社会活动。体育对于促进身体的正常发育和发展、提高人们的心理健康水平、增强社会适应能力、培养全面发展的人才具有重要的作用。狭义的体育是指在学校教育环境中，以指导学生学习和掌握体育的基本知识和技能为基本方式，帮助学生形成体育锻炼意识，提高体育活动能力，增进身心健康的教育活动。体育既是教育的有效手段，又是教育的重要内容。

近年来，国内体育工作者对"体育"的概念进行了一些界定，比较趋于一致的是："体育是以身体活动为媒介，以谋求个体身心健康、全面发展为直接目的，并以培养完善的社会公民为终极目标的一种社会文化现象或教育过程"。这一定义既说明了它的本质属性——"发展体育运动，增强人民体质"，又指出了它的归属范畴——教育内容的重要组成部分，同时也把自身从与其邻近或相似的社会现象中区别开来。

（二）体育的组成

体育一经产生便具有了丰富的内容，它的发展也不是孤立的，而是随着人类本身发展和社会交际需要形成的。生产力的发展和提高，以及科学技术的进步与应用，又为体育发展提供着良好的条件，使体育从发展之初到现在逐渐成为大家重视的现代体育，所以，体育被人们公认为"文明的窗口""国与国交流的使者""科学与进步的标志"。体育由学校体育、竞技体育和社会体育三部分组成。

1. 学校体育

学校体育亦称体育教育，它是学校教育的重要组成部分，也是国民体育的基础。为了实现教育、教养及发展身体的总目标，不同层次的学校体育按不同教育阶段，通过体育教学、课余体育训练及课外体育活动这三种基本组织形式，围绕增强体质这个主要任务，解决与之有关的各项任务。学校体育处在学校这个特定领域，实施内容被纳入学校总体计划，实施效果有相应的措施予以保证，从而与其他教育环节共同构成了一个完整的教育过程。

2. 竞技体育

竞技运动"Sport"源于拉丁语"Cisport"，其原本含义是"离开工作"，通过一些有趣的游戏转移自己的注意力，使自己高兴起来。它强调了诸多的娱乐功能，是社会文化不可分割的一部分。随着社会的发展，强调竞技运动的竞赛渐渐成为主流。所以，虽然现代竞技运动还保留着游戏和娱乐的因素，但这些因素已经退到次要地位了。现代竞技运动具有以下特点：

第一，具有激烈的对抗性和竞赛性。它需要人类不仅付出身体上的努力，还有智力与非智力的激发和利用，这也是竞技体育最为突出的特征。

第二，竞技运动的竞赛一般都具有国际性，有明确且世界公认的竞赛规则。这些规则有史可查，具有公信力，因此，竞赛的结果也会得到认可。例如，一个国家在奥林匹克运动会的金牌榜上的排名往往能一定程度地说明其体育水平在世界上的地位。

第三，竞技体育往往以团体为参加单位，各代表团成员分工明确，为荣誉而战。它不再像单纯的游戏一样，仅仅是为了个人的消遣或娱乐，而是在很大程度上强调追求名利。

通过以上三个特点，我们可以这样概括：现代竞技体育已经超出了活动本身的意义，各国为赢得各类赛事投入大量人力、物力和财力。对于运动员和教练员来说，参加比赛和获得成绩也成为他们日常生活中的主要压力和主要任务之一。

由于竞技运动的表演技艺高超、竞争性强，因此，体育比赛有相当的受众市场。有关足球、篮球、排球及田径、乒乓球比赛的录像视频和调查数据表明，体育项目的收视率会因大型赛事的到来而迅速提高。同时，竞技体育容易传播精神力量，如中国女排精神等，在活跃社会文化生活、振奋民族精神、促进各地人民之间的友谊和团结等方面，有着特殊的教育作用。

3. 社会体育

社会体育又叫大众体育或群众体育。它是随着体育事业不断发展而衍生出来的新的体育形式，是一种以健身、娱乐、休闲、医疗和康复为目的的体育活动，它最大的特点是具有全民参与性。我们常见的娱乐体育、休闲体育、余暇体育、养生体育或医疗体育均在此范畴之内。从世界发展趋势来看，社会体育作为现代体育发展的重要标志，无论普及程度或开展规模大小，都不亚于竞技体育。随着全民生活水平的提高，全民体育意识和健康意识的日益增强，人们开始把健身器械引进家庭，并涉足保龄球、网球、台球、高尔夫球等消费较高的体育活动，远足、探险、自驾游等体育活动也方兴未艾。不仅如此，各种体育俱乐部、体育健身乐园、健康娱乐中心正如雨后春笋般涌现，吸引着大批体育爱好者。这些现象表明，我国社会体育已经进入了一个新的发展阶段。

进入21世纪，随着工业化、信息化和知识经济时代的到来，科学技术和生产力的发展都达到了人类社会前所未有的水平，体育的地位日益提高，已成为世界的共识，体育已经上升为国家战略，成为国泰民安的标志。体育，不仅是现代生活的一种时尚，也是一种平衡人际关系的有效工具，还是一种具有凝聚力的民族文化，更是人们度过闲暇时光的理想娱乐方式，带给社会、家庭一种和谐与幸福。

二、体育的基本功能

体育课教学是大学教育中的重要组成部分，是实现我国大学体育目的、任务的主要途径之一。

体育之所以能够存在且不断发展，取决于体育本身的特点和社会的需要。体育的功能可以归纳为健身功能、教育功能、经济功能、政治功能、促进个体社会化功能、社会情感功能、娱乐功能等。

（一）健身功能

体育是通过身体运动的方式来进行的，它要求人体直接参与各种活动。这是体育最本质的特点之一，并且决定了体育具有健身功能。

1. 体育健身，改善和提高中枢神经系统，使人头脑清醒、思维敏捷

大脑是人体的指挥部，人体一切活动的指令都是由大脑发出的。大脑的质量一般约占人体质量的2%，但它所需要的氧气却由心脏总输出量的20%来供应，比肌肉工作时所需血量多15~20倍。参加体育运动，特别是到空气新鲜的大自然中活动，可以改善大脑的供血情况，促进大脑皮层的兴奋性和抑制性，使兴奋和抑制更加集中，神经功能的均衡性和灵活性得到加强，对体外刺激的反应更加迅速、准确，使大脑的综合分析能力得到加强，从而使整个机体的工作能力也随之得到提高。

2. 体育健身，促进有机体的生长发育，提高运动能力

从出生到大学阶段，人都处于生长期。所谓生长，是指由于细胞的繁殖和细胞间质的增加所形成的形体变化，它是人体量变的过程。而发育则是有机体各器官系统的结构逐渐完善，生理机能逐渐成熟的过程。

骨骼是人体的支架。骨骼的生长发育不仅对人体形态有重要影响，而且对内脏器官的发育，以及人的劳动能力和运动能力都有着直接的影响。骨骼的生长是软骨不断增生和骨化的结果，体育运动能刺激软骨增生，从而促进人的骨骼的生长。同时，经常参加体育运动的人还能使骨骼变粗，骨密质增厚，骨骼抗弯、抗折的能力增强。实验证明，普通人的股骨只要承受300千克的压力就会折断，一个经常从事体育运动的运动员的股骨则可以承受350千克的压力而不断。

人体的任何运动都是通过肌肉收缩来完成的，肌肉本身又是体现人体外形美的重要方面，发达而结实的肌肉还能提高劳动能力和运动能力。经常从事体育运动，

可以改善血液供应状态,增加肌肉的营养物质,特别是蛋白质的含量,使肌肉纤维变粗,工作能力加强。一般人的肌肉质量只占体重的40%左右,而运动员的肌肉质量可以占体重的45%～50%。同时,运动还可以促使肌肉储备更多的能量,以适应运动和劳动的需要,提高运动能力和劳动效率。

3. 体育健身,促进人体内脏器官的改善和机能的提高

体育运动能使人体内能量消耗增加,代谢产物增多,血液循环加速,从而使循环系统、呼吸系统、消化系统、排泄系统的机能得到改善,使主管这些系统机能的器官(心脏、肺脏等)在结构上发生变化。经常运动还能使心肌力增强、心壁增厚、心脏容积增大。在机能上,脉搏输出量增加,心搏频率就会减少,出现"节省化"的现象。肺的功能也会因运动而提高,肺活量增大,呼吸深度就会加大。

4. 体育健身,调节人的心理,使人朝气蓬勃、充满活力

从事体育运动能调节人们某些不健康的情绪和心理,使人心情舒畅、精神愉快。美国心理学家德里斯考(Driscoll)曾经对跑步进行过实验,发现跑步能成功地减轻大学生在考试期间的焦虑情绪。他还发现,有紧张、烦躁等情绪的学生,只要散步15分钟后,紧张的情绪就会缓和下来,烦躁的心态就会松弛下来。

5. 体育健身,防病治病,推迟衰老,延年益寿

人作为生物体,从胚胎、生长、发育、成熟,直到衰老、死亡,这是一个不可逆转的客观规律,任何人都不可避免地要受到这一规律的制约。但是,人体的发展变化可以向不同方向演变,在有利的条件下,诸如生活方式科学、合理膳食、合理作息等,是可以推迟衰老,促进健康长寿的;而在不利的条件下,人的体质衰退较快,甚至会未老先衰。有许多事实证明,每天坚持跑步10分钟或散步1小时的人,较之不常运动的人心脏机能年轻20岁左右。

总之,体育运动的健身功能已得到了科学证实。经常从事体育运动能使青少年体格健全、体形健美、姿态端正、动作矫健、思维敏捷;使中年人身体健康、精力旺盛;使老年人延缓衰老、健康长寿。

当然,在提高健康水平方面,体育并不是万能的,但是没有体育运动也是不行的。它必须与其他措施(如营养、医药、卫生等)相互配合,如此才能培养出更加完美、更加适应现代社会工作和生活所需要的人。

(二)教育功能

人的社会属性决定了人的社会化,体育是人在整个社会过程中至关重要的一环。由于体育运动是个社会互动的场所,它在不知不觉中就促进了个体更好地社

会化。

由于体育竞赛具有群众性、国际性、技艺性和礼仪性等特点,它也变成了传播价值观的理想载体。人们总是能够从体育中得到振奋的精神力量,从而和社会、国家保持一致,这使得体育竞赛往往具有超越本身的价值,产生不容忽视的教育作用。比如在国际比赛中,运动员必须按规定佩戴所代表国家的鲜明标志,竞赛规则又规定比赛结束颁奖时,要升国旗、奏国歌,这就更增强了体育竞赛的国家意识。一场重大的国际比赛,能引起世界各国瞩目,获胜的国家往往出现举国狂欢的景象。特别是随着国际性通信网络的发展,体育运动更成长一种富有感染力、易于传播的精神力量。由此可见,体育运动的教育作用是十分广泛、非常深刻的。

(三) 经济功能

今天,体育运动的经济功能已经被我国广大人民群众理解和接受。当前,在国际上,一些经济发达的国家和地区非常重视发挥体育的经济效益。体育运动经济效益的实现主要有以下途径:

第一,从大型比赛中获取收入,如出售体育比赛的电视转播权、收取体育赛事的广告费、发售体育彩票、发行纪念币、门票收入等。

第二,在日常体育活动中增加收入,如提供带有体育设施的健身房、娱乐场所等。

第三,获得国家、企业或个人的赞助,以及提供国际重要赛事的运动器械、服装等物质产品的赞助等。

(四) 政治功能

体育运动具有明显的政治功能,主要体现在以下几个方面:

第一,为国争光,提高民族自信心和自豪感,提高国家声望,振奋民族精神。国际体育竞赛不仅是国与国体育运动实力竞争的舞台,也是展示一个国家的政治、经济、文化水平的窗口。因此,比赛的胜负关系国家的荣誉,世界各国无不重视体育运动的政治意义。

第二,为国家外交服务。国际体育可以突破世界上各种语言和文化的障碍而进行,所以,人们把体育看作一种为外交活动服务的文化交流工具。

第三,促进国内政治一体化。所谓一体化,就是使人同集体达到和谐的联合,成为一体。这个集体,小至一个班、一个队,大至一个民族、一个国家。体育是促进一体化的有效手段。

体育运动有一种内聚力,可以增强一个团体的向心力,促进团结。体育运动是联合各民族的纽带，是沟通各阶层、各党派、各团体之间关系的桥梁，是促进国家统一的催化剂。

(五) 促进个体社会化功能

体育运动具有群体性、个体性特征，自然具有个体社会化意义。个体社会化，即人的社会化，是指生物意义上的人变成社会体系中的人的过程。人刚出生时，只是一个生物意义上的人，要成为一个社会体系中的人、一个社会群体所需要的人，就必须学习社会或群体的规范，知道社会或群体对他们的期待，从而逐步具有作为这一社会或群体成员所要求具备的知识、技能、态度、情感和行为等。

在人的整个社会化过程中，体育运动起着非常重要的作用，不论是作为内容还是作为手段，体育运动都是不可缺少的。体育运动具有促进个体社会化的功能，具体体现在以下几点：

第一，教导基本生活技能。科学研究证明，人刚出生时的本能不如动物，适应环境的能力很差，连最简单的坐、立、走都不会。人的基本生活技能都是靠后天学习历练获得的。体育运动是培养这些技能的主要手段和途径之一。比如医护人员给婴儿做被动体操，可以算是人出生后最初的体育活动。它既是一个发展身体的过程，也是为掌握基本生活技能打基础的教育过程。对于幼儿来说，体育游戏更是他们生活中的主要活动内容之一，能够促进他们的生长发育，增强他们的身体素质。他们在游戏中可以学会走、跑、跳、攀登、搬运等最基本的生活技能，从而提高自身的生活能力。

第二，传授文化科学知识。青少年需要学习的文化知识中，有关身体健康和体育运动的知识是十分必要和重要的内容。这些知识是青少年学会合理、健康生活方式的前提条件。在人们的社会化过程中，有必要在童年时期就让他们懂得什么才是健康生活，教他们学会合理且有益的休息方法，并且通过传授这些知识，不断发展他们的精神需要，以培养他们享受人类所创造的物质文明和精神文明，提高学习、理解和享受这些文化财富的能力。

第三，培养社会规范，发展人际关系。体育运动本身是一个有章可循、循序渐进且有一定约束力的社会活动，又是在一定的执法人——裁判员或是教师、教练员的直接教育、辅导、监督下有组织进行的活动。这对培养年青一代遵守社会规范具有强化作用。

另外，体育运动实际上也是一个社会互动的过程。在体育活动中特别是在激烈对抗的比赛中，个人之间、集体之间会不时地经受着品德和意志品质的考验。比如，3000米、5000米长跑到了疲劳"极点"时，是坚持下去还是半途而废；对方发生犯规时，是毫不计较还是立刻"以牙还牙"；篮球比赛时，集体配合不够默契导致比赛失利，是互相鼓励还是互相抱怨……这些都是自我教育或接受教师、教练员教育的良好机会，是学会处理人际关系、养成遵守社会规范习惯的一种强化、矫正的过程。

（六）社会情感功能

体育运动具有社会情感功能，而社会情感功能与人的社会心理稳定性直接相关。所谓心理稳定性，是指人的心理与社会相一致，或者说是人的社会心理平衡。在比较正常的情况下，社会群体内的个人需要基本一致。在心理平衡的内在作用下，人们能够努力工作，遵守社会规范，为社会作贡献。

体育运动的社会情感功能是其他社会活动所不能媲美的。一些重大的比赛，往往是多个国家和地区实况转播，观众数量达到十几亿或几十亿。相比之下，其他任何文学、艺术、娱乐形式，都无法达到同一时间内拥有如此众多的观众或欣赏者。体育运动独具一格的生动性特点，可以使人们在身体活动的实际体验中，对自己的健康、工作、生活和未来，充满着期待和信心，从而使整个民族朝气蓬勃、生机盎然。在不断调节社会心理平衡方面，体育运动起着"安全阀"和"出气孔"的作用。

（七）娱乐功能

文体不分家，娱乐功能融入其中。我们每个人都面临着如何安排业余生活这个现实的社会问题。生活是丰富多彩的，健康文明的业余生活吸引着每个有志青年，如果科学合理地参与其中，不仅可以使人们在繁忙的劳动之后得到休息，还可以陶冶情操，愉悦身心，培养高尚的品格，提升生活的情趣。

体育运动由于技术的精确丰富性、造型的艺术性、配合的默契性和容易接受的朴素性，已经成为现代人业余生活的一个重要的组成部分，能起到丰富社会文化生活、满足人们精神需求的作用，我们称其为体育的娱乐功能。

总之，体育运动的七大功能是一个整体，它的各种功能既各有侧重，又互相交叉，都不是完全孤立存在的。体育功能的实现是有条件的，不是自然而然的结果。如健身功能并不是参加体育运动的必然结果，如果违背了科学规律和原则，盲目地锻炼身体或训练，不仅对健康无益，反而会给身体带来损害。

三、体育与现代社会

人类进入现代社会，体育成为社会生活不可分割或不可低估的组成部分。也就是说，体育不仅与现代社会关系密切，而且体育运动对现代人有着不可忽视的意义。

（一）体育与现代社会的关系

体育以它的独特的方式锻炼人们的意志品质，完善人们的心智，增强着人们的体质，陶冶人们的性情。体育从古至今，促进着人类社会不同程度地向前发展，逐渐成为现代化社会生活中一种积极健康的力量。体育像人体的血液，不断奔流，渗透到社会机体的各个部分，已经形成一种规模巨大、结构复杂的社会文化现象。

现代社会的发展趋势已经突出表现为市场经济与经济全球化在竞争中快速发展，科学技术高度现代化、信息化、数字化，生产劳动与自动化和效率化联系，人工智能制造与文明程度不断提高，物质生活愈加丰富快捷。科学技术在为人类提供着现代化的工作和生活条件的同时，又带给人们过多的心理刺激。人们如果不能适应现代社会生活的高品质和快节奏，就会在生理上、心理上出现许多不可名状的障碍，最后导致所谓的"现代文明病"的发生和人体健康水平的下降。我们应该知道，现代社会使人们在尽情分享各种物质文明的时候，也会遇到不可回避的困惑或负面效应。这些都是娱乐休闲和身体锻炼太少、饮食营养过剩等综合原因造成的。很显然，要预防或消除这些对人类的伤害，人们必须有清醒的认识和自觉自律的、科学合理的行动，即充分认识体育运动在人类现代社会生活中的重要性。

大量事实表明，现代人类社会生活方式与体育运动有着密切的关系。

第一，体育已经成为很多社会成员生活方式中的一个重要内容。在科技和信息化迅速发展的今天，在人们生产劳动过程中，脑力劳动占据主要地位，起着主要作用，人们的体力劳动逐渐被脑力劳动代替，并且还有不断发展变化的趋势。这导致了人们在生产劳动过程中紧张程度的提高和工作压力的加大，人们日常生活和劳动中的体力活动大幅度减少，从而给人们的身体健康和生产劳动过程本身带来了诸多不利的影响。换一个角度说，因为现代社会的生产劳动方式需要人们有更丰富的专业知识和技术技能、更加健康的身体和更好的身体素质，以适应现代社会劳动和工作的需要，所以体育锻炼就成为现代人生活方式中的重要内容。

第二，现代生活方式的主要内容是体育运动。体育运动可以获得令人满意的个人与社会的认可，还提供了一个群体参与或共建的环境。未来的体育运动将以日益绚丽多彩的方式提供给人们工作和生活的情趣以及闲暇时光的快乐，增进人类的健康，努力保持人类作为生物物种的生存活力。

体育运动作为现代生活方式的有机组成部分，不但具有生活方式的综合性、多样性、多层次性，而且还具有指导人们实现健康快乐生活、培养适应环境变化的能力、提高生命质量的特殊功能性。

(二)体育运动对现代人的作用

1. 体育运动的流行提高了生活质量

随着社会生产力的提高,机械化、自动化、人工智能制造代替了繁重的体力劳动。也就是说,自动化生产使工作强度降低,工作日时间缩短,余暇时间延长,人们在日常生活中的活动量减少。为了保持身心健康,适应激烈竞争的现代化社会,人们的体育运动意识在不断增强,体育运动逐渐成为人们自觉自愿的个体或集体的行为。

为了生活质量的提高,人们可以通过个人努力来改变,这样就必须选择一项或几项自己爱好的体育锻炼方式。为了提高生活质量,人们开始寻求劳动和休闲生活的满意程度、劳动与日常生活的舒适程度、交往需求的和谐愉快程度、社会服务的满足程度等,也就是更为在乎人们自己的生活感受。现代社会中,体育运动不需要高精尖的设备、高规格的场地设施和专门的技术指导,只要能给人带来健康与快乐,就能流行或传播,就有人参与,从个人独立操作到多人共同参与,任何年龄、性别、职业和阶层的人都能选择符合自己社会地位和爱好的体育项目。

2. 体育运动丰富了人们的余暇时间

没有体育运动,人的身心难以保持健康。现代人追求个体生命的价值或完整,他们不局限于一天8小时和一周5天的工作时间内发挥自己的智慧,还要在这之外有所作为,甚至经过不断追寻、实践而出彩。

体育锻炼和旅游、棋类、书法、绘画、摄影、雕塑等活动一样,使人们摆脱了以工作为中心的单调生活。工作之余参与户外体育活动,更能消除孤独感,恢复自信,缓解因工作而产生的紧张情绪,充实单调乏味的生活。面对大量的余暇时间,如何充分利用时间享受生活,用科学健康的方式来支配自己的生活,已经成为越来越多人关注的问题。体育以其独特的功能和便捷的方式逐渐渗透到每个家庭、每个单位。

通过体育改变生活方式,提高生活质量,把更多余暇时间投入体育中,已经成为一种生活时尚和新生活的概念。体育尤其是团体活动或集体组织的各项体育活动,为乐于运动锻炼和渴望结交朋友的人们提供了一个相互认识、相互学习交流的平台。通过体育锻炼,运动者广泛参与社会交际,同时,把体育运动中的团结拼搏精神、比赛经验转化到工作中去,也是一种启发、一种收获。体育运动不仅拓宽了生活空间,充实了生活的内容,还加大了运动区域,通过登山、攀岩、旅游等方式,使人们更加贴近大自然、热爱大自然,最大限度地激发自己的本能,抒发自己随遇而安、与自然和谐共处的心怀。

3. 体育运动培养和提高人的心理品质和心理承受能力

体育运动是通过对人体神经系统和心血管系统的锻炼，提高人们对快节奏生活的应变能力和适应能力的。体育运动时，既需要做好身体方面的准备活动，如拉伸活动，还要有较好的耐心和自制力。从事体育活动需要克服自身的随意性和惰性，不能忽视自身的身体状况而盲目加量，或者"三天打鱼，两天晒网"。否则，难以达到某一活动项目的效果。同时，许多集体项目需要有团队精神，不能只有个人英雄主义，也不能只要是集体项目，就要搞"锦标主义"或"名利第一"那一套。在人际关系日益疏远的现实社会中，体育运动中的集体主义精神和处理人际关系的方式值得借鉴。

现代社会生活节奏越来越快，人们面对的是变化多端、丰富多彩的世界和各种各样的挑战，因此，人们心理负担加重，遭遇挫折和失败的概率增多。面对挫折和失败能否泰然处之，能否保持清醒的头脑或稳定的情绪，做情绪的主人等，已经是现代人成熟、坚强的标志。体育锻炼中的情绪体验强烈而深刻，成功与失败、进取和挫折并存，积极情绪和消极情绪的转变已成为常态，而且是很自然地出现在人们面前的，呈现着所有成功者的个性特征与丰富多彩的人生轨迹。体育运动有利于人的情绪的控制，使人更为成熟；体育运动有利于提高人的社会适应能力，使人从容面对外界各种各样的竞争和挑战。

第二节 体育教学的概念与性质

一、体育教学的概念

体育教学是众多学科教学的一种具体形式，为了更深入地认识体育教学的概念，需要首先了解教学的相关知识，对教学的基本含义进行分析是认识体育教学的重要前提。

（一）教学的基本含义

"教学"是一种动态行为，是教学工作者对具体的学科或技能组合进行的一种有组织、有计划的教学行为。可以从宏观和微观两个方面对教学的含义进行分析。

首先，从宏观角度分析，教学是一种特殊的教育活动，它是指教学者以一种或多种文化为对象，对受教者进行教育，以期让受教者获得这种文化的活动。其中的教学者是掌握某种知识或技能的人，他与接受教育的人共同构成教学的主体。

其次，从微观意义上讲，教学是一种直观的教师进行教授和学生进行学习的活动。在这个活动中，教师是教学的引导者，是教学活动的组织者和知识传授者；学生是教学的"受众"和主体。简而言之，教学是一种以特定文化为对象的"教"与"学"的活动。

综上所述，教学是一种教育活动，这种活动需要教师和学生的共同参与，并为了实现某一具体的教学目标而相互协作。

（二）体育教学的概念分析

与其他形式的教学一样，体育教学同样需要系统的组织与管理，但是，与其他学科教学不同的是，体育教学对教学环境的要求更高，所需器材和教学场地更加严苛。因此，体育教学并不是一种随意的、随心而行的教学活动，更不能将其等同于是一种课余的休闲娱乐活动，它需要很多要素的构成才可以正常、合理、科学地开展。

从本质上来讲，体育教学主要在学校环境中进行，主要参与者是体育教师和学生；具体的活动内容为学生在教师的组织和指导下，对体育相关的基本知识、体育运动技能、体育运动素养进行了解、掌握和提高；教学的目的在于促进学生的身心健康发展，完善学生的个性心理特征，提高学生的社会适应能力，使之成为社会需要的人才。

体育教学过程中，体育教师应在充分认识和理解体育教学概念的基础上，将教学的概念与体育相关知识相结合，从而形成新的教学内容与教学方法。

二、体育教学的性质

性质是决定事物本身与其他事物的最根本的区别，性质不同的两种事物其带来的表象自然有一定的区别。体育教学和其他学科的教学的最根本的区别就在于它本身所具有的体育教学性质。这种性质使其具有以下特征：

第一，体育教学的教学地点多为户外。

第二，教学中师生都要承受一定运动负荷与心理负荷。

第三，教学过程是身体活动与思维活动的结合，并且还有比较频繁的人际交往。

第四，体育教学侧重于发展学生身体时空感觉以及运动智力。

第五，教学更加关注学生自我操作与体验等。

现代体育教学最重要的教学形式就是体育运动技能的教学，它是体育育人的主要方式。而对于运动技能的传授也是体育教学与其他学科教学的主要区别之一。在体育教学中，学生全面掌握体育运动技能，需要经过几个教学阶段（认知阶段、联系阶段与完善阶段）才能实现。具体来说，在体育运动技能的认知阶段中，学生与体育运动技能之间的联系最为密切，该阶段教学的主要目的就是学生对所学技能的结构、要素、关系、力量、速度等要素进行表象化的认识，从这一角度来看，体育运动技能仅仅是学生提高身体素质、完成技术动作的一种方法，因此可以认为，运动技术不具有人的特性，而只是一种"操作性知识"。

通过以上论述，可以认识到，体育教学的本质就是一种针对运动技术和知识的教学，在体育教学中，学生学会了运动知识并将之转化为运动技能，体育教学的本质就达成了。

第三节 体育教学原则

一、体育教学原则提出的客观依据

原则就是指人们说话办事依据的准则和标准。在人类教育发展的过程中，人们通过总结各种教学实践经验，研究教学工作的成败，得出了教学成功的规律，提出了各种各样的教学原则。教学原则是依据一定的教学目的任务，遵循教学过程的规律而制定的对教学的基本要求，是指导教学活动的一般原理。教学原则来源于教学实践，是人们经过长期的教学活动，对教学客观规律进行的归纳和总结，它体现了人们对教与学的发展过程所反映出来的客观规律的认识。

教学规律是客观存在的，不以人的意志为转移，是教学过程中固有的、本质的、必然的、内在的联系。人们只能发现它和利用它，不能违背它、改变它。教学原则是人们根据对教学过程规律的认识而制定的，要搞好教学工作就必须遵循教学要求。同时，教学原则是主观对客观的反映，有正确与错误之分，它可以随着教学实践的变化而变化。教学原则是根据教学规律而制定的，只有教学原则正确地反映了教学规律，教师在教学中很好地掌握和利用了教学原则，教学才能取得成功。所以说，教学原则与教学规律是一致的，它们在教学活动中都具有很大的指导意义。在教学中，这两者都是必不可少的。

体育教学原则是教师或专家在教学实践中经过长期的教学经验的积累，通过科学的研究总结上升到体育教学的理论。教学原则不是随意提出来的，它的提出主要有下面几点客观依据。

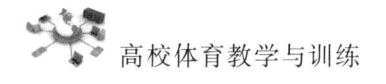

(一)体育教学目的是体育教学原则的重要依据

体育教学原则的制定和实施要依据一定的教学目的。体育教学就是要实现一定的教学目的,完成一定的教学任务。任何一个教学原则或教学原则的体系的提出,必须服从于一定的教育目的。我国社会主义教育的目的,是使受教育者在德、智、体、美等方面都得到发展,成为从事社会主义现代化建设的有用人才。这一目的从总体上规定了社会主义学校教学活动的发展方向和预定的发展结果,指导和支配着教学活动的各个方面。教学原则作为指导教学活动的基本要求,必须遵循和反映这一目的。

(二)体育教学原则是体育教学经验的概括和总结

体育教学原则的制定要依据体育教学实践经验。体育教学原则是长期体育教学经验的概括和总结。实践是检验真理的唯一标准,体育教学实践经验对体育教学原则的制定永远具有重要意义,它不仅是制定体育教学原则的依据,还是检验体育教学原则的标准。体育教学原则的正确性、实效性,不是由人的主观意愿来决定的,体育教学实践是唯一的检验标准,通过体育教学实践可以进一步修正、完善体育教学原则。人们在从事体育教学实践的活动中,不断探索出了成功的经验或失败的教训,对这些经验和教训要反复认识,不断地总结和深化,由感性认识上升为理性认识,经过抽象概括,对体育教学规律有所认识,从而制定体育教学原则。

(三)体育教学原则是体育教学规律的反映

体育教学原则反映的是体育教学过程的客观规律,它的提出必须以体育教学过程的客观规律为依据。然而,因为受很多因素的影响,人们对体育教学过程规律的认识又是不相同的。人类对体育教学过程规律的认识是逐渐接近的,而不是一成不变的,这些情况使得不同年代、不同教育家所提出的体育教学原则也不同,但都反映了人们对体育教学规律一定的认识水平。体育教学原则与体育教学规律的不同在于:体育教学规律是客观存在的,是不以人的意志为转移的,人们可以认识它或利用它,但不能制造它或消灭它;体育教学原则则不同,一方面它固然要有对教学规律的认识,另一方面又必然地加进了制定者的主观意志因素。因此,研究和制定体育教学原则时,必须深刻认识和了解教学规律。

(四)体育教学原则的意义与作用

在整个体育教学过程中,体育教学原则是教学过程的出发点,它在一定程度上决定着体育教学内容的安排、体育教学方法的选择和体育教学组织形式的运用。体育教学原则确定之后,它对体育教学活动中的内容、方法、手段、形式的选择都有着积极而重要的作用。教学论原则体系就是对学习和掌握教材的基本途径的总体说明。体育教学原则产生于人们长期的体育教学活动实践中，它本身凝结着众多优秀教师的宝贵经验。因此，科学地体会教学原则在人们体育教学活动实践中的灵活运用，对体育教学活动有效、顺利地开展，对提高体育教学活动的质量和效率都会有着积极的作用。

体育教学活动越是符合体育教学原则，体育教学活动就越容易成功；反之，体育教学活动越是脱离体育教学原则的要求，体育教学活动就越可能失败。但由于体育教学活动是在不断发展的，并且体育教学模式多种多样，不同的体育教学模式需要不同的体育教学原则与之适应，因而体育教学原则也处在不断变化与发展之中。所以，正确地理解和贯彻体育教学过程中的客观规律，对明确体育教学目的、选择与安排好体育教学内容、正确地运用体育教学方法、提高体育教学效果、加速体育教学进程、完成体育教学任务具有重要意义。

学习和掌握体育教学原则能使教师按照体育教学的客观规律组织体育教学活动，正确解决体育教学内容、体育教学方法和体育教学组织形式等一系列理论与实践问题。遵循体育教学原则进行体育教学工作，就能提高体育教学质量，达到预期的体育教学目标；如果违背了体育教学原则，则会事倍功半，甚至劳而无功。

二、体育教学原则体系构建

体育教学原则体系是指反映体育教学规律的多个原则不是孤立分散的，而是有机地相互联系的组合。只有建立一个科学完整的体育教学原则体系，才能发挥体育教学原则对整个体育教学过程以及体育教学活动的各个基本环节的指导作用。要取得体育教学的成功，就必须把整个体育教学原则体系综合地运用起来。体育教学原则的作用在于保证学生获得知识、技能和技巧，而这些原则又是相互关联、相互支持的，可以构成一套相对独立的体系。实际上，由于学生在学习过程中各种智力因素和非智力因素是相互联系的，形成了各自相对独立的体系，而体育教学原则正是在这个基础上制定的，因此必然会形成一套体系。

可见，体育教学原则既有共同性，也有特殊性，不同的学生应采取不同的体育教学原则体系。无论从哪个角度或出发点来提出体育教学原则体系，都必须突出体育教学的特点，体现体育教学特点的内容，这也是制定体育教学原则最为基本的要求。

（一）师生共同协作原则

所谓师生共同协作原则，是指体育教学活动中，体育教师在充分发挥主导作用的同时，还要充分调动学生学习的主动性和积极性，使体育教学过程完全处于师生协同活动、相互促进的状态之中。它的实质就是要处理好体育教师与学生、教与学的关系。师生共同协作原则是体育教学过程中教与学相互影响与作用规律的反映。教学是教师的教和学生的学相互作用的活动过程。在这个过程中，体育教师的活动与学生的活动只有朝着一个共同的方向，相互配合、相互协调，才有可能取得比较好的体育教学效果，完成体育教学任务。体育教学实践中要实现师生共同协作原则，须遵循以下几点要求。

1. 发挥体育教师的主导作用

体育教师应充分发挥在体育教学中的主导作用，在教学过程中要培养学生的学习兴趣。师生活动的协同，不仅是体育教师积极地教，更重要的是学生能够积极地学，也就是让学生主动地参与和适应体育教学过程。体育教师必须教给学生学习的方法，培养学生独立的思维能力，使学生真正获得学习的主动权，在遇到问题时，要引导学生做出正确的选择或找到解决问题的办法，不能让学生放任自流。在体育教学过程中，需要教会学生掌握更多的学习方法。体育教师要在传授知识技能的同时传授学习方法，根据体育课程的特点，教给学生学习的方法。教师要在体育教学中向学生做出科学学习方法的示范。体育教师还可以在课后定期召开学习经验交流会，使学生学到有效的学习方法。体育教师要想很好地发挥主导作用，就必须具有较高的素质，以高质高效的工作去满足社会和学生的需求，有能力、有水平、有方法、有热情地去组织实施体育教学活动。所以，体育教师必须提高自身素质教养，这样才能在体育教学过程中对学生进行很好的教育，使学生懂得更多的知识。

2. 调动学生学习的积极性和参与意识

教学的启发性表现在采取有效的方式，激发学生学习的积极性，通过学生自己来解决问题。在体育教学中，通过启发性的提问、正误对比的示范、做动作前的想象回忆，以及组织学生互相观察、互相帮助，鼓励学生完成动作时进行自我评定和自我调节等措施，促进学生积极思维，提高学习的自觉性。要想知道体育教师在体育教学中对学生的启发教育工作做得如何，就是看他在教学中是否善于引导学生开动脑筋去思考问题，学生是否主动地去学习。

体育教师在教学中的主导作用是否发挥得好，这主要看教学是否充分尊重了学生的主体地位，是否充分调动了学生的主动性，是否积极地鼓励学生参与教学活动。在体育教学中，教师要着重培养学生的独立性和创造性，培养学生独立解决问题的能力和创造性地运用所学的知识、技能、技术的本领。所以，体育教师在课堂中要引导学生敢于提问题，善于提问题，学会用多种方法解决同一问题，以便使学生的思维得到锻炼。

3. 依据教学任务确定教学内容

体育教学要想激发学生的主动性和积极性，教学内容和要求就必须符合学生的实际需要和兴趣。教学内容过难或过易，标准过高或过低，学生无法完成教学任务或很容易就完成了教学任务，这些都会影响到学生的积极性和主动性。体育教师应该根据学生的具体情况和教学任务来确定教学内容，在教学中制定符合学生实际情况的参照标准。有了参照标准，就可以对不同的学生进行正确的评价、估计，不断鼓励和鞭策学生，使学生努力达到制定的标准，让学生有成就感，这样就可以增强学生学习的信心，有效地激发学生的积极性和主动性。

4. 培养学生对体育学习的浓厚兴趣

要使学生积极主动地参与体育学习，完成体育教学任务，前提是学生对体育学习感兴趣。如何培养学生对体育学习的兴趣，这就需要体育教师在教学实践中善于发现学生学习的特点和心理倾向，这个问题还有待于进一步研究。

首先，通过体育教学活动使学生不断有新的进步，从而获得成就感，这就获得了成功的体验。一个人在实践中对某一事物产生兴趣，往往是由于取得了进步或成功，受到鼓励或赞赏并获得满足感后而逐渐形成的。为此，体育教师应努力使学生具有良好的学习状态，树立学生学习的信心，使他们看到自己的进步。

其次，学习的兴趣与学习的动机是相互关联的，有的学生通过考核取得了好成绩，就会表现出对学习的主动性和积极性。如果通过努力取得了更大的成功，获得了鼓励和赞赏，再通过教师的正确引导和帮助，就可能会使兴趣得到巩固和提升。所以，在体育教学中教师要注意培养学生的学习兴趣，使学生的兴趣和正确的学习动机结合起来，逐渐对体育学习产生更大的兴趣和爱好。

(二) 因材施教原则

因材施教原则要求体育教师在教学中从实际出发，根据不同对象的具体情况，采取不同的方法，进行不同的教育，使每个学生都能在各自原有的基础上得到充分发展。在教学中教师要正确理解和重视因材施教原则，并认真贯彻好因材施教原则，杜绝用一个固定的尺度去衡量所有学生，扼杀学生的个性发展。体育教学中贯彻因材施教原则时，要遵循以下几点要求。

1. 深入细致地了解学生

在体育教学中要贯彻因材施教原则，教师必须研究和了解学生，这是整个教学的根本出发点，也是因材施教原则的前提条件。教师研究和了解学生，就是要弄清每个学生的兴趣、爱好、性格特点、学习态度、知识基础、健康状况以及家庭、社会背景等。教师可以通过问卷调查、查阅资料和咨询等方法对学生进行细致的了解，找出每个学生存在的个体差异，并对这些个体差异进行全面的分析，在此基础上考虑区别对待的对策。对于学生的个体差异，教师要区别对待，要用发展的眼光看问题，要具体情况具体分析。

2. 因材施教与统一要求相结合

统一要求是指按照国家统一规定的教育目的、教学计划来进行教学。教学要达到国家所规定的基本要求就必须按照统一要求来完成教学任务。体育教师要教育和要求学生正确处理好体育学习与发展个人兴趣、爱好、特点的关系，使他们能够按照国家的统一标准努力学好课程知识。在实施统一要求的同时，教师再根据个别差异进行重点指导，使学生充分发挥个人的特长。有了统一要求，体育教学才会有共同的标准规格，才不会降低教学水平；教师做到了因材施教，才能有效地使学生得到充分发展。

3. 正确对待学生个体差异

每个学生的身体素质、心理特点、兴趣爱好、知识掌握的程度等方面都有可能存在差异，这些差异在体育教学中的影响是相当复杂的。一个学生可能在某些方面会表现出长处，而在另一方面则会表现出短处，或者在其他方面存在着差异。比如在思考问题上，有些学生思维敏捷，反应较快，善于逻辑推理；有些学生则可能反应比较迟钝。这些差异的形成原因是多方面的，有的是个性特点的表现，也有的是学习上的成败体验造成的。体育教师必须对学生表现出的差异特点进行全面而具体的分析，区别对待，处理好这些个体差异以避免给体育教学带来负面影响。同时，体育教师要明白，这些个体差异具有不稳定性，某一方面的短处在一定条件下是可以转化为长处的。所以，教师要用发展的眼光看问题，正确看待个体间的差异，引导学生互相帮助、互相学习、互相评价等。通过开展一些活动和教育使师生在思想上共同具有正确对待个体差异的认识和行为。

4. 通过各种教学形式创造因材施教的条件

在体育教学活动中，教师要采用多种教学组织形式来进行因材施教，根据不同类型的学生采取有针对性的、灵活多样的措施。对身体条件和运动技能比较好的学生，教师不仅要发现他们，更重要的是要采取有效的措施精心培养他们，为他们进一步发展创造良好的条件和提出更高的要求；对身体条件和运动技能比较差的学生，教师可以单独给他们补习功课，给予特别的关怀和照顾，并深入研究他们的心理活动特点，从实际出发，制定一套适合他们情况的教学措施。另外，还要针对不同的学生制定不同的教学形式，提出不同的教育措施。通过多种教学形式使全体学生都能有进步，使每个学生都能体验到学习和成功的乐趣。

（三）促进身体健康与全面发展原则

体育教学的首要任务就是要促进身体的健康，帮助学生实现全面发展。"健康第一"是体育教学最重要的思想，体育教师要把增进学生身体健康与学生的身心全面和谐发展有机地统一起来，把传授体育知识、技能、技术与培养能力、发展个性统一起来，全面实现体育教学目标。体育教学就是通过身体的练习促进学生身体各器官机能的发展，提高身体健康水平，达到强身健体的目的，使学生有充沛的精力完成各项教学任务，并为终生体育奠定基础。有了健康的身体，才能更好地发展学生的感知、观察、判断、想象、创造性思维能力，才能培养学生健康的情绪和情感、良好的社会行为、高尚的道德和情操，使学生各方面都得到和谐发展。在体育教学中要贯彻促进健康与提高学生整体发展的原则，须遵循以下几点要求。

1. 全面贯彻教学大纲提出的目标和要求，发挥好体育教学功能

体育教师要认真学习、掌握体育教学大纲精神，把"健康第一"的精神作为最重要的指导思想。在贯彻教学大纲精神的同时，教师还要注重基本理论知识的教学，让学生从书本上学到更多的知识，了解健康的价值，以便更好地实施体育实践活动。教师要加强学生的心理健康教育，教育学生热爱生命，增强身体健康，适应社会各种环境，增强心理承受能力和遇到挫折时的承受能力。

2. 通过体育基础知识的学习，使学生学会自我学习

体育与健康的基础知识在体育教学中起着重要的作用。通过理论知识、基本技术、基本技能的教学，促使学生主动地学习，使学生学会学习，学会自我锻炼、自我评价，学会科学的锻炼方法，这样学生就能够在良好的学习氛围中快乐、主动地进行学习，为身心健康、全面发展和终身体育奠定基础，从根本上学会学习、学会做事、学会做人。

3. 体育教学必须通过各种方法促进学生身体各部位全面健康发展

体育教学活动就是要在提高基本技术、基本技能的基础上，促进学生身体各部位、各器官、各系统的机能和基本活动能力的全面发展。人体是在大脑皮层统一调节下的有机体，尽管身体任何运动都是相互联系、互相制约的，身体上某一运动器官的活动，都会对其他部位生理机能有促进作用，但是如果经常进行单一的身体项目，偏于某个部位或某一器官的活动，就会造成身体某些部位的畸形发展，影响整个身体的全面健康发展。因此，体育教学要注重强调运用多种教材、多种手段、多种方法进行适合学生身体健康发展的教法，有计划地对学生身体进行科学、全面的训练，系统地提高健康水平，使学生身体均衡、健美、健康地发展。

4. 教学计划应结合体育教学促进学生身心全面发展

在制订体育教学计划时，应结合体育教学，把促进学生身心全面发展贯穿于整个教学过程中，要使学生达到全面锻炼的效果；合理安排各项教材内容，结合各教材内容的特点，相互弥补各教材内容的缺陷，以使学生更好地进行练习，使学生身心得到更好的发展。体育教学具有很多特点，它还会受季节、场地器材、气候等不同条件的限制。因此，仅仅通过短时间的教学，就达到全面锻炼的目的是不现实的，只有把长时间的教学看成是一个完整的过程，才能做出合理的、全面的安排。一个完整的教学过程是由每一节课组成的，所以，教师必须重视每一节课的教学安排，使教学内容尽量全面。

5. 在体育教学的各个阶段中，注意促进学生全面和谐发展

在体育教学中，制定教学任务、选择教学内容和运用各种教学手段与方法时，都应注意增进学生健康，并促进学生全面和谐发展。体育课的活动包括身体各部分的活动，既要能提高身体素质，又能促进身体各部位的发展，还要有针对性地安排某些身体素质的内容，这样才可以弥补基本教材对身体全面发展的不足。

(四) 适量性原则

适量的身体运动负荷原则是指在体育教学活动中，根据体育教学的特点，合理安排学生能够接受的生理负荷和心理负荷，使练习与间歇合理交替，使机体不断适应新的负荷的刺激，以满足学生锻炼身体和掌握运动技能的需要，达到增进健康、增强体质的目标。在体育教学中要贯彻适量的身体运动负荷原则，须遵循以下几点要求。

1. 适量的身体运动负荷要遵循体育教学的目标

适量的身体运动负荷的最终目标就是锻炼身体和提高运动技能，只有科学地安排运动量，才能更好地实现教学目标。合理安排身体的运动量对实现体育教学目标起着决定性作用，教师不能忽视运动对教学目标的影响，更不能一味地追求相同的运动量或大运动量，教师要让学生意识到这一点，并合理地安排身体的活动量。

2. 通过科学的教学方法合理安排适量的身体运动负荷

体育运动项目及练习的方法多种多样，有的运动量大，有的运动量小，有的运动强度大，有的运动强度小。因此，在设计体育教学内容时，要考虑到运动量的问题，以进行科学合理的搭配和必要的教材改造。教学过程是一个不断学习发展的过程，教材的各个阶段有着不同的任务和特点，因此，要根据教学过程的不同阶段的特点来合理地安排运动量。

3. 适量的身体运动负荷要符合学生的身体发展状况与发展需要

适量的身体运动负荷是要让学生科学地进行身体锻炼，既满足学生身体发展的需要，又体现对学生身体的无害性，而这些都决定了学生的身体发展情况。教师要想合理地安排学生身体运动负荷，就必须了解学生的身体发展各个阶段的特点，了解学生身体发展的科学原理，了解各项运动的特点。

4. 要因人而异地安排适量的身体运动负荷

每个学生承受的能力不相同，同样的负荷可以产生不同的负荷效果，不同的负荷也可以产生相同的负荷效果，所以教师应考虑学生的整体情况，掌握学生的体质状况，因人而异地进行调整，根据所了解的学生身体的强弱等具体情况来因材施教地安排适量的身体运动负荷。

（五）直观性原则

直观性原则是指在体育教学过程中，充分利用学生的多种感官和已有的经验，积极引导学生感知事物，使学生获得直接经验和感性认识。

1. 用直观的语言启发学生的积极思维

在体育教学中，教师要用生动的语言进行讲解、描述。教师要用语言帮助学生对知识进行重新组合，构成新的表象或想象，这就要求教师用生动、精炼、直观的语言进行讲解，用通俗易懂、丰富有趣、生动形象的比喻把学生的运动经验和生活经验结合起来，使学生明确动作要点，更好地掌握运动技术技能。

2. 运用各种方式进行直观教学

在体育教学中，为使学生更形象、更生动地进行运动技术技能的学习，教师要充分利用各种方式进行直观教学。如对摄影录像内容或图片进行动作分解。通过学生的感觉器官，使学生迅速建立起对动作的生动形象，了解动作技术细节，以及动作的时间、空间关系，以提高学生运用各种感觉器官对运动进行综合分析的能力。

第四节 体育教学过程

一、体育教学过程的层次

体育教学过程大体上可以分为以下五个层次。

（一）超学段体育教学过程

也可理解为是总的体育教学过程，它是学生在国家规定下需要接受的从小学阶段开始，直到大学毕业的体育教学过程。这一教育过程主要包含了九年义务教育、高中阶段教育、高等教育等几个教育阶段，所以，可以认定为体育课程教学的总过程。

（二）学段体育教学过程

如小学阶段（1~6年级）的体育教学过程、中学阶段（7~9年级）的体育教学过程。

（三）学年或学期体育教学过程

如小学五年级的体育教学过程、初一上半学期的体育教学过程。

（四）单元体育教学过程

如8学时的跨栏单元教学过程、30学时的篮球单元教学过程。

（五）课堂体育教学过程

是从上体育课开始到体育课结束的45（或90）分钟的体育教学过程。

二、体育教学过程的性质

（一）体育教学过程是学生对运动技能进行掌握的过程

从本质上来讲，体育课程的教学就是在身体练习不断反复开展的过程中，使学生能够对运动技能进行掌握，同时，在掌握运动技能的前提下接受其他方面的养成教育，因此，我们可以将体育教学过程理解为学生对运动技能进行掌握的过程。

（二）体育教学过程是使学生运动素养提高的过程

对运动技能进行掌握的前提就是使运动素质得到提高，同时，还要使大肌肉群的运动素质得到有效提高，运动技能与运动素质提升之间是互相促进的。所以，体育教学过程可以理解为是使学生运动素质得到不断提高，且以此能够使学生体能得到增强的一个过程。在体育教学活动开展的过程中，教师在重视学生掌握运动技能程度的同时，还应该对学生运动素质的提升给予一定关注，并且，在对体育教学进行设计、对体育教学进度进行安排、对体育教学内容进行选编的过程中，要将运动技能与运动素质的提升紧密地联系在一起，保证二者的协调发展。

（三）体育教学过程是知识学习、运动认知的形成过程

体育学科作为一门综合性课程，包含了自然学科与人文学科。在体育教学活动开展的过程中，不仅强调学生对运动技能的掌握，还会组织、安排学生对其他知识进行学习，获得一定的运动认知。在某些时候，这也是运动技能掌握与运动素质提高的重要前提条件。所以，体育教学过程也是对体育知识与运动认知进行掌握的一个过程。

（四）体育教学过程是集体学习与集体思考的过程

体育教学的教学形式主要以"集体学习"和"小集体学习"为主，之所以这样，原因在于绝大部分的体育运动项目的完成都是通过集体形式或者小集体形式，所以，也应该在集体学习与集体思考的过程中完成体育技能的学习。此外，现阶段的体育教学目标也更加倾向于学生的集体学习，旨在使集体教育的潜在作用能够得到充分的发挥。同时，在体育教学中，集体学习与集体思考能够使教师与学生之间、学生与学生之间的沟通和互动得到加强，同时，还能够促进学生社会适应能力与社会交往能力的提高，所以，对于体育教学过程，也可以认定为开展学生集体学习与集体思考的一个过程。

三、体育教学过程的规律

所谓体育教学过程的规律，主要指的是在体育教学的过程中或者是现象之间会有本质的、必然的联系存在，而这种联系能够将体育教学发展的特点体现出来。

（一）动作技能形成的规律

体育教学的最终目的是使学生学习并掌握一定的运动技能。而事实上，掌握运动技能的过程并不是单纯的从不会到会、从不熟练到熟练的发展过程。动作技能的形成会经过三个阶段：对动作粗略掌握阶段、对动作改进与提高阶段、巩固与熟练运用动作阶段。

（二）动作技能迁移规律

从学习理论的角度上来讲，迁移是指一种学习情境对另外一种学习情境产生的影响。而我们这里所说的动作技能的迁移，就是指已经形成的动作技能对于所学习的新动作技能存在的影响。如果存在的影响是积极的，那么我们会把这种具有促进作用的迁移称作正迁移；如果存在的影响是消极的，那么我们就会把这种带有负能量的迁移称作负迁移。

在体育教学开展的过程中，迁移的现象是普遍存在的，同时，迁移规律对于体育教学过程还存在一定的影响，尤其是对于动作技能形成的影响更加明显。如果没有通过迁移，就不能够使已经形成的动作得到进一步的熟练、检验与充实。迁移的重要基础是已经拥有的知识技能，作为重要的环节，从掌握知识与技能向形成技能过渡，因此，"为迁移而教"的思想被人提出。

（三）人体机能适应性规律

在体育教学开展的过程中，对于身体活动与反复练习，学生积极地参与，长此

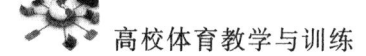

以往，体能的消耗导致身体疲劳与身体技能水平下降的情况出现。事实上，疲劳的过程也是使恢复得到刺激的过程，能够促进能量储备的加强，使超量恢复得以满足，使机体的适应能力得到提高。

因此，在体育教学开展的过程中，学生对于负荷的刺激要进行一定的承担，使新陈代谢与机体能力提高的过程得到促进。教师在开展体育教学的时候，为了能够使学生的机体能力得到提高，最应该要做的就是对负荷和休息合理地进行安排。由于运动负荷与人体新陈代谢能力不同，超量恢复也会出现一定的改变，在一定的范围中，如果肌肉存在较大的肌肉活动量，那么也就会存在越为激烈的消耗过程，进而就会出现更加明显的超量恢复，而一旦产生了机体适应性的变化，那么学生的体质也会有所改善。

1. 工作阶段

在这一阶段，学生对一定的运动负荷进行承担，即身体练习的强度与量，对机体的潜在能力进行动员，加强身体内部的异化作用，将会消耗掉能量储备。

2. 相对恢复阶段

在这一阶段，经过了休息与调整以后，身体的各项机能指标向工作之前的水平恢复。

3. 超量恢复阶段

在这一阶段，通过能量的补偿与合理的休息，物质储备与能量储备远远多于原本拥有的水平，进而使机体的工作能力得到提高。

4. 复原阶段

如果经历的间歇时间较长的话，那么超量恢复阶段的效果就会失去，导致机体的工作能力慢慢降低到原本水平。

四、体育教学过程存在的主要矛盾

在体育教学过程中，主要矛盾存在三对，分别是：①体育教师的教同学生的学之间的矛盾；②体育教师同教材之间的矛盾；③学生同教材之间的矛盾。在这三对矛盾中比较显著的就是体育教师的教同学生的学之间的矛盾。究其原因，主要是因为体育教学从本质上来讲，就是体育教师对学生学习进行指导的教学活动过程，在体育教学开展的过程中，教学内容或教材发挥着对体育教师的教与学生的学进行连接的媒介作用。

在体育教学过程中，体育教师与学生是两个重要的主体性因素，因而导致体育教师的教与学生的学之间双边互动的矛盾关系得到构成,并且在体育教学过程中,这一矛盾是始终存在的,同时,还能够对其他矛盾的存在与发展起到一定的支配作用,从而作为原动力,促进体育教学过程的发展。

五、体育教学过程的功能

体育教学过程从根上来讲,就是认识与实践之间统一、协调发展的一种活动过程,这一过程的最终目标在于使学生的全面发展得到促进,换句话来讲,体育教学过程的主要功能在于使学生身心诸方面的和谐发展得到促进。对于体育教学过程的功能进行全面的认识与开发,能够使体育教学成为有效途径,以促进体育教学目标的更好实现。体育教学过程的功能主要会在以下几个方面。

(一)体育教学过程的教育功能

体育教学不仅能够增长学生的知识,使其能力得到全面发展,还能够熏陶、改变学生的思想情感、道德品质与精神面貌。在体育教学中,教师应该将教书与育人自觉地统一起来,充分发挥体育教学过程的教育功能,使学生思想品质与道德素养的发展得到促进。

(二)体育教学过程的知识传递功能

体育教师通过体育教学过程的开展,能够将科学文化知识与基本技能技巧系统地向学生传递。体育教学过程实际上就是对学生有目的、有组织、有计划进行培养的一个过程,因此,体育教学过程的知识传递功能能够高质量、高效率地发挥。

(三)体育教学过程的智能培养功能

在知识传授与技能形成的统一发展过程中,智能培养得以实现,上述三个因素之间的关系是非常紧密的,是互相促进、互相依存的统一体。首先,智力活动的主要内容就是知识;其次,对知识进行学习与应用的活动,本身就能够实现智力的锻炼与能力的培养;最后,形成技能可以使智力活动过程得到简化,使智力活动水平的提高更加迅速、经济、有效。

(四)体育教学过程的审美功能

作为教学艺术与教学手段,"美"的因素始终存在于体育教学过程中,并且在体育教学活动的各个方面都有存在。在"美"的多样形式下,学生顺利吸收"教"所要传递的各种各样的教育信息,同时,获得教学美的体验与享受,促进一定审美趣味、审美观念与审美能力的形成。

（五）体育教学过程的发展个性功能

发展个性的主要内容是对知识进行传授，对智能进行培养，促进技能的形成。在原有生理条件与经验背景的基础上，每一个学生都有可能形成独有的知识、智能结构与技能，同时能够对自己新的知识体系进行构建，从而为个性发展创造良好的条件。

需要注意的是，学生的个性发展还受到其他因素的影响，包括身体素质的健全，以及态度、情感、动机、意志、品德、思想、价值体系等。对于上述能够对学生个性发展起到决定性作用的因素，体育教学过程能够发挥积极的影响作用。

六、与体育教学过程有关的概念

（一）体育教学过程与体育教学模式

体育教学模式实际上就是单元和课时体育教学过程结构，是本着某种体育教学指导思想设计的教学过程类型，体育教学过程与体育教学模式是"抽象"和"具体"的关系。因此可以说，那些具体的、有特色的、长短不一的体育教学过程设计以及其中的方法体系就是体育教学模式。

（二）体育教学过程与体育教学设计

从本质上来讲，体育教学设计就是体育教师构想与安排体育教学过程，对于体育教学的任何一个过程而言，都有某一种体育教学设计存在其中，而体育教学设计是包含在体育教学过程中的工作。

（三）体育教学过程与体育教学计划

所谓的体育教学计划，主要是指体育教学过程的设计方案。对于体育教学过程与体育教学计划而言，二者是一一对应的关系，例如，如果有学期体育教学过程，那么就会存在学期体育教学计划；如果有单元体育教学过程，那么就会存在单元体育教学计划；如果存在学时体育教学过程，那么就会存在学时体育教学计划；等等。

（四）体育教学过程与体育课堂教学

体育课堂教学是教学的场景，通常指一个课时的体育教学，也是作为时间基本单位的体育教学过程。而体育课堂教学的各项因素同体育教学过程之间都存在十分紧密的联系，都是体育教学过程的主要构成因素，同时，也是对体育教学过程进行观察的最佳视角。

第五节 体育教学评价

所谓体育教学评价,主要是指在体育课程中一般性教学评价的具体应用,同时也是体育课程教学的重要环节。要卓有成效地开展体育课程教学工作,真正实现提高学生综合素质的目标,就必须在实际教学中贯彻新的教学理念,利用新的教学方式和丰富的、与实际社会生活相配套的体育课程内容来进行教学,而所有这些都需要有与之相对应的教学评价配合。因此,只有对当代体育课程的教学评价有较深入的了解,树立全新的教学评价观,充分发挥其在体育课程教学中的向导作用,才能更好地促进新课程改革背景下体育课程的教学工作。

一、体育教学评价的内涵

(一) 教育评价

评价是客体对主体需要被客体满足程度的一种判断,属于价值活动。通过评价,学生能够不断地学习、进步、成功,充分认识自我,使能力的全面发展得到促进;根据反馈的信息,教师可以适当调整教学管理方式,并且使自身的教学能力得到提高。

教育评价所涉及的范围很广泛,主要是指在教学目标和标准的基础上对学生和教师进行具体调查,评价优缺点,使其进行改进。我们可以粗略地将教育评价分为学生评价、教师评价、教学评价、课程评价、学校与教育机构评价、教育政策与教育项目评价等。

(二) 体育教学评价的概念

所谓体育教学评价,主要是指从体育教学目标与体育教学的原则出发,判断、评估体育教学的过程以及所取得的成果。从体育教学评价的概念中可以得知,它主要将三个基本的含义包含其中。

1. 体育教学评价的开展需要从体育教学目标与体育教学的原则出发

体育教学目标作为一种评判依据,可以测试体育教学预先设定的成果是否已经实现,预期的任务是否已经完成;而体育教学的原则作为一种评判依据,可以测试体育教学开展的合理性及其是否能够满足体育教学的基本要求。需要注意的是,上述的两个评价依据,在具备一定规范性与客观性的同时,还具备教育评价的信度与效度。

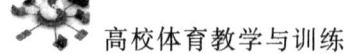

2. 体育"教"与"学"的过程和结果是体育教学评价的对象

体育教学评价主要将体育教学过程中的受教育者——学生作为重点对象，主要包含了对学生学历水平与品德行为的评价。此外，体育教学评价也会评价教师的教学，主要包含对教师教学水平与师德行为的评价。

3. 价值判断与量评工作是体育教学的工作内容

"价值判断"属于质性的评价，一般是指对体育教学方向的正确性与体育教学方法是否得到贯彻进行评价；"量评工作"属于量性的评价，一般是指对可以量化的学习效果进行评价，如身体素质的增长、掌握技能的数量等。

二、体育教学评价的功能

（一）导向功能

由于不同的评价标准会得出不同的评价结果，因此评价标准像一根"指挥棒"一样起着导向作用。评价之后的反馈指明了体育教学决策与改进的方向，如果做法获得肯定，那么在体育教学过程中将会对其进行强化；如果做法被否定，那么就需要对其进行纠正与改变。

（二）诊断功能

通过体育教学评价，体育教师对于体育教学的质量可以进行科学、客观的鉴定，了解体育教学的成效和问题。体育教学评价就像是体格检查，能够科学、严谨地诊断出体育教学的现状。全面性的体育教学评价能够对于学生成绩、实现体育教学目标的程度进行评估，同时，还能够帮助教师对学生学习困难的症结所在进行诊断，对学生学习进步的提高做出一定协助。

（三）调控功能

体育教学评价的最终结果是将反馈信息提供给体育教师与学生，使他们能够及时了解教与学的情况，为体育教学活动内容与形式的调整提供根据。根据体育教学评价的最终结构，教师可以对体育教学计划进行修订，对体育教学方法进行改进；而学生可以对学习策略进行调整，对体育教学方式进行改变。体育教学评价使体育教学过程向反馈与调节随时可以进行的可控系统的转变得到促进，使体育教学活动同预期目标越来越接近。

（四）激励功能

在体育教学的整个过程中，体育教学评价发挥的作用是监督与控制，是一种对体育教师与学生的强化与促进。通过体育教学评价，能够将体育教师的教学效果与学生的学习成绩反映出来，激发体育教师的工作热情与学生的学习动机。如果体育教学评价是科学的、合理的，那么就不但能够使体育教师与学生得到心理满足与精神鼓舞，而且能够使体育教师朝着更高目标努力的积极性得到激发；即便是较低的评价也能发人深思，使体育教师与学生的奋进情绪得到激发，使推动作用与促进作用得到发挥。这是因为这种反馈激励对于体育教师与学生的自我认识存在一定的帮助，进而使体育教学质量得到提高。对于体育教学评价的激励功能，应该有效利用，对学生尽可能地开展正面鼓励，避免学生积极性受到伤害。注意在日常评估时尽量避免学生之间的比较，要帮助学生设定个人进步目标，使他们在每次参与身体活动时，都能充分感觉到自身的进步。

三、体育教学评价的种类

(一) 体育教学评价的分类标准

按照不同的标准对体育教学评价进行分类，可以进行多种情况的划分。

1. 根据不同的评价基准进行分类

根据不同的评价基准对体育教学评价进行分类，可以将其分为自身评价、绝对评价与相对评价三类。

2. 根据不同的评价功能进行分类

根据不同的评价功能对体育教学评价进行分类，可以将其分为总结性评价、形成性评价与诊断性评价三类。

3. 根据不同的评价内容进行分类

根据不同的评价内容对体育教学评价进行分类，可以将其分为过程性评价与结果性评价。

4. 根据不同的评价表达进行分类

根据不同的评价表达对体育教学评价进行分类，可以将其分为定量评价与定性评价。

上述的几种评价方式都存在不同的功能，且每一种评价方式都不仅仅存在自己的优势，还存在自己的不足。在评价体育教学设计方案的时候，应该按照体育教学实际的目标与需求对适当的评价类型进行选择。

(二) 体育教学评价的类型

1. 体育教学的绝对评价

体育教学的绝对评价主要是指按照体育教学的目标评价体育教学的设计方案、

教与学的成果。此评价形式在被评价的集合与群体之外建立了体育教学评价的基准，针对某种指标对集合或者群体中的每一个成员同基准进行逐一对照，进而对其优劣进行判断。通常来讲，会将体育教学的课程标准、教学计划中的教学大纲、课程具体实施方案，以及相对应的评判细则作为评价基准。

体育教学绝对评价的优势是存在比较客观的评价标准，因此，在体育教学的评价过程中，如果能够恰当地使用此种评价方式，那么就能够保证每一个被评价者都能够对自身同客观标准之间的差距有所了解，以便于他们能够不断努力向标准靠拢。此外，通过体育教学的绝对评价，体育教学的管理部门可以对体育教学各项目标的完成情况进行直接鉴别，同时，还能够对即将要开展工作的重点进行明确。但是体育教学的绝对评价也是存在缺点的，在对评价标准进行制定与掌握的时候，容易影响被评价者的原本经验与主观意愿。

2．体育教学的相对评价

体育教学的相对评价，就是指将基准建立在被评价对象的集合或者群体中，然后逐一地将各个对象同基准进行对比，以便对群体或者集合中每一个成员的相对优劣进行判断。体育教学相对评价的基准是群体的平均水平，根据在整个群体中被评价对象所处的位置进行判断。体育教学相对评价的优势是具有广泛的适用范围，且甄别性强。也就是说，无论群体的整体水平如何，都能够将优劣对比出来。体育教学相对评价的缺点是，由于群体的不同，其基准也会产生相应的变化，所以，容易导致评价标准同体育教学目标相背离。

3．体育教学的自身评价

体育教学的自身评价，主要指被评价者从不同的侧面、过去与现在进行纵横比较，从而对自己各个方面的能力展开评价，对自身的进步情况进行确定。体育教学自身评价的优点在于，能够对个性特点给予尊重，同时对个别差异给予重视。通过纵横比较被评价对象或者部分的各个方面或者各个阶段，对其现状与趋势进行判断。然而，由于具有相同条件的被评价对象没有与被评者进行比较，所以对其实际的水平与差异进行判断是很困难的。所以，在体育教学评价的实践活动中，选择评价形式的时候应该将相对评价与自身评价紧密地联系在一起。

4．体育教学的诊断性评价

体育教学的诊断性评价也被称作前置评价。在开展体育教学的某项活动之前，如在前期分析体育教学设计的时候，应该针对学生的智力、态度、体能、知识与技能等方面的情况开展摸底测试，以便对学生的准确情况与实际水平进行了解，对其是否具备体育教学课程目标实现的必需条件进行判断，为体育教学决策提供一定的理论依据，保证体育教学活动同学生背景与需要的协同发展。

我们这里所说的诊断，是一个存在较大范围的概念，不仅能够对缺陷和问题进行验明，还能够识别各种各样的优点与特殊才能。因此，体育教学针对性评价的最终目的是对体育教学方案进行设计，使起点水平与学习风格不同的学生的需要得到满足，同时，还要在体育教学程序中对学生进行最有益的安置。

5. 体育教学的形成性评价

在体育教学活动开展的过程中，形成性评价的不断进行是为了更好效果的获得。此种评价形式能够对阶段设计成果、阶段教学效果与学生的学习进展情况与存在的问题等进行及时了解，并及时做出反馈，从而对体育教学工作进行不断调整与改进。这种评价会频繁发生，如学习一个知识点之后的练习、提问，一个单元之后的技术评定，一节课以后的小测试。形成性评价是体育教学设计活动中的重要评价形式，一般应用在方案的试行过程中，主要的目的在于对该方案进行修改，对有利的证据进行收集。从体育教学质量提高的问题上来讲，对于形成性给予重视。

6. 体育教学的总结性评价

体育教学的总结性评价，也被称作后置评价，通常是当体育教学活动结束一段时间以后，为了能够对体育教学活动的最终结果进行把握而开展的评价。例如，在学年末或者学期末的时候，体育教师会组织考评、考核，主要目的是对学生的学习结果进行检验，检验其是否达到了体育教学目标的要求。在体育教学的总结性评价中对体育教学过程中"教"与"学"的结果进行了强调，以便全面地鉴定被评价者所取得的重大成果，对等级进行区分，对体育教学整个方案的有效性做出价值判断。

7. 体育教学的过程评价

在体育教学开展的过程中，针对教学目标实现的手段与方案开展的评价叫作过程评价。过程评价的主要目的是对目标达成的手段与方法的使用情况进行检查。例如，在完成某一个教学目标的过程中，游戏法与竞赛法哪一个效果更加明显；在某一个动作技能教学开展的过程中，究竟是完整法比较适合，还是使用分解法更好；对于某一种技能的学习，是由学生自己探索发现的，还是在同伴的谈论与协作下实现的。所以，过程评价的开展不是在体育教学过程中，就是体育教学设计的过程中。体育教学的过程评价不仅能够促进形成性评价的继续修改，还能够促进体育教学过程中费用、时间与学生接受情况等方面所做的总结性评价的完成。

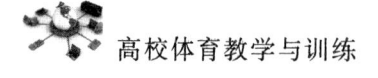

8. 体育教学的结果评价

针对体育教学活动具体实施以后产生的效果进行的效果评价，就是结果评价。例如，对于某一种体育教学方案的实施效果与某一种辅助性教学设施的使用价值所开展的评价即结果评价。体育教学的结果评价侧重于对总结性评价的功能进行完成，同时还能够将形成性评价的相关信息提取出来。

9. 体育教学的定性评价

所谓的体育教学定性评价，主要是指针对评价资料展开"质"的分析，是对综合与分析、分类与比较、演绎与归纳等逻辑分析方法进行应用，对所获得的资料与数据开展定性描述的评价。一般会有两种分析结果出现：其一，描述性材料，存在较低的数量化水平，更为严重的是根据不存在数量概念；其二，同定量分析相结合而产生的，即包含数量化但以描述性为主的材料。

10. 体育教学的定量评价

所谓的体育教学定量评价，主要是指针对评价资料开展"量"的分析，是对统计分析与多元分析等分析方法进行应用，对所获得的资料与数据做出定量结论的评价。鉴于体育教学中人的因素涉及范围比较广，因而使得各种变量及其互相作用具有复杂性特点，因此，为了能够将数据的规律性与特征揭示出来，应该由定性评价来规定定量评价的范围与方向。

四、体育教学评价的改革

体育教学评价的改革具有非常重要的意义，主要包含以下几个方面的内容。

（一）使评价学生应用单一锻炼标准的模式得到改变

绝大多数的体育教师可能都会遇到此种情况，即在体育教学课或者体育活动开展的过程中，一部分学生没有做出积极的表现。但是根据体育锻炼标准中的体育测试，凭借良好的先天身体素质就能够获得优异的体育成绩。这样即便不够努力也能够取得较好成绩的情况，对于那些身体素质先天较弱，但是却一直积极参与的学生而言，是一个严重的打击。所以，改变评价学生应用单一锻炼标准的模式势在必行。

体育课的成绩应该不仅仅是一个方面的，如果评价的时候将锻炼标准作为唯一的评价方式是不够全面的。因此，按照体育课程评价改革的精神，对于新颁布的学生体质健康标准充分利用，不仅将其作为一种学生体质强弱测试的标准，还要将其作为一个学生进步程度的参考。例如，在学生刚刚入学的时候组织学生进行体质方面的一次摸底测试，并且在学生的个人档案中将测试的结果记录下来，保证每一学年开展一次测试,同时比较测试的结果,使学生体质提高的情况得到反映,这也将作为学生进步程度的一个评价内容。

(二)改变以教师为唯一评价执行者的评价体制,对学生进行多方位的评价

在传统的体育教学过程中,教师主导了评价活动,导致学生的地位一直是被动,甚至是毫无存在感的。作为体育教学活动的主导者,体育教师需要对学生的身体素质基础、运动能力状况进行了解,并且按照学生的学习情况与锻炼表现开展多种针对性的评价活动,进而使学生的积极性得到充分调动,促进体育课目标的尽快实现。伴随"水平目标"的逐渐设立,体育教师的教学任务在每一个阶段都会发生改变,因此,也要保证体育教学方式和方法的应用、体育教学内容的选择得到多样化的发展。教师在对评价内容进行设计的时候,可以从运动技能、运动参与、身体健康、心理健康与社会适应五个方面进行考虑。

(三)过程评价与结果评价相结合,使学生学习积极性得到提高

在传统的体育教学评价中主要针对学生的学习结果进行评价,重视学生在各项运动中取得的最终成绩,而对于学生整个学习过程的评价则没有重视。这会导致评价的有效反馈功能逐渐丧失,对激励学生学习,在体育教学效果提高与体育教学改进方面并没有多大的作用。

所谓的过程性评价,就是利用各种评价的工具与方法,对体育教学的各个方面进行经常性评定,同时还要及时地将结果反馈给学生,促使学生尽早发现发题。现阶段,教师不仅要调整体育教学评价的内容,还要在平时的评价中,对学生的练习过程直接进行评价。

此种评价方式的存在,不仅能够保证大多数学生认真、积极地对待整个体育学习过程,还能够有效防治一部分学生凭借先天身体素质条件良好而消极学习的情况,此外,还能够对那些先天身体素质差却很努力的学生进行有效鼓励。

第二章 高校体育教学综述

第一节 高校体育课程教学理论

一、高校体育课程教学基本理论

(一) 高校体育课程基本内容

1. 课程和教学的概念

课程一词最早出现在英国教育家斯宾塞的《什么知识最有价值》一文中,课程是从拉丁语"currere"一词派生出来的,意为"跑道"。随着教育科学的深入发展,课程的意义不断得以丰富,人们对课程内涵的界定各持己见,形成了不同学说。

关于"教学"一词,早在我国商朝的甲骨文中就已经出现了"教"字,也有了"学"字。到 20 世纪初,人们才对教师的"教"重视起来。新中国建立后,受苏联教育家凯洛夫著作的影响,教学内涵又发生了新的变化。教和学是同一过程的两个方面,彼此不可分割、相互联系。

2. 高校体育课程教学的理念

第一,高校体育课程的定位,着眼于新世纪人才素质的需求,注重以人为本,强调以学生的学习、发展为教学的中心,以"健康第一"作为教学的指导思想。高校体育课程教学以学生的学习、发展为本,在教学过程中,要求学生进行主动学习。倡导学生主动参与、乐于探究、勤于动手,培养学生体育能力和进行体育锻炼的良好习惯,树立终身体育的运动意识。教师在课程教学过程中的作用是引导、帮助学生对高校体育课程知识、运动方法和动作技术的学习。高校体育课程突出学生作为课堂教学的主体地位,重视教师的主导作用,在教学过程中为完成共同的教学任务,实现共同的教学目标进行知识技能的传授、研究和探索。

第二,确立知识与技能、过程与方法以及情感态度与价值观三维度的整合。高校体育课程的教学,要在继承与发扬传统的体育教学成功经验基础上,强调知识与技能、过程与方法以及情感态度与价值观的整合,高校体育课程打破了学科的本位主义，删除了"繁、难、偏、旧"的内容，改变了过于重竞技运动的状况，加强课程内容与学生生活、现代社会和科技发展的联系，让课程回归现实生活。新课程教学注重理论与实践的结合，体育运动与健身方法的结合强调体育锻炼与日常生活的融合，使学生学会学习的方法、养成体育锻炼的习惯、培养终身体育的意识。

第三，综合应用多学科理论进行教学，促进学生身体的健康发展。现代科学发展越来越呈现综合化的趋势，无论是自然科学还是人文科学，各学科之间相互渗透，并产生新的边缘学科。高校体育课程的教学是促进学生生理健康、心理健康及社会适应能力的发展，有效地增强学生体质的过程。全面发展学生的身体素质和基本运动能力，形成良好的运动技能，同时注重在体育教学过程中对学生进行思想品德教育。

要完成上述的教学任务，必须综合运用体育科学、教育科学、人文科学等多学科理论与方法，促进学生身体的健康发展，有效地增强学生体质。

3．高校体育课程教学的指导思想

"健康第一"的指导思想，不仅给高校体育课程教学改革注入了新的内涵，而且在提升学校体育价值含量的同时，使学校体育的教学目标更加明确。"健康第一"的指导思想改变了过去传统的体育教学"重竞技"，围绕"达标率""合格率"等功利性倾向，以及教学目标与学生学习的脱节现象，使高校体育课程教学与促进学生身心健康共同发展，有效地增强学生体质的目的和以学生为本的教学理念更加贴切。体育教学的指导思想在高校体育课程教学过程中通过各种途径对学校体育教学目标、教学任务、教学内容、教学方法、教学组织形式和体育锻炼过程的体系产生极为重大的影响，是整个体育教育理论的核心。

（二）高校体育课程的教学方法、过程、内容与评价

1．高校体育课程的教学方法

高校体育课程教学方法是教师和学生为了实现共同的教学目标，完成共同的教学任务，在教学过程中运用的方式与手段的总称。高校体育课程教学理论与方法的探索、研究与发展，从始至终都遵循教育学、心理学、运动人体科学的原理；遵循教学理论与教学实践相结合的事物发展规律；遵循人体运动知识、技术技能的形成规律。

高校体育教学方法主要研究学校体育教学的基本规律，新课题是促进学生身体的健康发展和有效增强体质、掌握体育知识与运动的规律。从宏观的角度上分析体育教学方法时，我们认为体育教学方法是高校体育课程教学活动过程中，教师和学生为完成共同的体育教学任务，实现共同的体育教学目标过程的总称。从微观的角

度上分析体育教学方法时,体育教学方法是由各种不同层次、具体性的教学方略、教学技术、教学手段和教学形式等组成的一个系统性结构,包含有多层面的教学技术。

2. 高校体育课程的教学过程

高校体育课程理念下的教学观强调:教学过程是师生积极参与、交往互动的过程。教学是教师的教与学生的学的统一,这种统一的实质是交往。在体育课教学过程中,强调教师的教以及学生的学所构成的一个有机组合的整体教学结构系统。教师根据学校体育的教学目的、教学目标、教学任务、教学内容与教学要求,通过高校体育课程教学与课外体育锻炼活动等不同的组织形式,将具体的体育基础知识、健身方法、运动技术和练习手段等,有目的、有计划、有组织、系统地传授给学生,逐步培养学生掌握、应用体育基础知识、健身方法、运动技术和练习手段进行运动健身的能力,以及提升学生进行思想、道德、品质的教育。

体育课教学过程的本质是使学生学习、掌握、应用体育知识、健身方法和运动技术,培养学生良好的运动技能、体育锻炼习惯和体验运动乐趣。高校体育课程教学过程是素质教育的重要途径,高校体育课程教学具有促进学生身体形态、生理机能的功能,明显地体现在骨骼、肌肉和心血管系统、呼吸系统等方面。

3. 高校体育课程的教学内容

教学内容是教师据以进行教学的材料,是教学的主要媒介。体育教学内容是根据高校体育课程教学目标、指导思想、教学任务、学生的学习需要与教师的职业技能,遵循体育教学规律和教学原则来选择教学素材,并且对其进行体育教材化的加工和创造,构成科学的、合理的、适合于社会需求和学生发展的高校体育课程教学内容结构体系。

高校体育课程教学内容是体育教学实践活动的载体,包含了体育教育的基本理论知识、体育健身的方法、运动技术、思想品质教育等体育教学要素和丰富的文化内涵。教师通过教学内容的"教"和学生对教学内容的"学"的过程,使学生学习、掌握体育教育的基本理论知识、体育健身的方法、运动技术,提高身体的运动能力水平和形成良好的运动技能。从体育教育活动实施过程及其对人的发展角度进行分析,高校体育课程教学内容从本质上起到了体育教学实践活动的载体作用。

体育教学素材有两个明显的特征:一是素材来源广泛,内容丰富。二是教学素材之间不具有严密的逻辑性,教材系统结构中每项教学素材内容都具有各自的功能性,由多项教材内容具有的功能性总和构成了能够达成多元教学目标的可能。体育教学内容与竞技运动的区别表现在以下两个方面:一是体育教学内容是根据高校体育课程教学目标、指导思想、教学任务、学生的学习需要与教师的职业技能,遵循体育教学规律和教学原则所选择的教学教材,是以学生身体健康发展和增强体质为教学目的;而竞技运动内容则是以参加竞技比赛,夺取金牌为目的,以运动员掌握、运用运动技术,提高运动竞技能力与水平为运动训练任务,明显存在不同的任务和目的。二是体育教学内容必须根据学生学习的需要进行高校体育课程教材化的改造、组织和加工,而竞技运动内容则是由统一的竞赛规程、规则制订,通常情况下不允许进行改造。体育教学内容与其他教育内容一样随着社会需求的发展而处于不断变化和发展的过程之中。现代的体育教学内容的基本结构体系是随着学校体育和体育运动的发展而逐步形成、改进与完善的。

4. 高校体育课程的教学评价

高校体育课程教学改革的一个重要内容就是以评价促发展,因此评价学生的学习要能够体现学生学习的不同层次水平。高校体育课程教学评价一般包括对教学过程中教师、学生、教学内容、教学方法手段、教学环境、教学管理等诸多因素的评价,但主要是对学生学习过程与结果的评价和教师教学工作过程的评价。评价中依据一定的客观标准,通过各种测量和相关资料的收集,对教学活动及其效果进行客观衡量和科学判定。

高校体育课程教学的评价是依据《新课程标准》所进行的课堂教学研究活动。在教学评价活动中强调高校体育课程教学应以促进学生身心健康发展为根本目的,贯彻"健康第一"的指导思想,要求在全面锻炼身体的基础上,促进学生生理机能、心理素质及社会适应能力等方面都得到健康的发展,为终身进行体育锻炼打下良好的基础。高校体育课程教学的评价通过了解与评估教学各方面的情况,从而判断教学的过程、质量和水平,包括课程教学的成效和缺陷。高校体育课程教学的评价,对教师的教和学生的学都具有极为重要的激励和导向作用。通过评价反映出学生对学习的态度、动机、兴趣、方法及其结果,能有效激励教师的教和学生的学的过程,使师生了解与掌握自己所进行的教学状态及其发展变化情况,提高教学活动的效率,从而获得最佳的结果。

二、学习高校体育课程与教学论的意义、目标和方法

(一) 学习高校体育课程与教学论的意义

学好高校体育课程与教学论,无论是对于正在进行的体育教育专业学习的本专科生、高校体育课程与教学论专业的研究生,还是已经工作在第一线的体育教师来说,都具有重要的意义。体育教学理论基于教育学、体育学和人体发展学等现代科

学学科的理论基础，是应用教育学、体育学科理论与人体运动相互结合和相互渗透所形成的一门综合性科学。学好高校体育课程与教学论对于促进其体育教学职业技能的发展，以及提高教师的基础理论水平和组织、实施高校体育课程教学的能力，都具有重要的参考意义和实用的价值。

第一，把握高校体育课程教学的基本要素，概括地认识体育教学规律和本质。高校体育课程教学是一个复杂的过程，涉及课程教学目标、任务、内容、方法、组织形式以及学生、教师等方面的因素，是由多层次、多因素所组成的综合体系。

了解与掌握高校体育课程教学的基本规律，清晰而正确地辨别各种教学现象特征与本质，合理组织与实施高校体育课程教学活动，正确地判断和评价体育教学工作是对从事高校体育课程教学教师的基本要求。我们必须了解、掌握与应用其中的主要构成要素，概括地认识体育教学的规律和本质，全面提升体育教师的专业基础理论水平，从根本上提高体育教师在高校体育课程教学实践活动中发现问题、分析问题、解决问题的体育教学能力。

第二，掌握与应用教学理论与方法，合理运用教学方法组织与实施教学活动。体育教学理论与方法是一门实用性较强的课程，它是在教育学、体育教学论、高校体育课程教学实践的有关理论与方法的基础上，针对高校体育课程的具体情况所进行归纳与总结的一门应用性学科。体育教学理论与方法的实用性主要表现在为学生提供系统教学理论、方法的同时，还为学生提供许多具体的教学活动实例分析，包括学生学习的理论与方法，都作了大量的实例分析和论证。掌握、运用体育教学理论与方法，有利于提高体育教师和体育教育专业的学生的职业技能，提高高校体育课程教学质量。

（二）学习高校体育课程与教学论的目标

在高校体育教育专业开设高校体育课程与教学论课程，学习该课程的目标任务是：使高校学生在学习教育学、心理学的基础之上，进一步比较系统地掌握高校体育课程与教学论的基础知识、基础理论、基本技能和基本方法。

第一，高校体育课程与教学论基础知识方面。①了解高校体育课程的基础知、新课程理念，掌握高校体育课程目标，学习用新课程的理念和课程目标指导与评价自己的学习与教学实践。②初步掌握高校体育课程的知识内容和结构体系。③初步掌握体育学科特点与教学特点，以及学习该门学科的态度和方法，能从体育学科特点出发指导自己的学习与组织教学。④认识与理解体育教学的一般原理与规律，并用体育教学的一般原理与规律指导自己的学习与教学实践。⑤初步掌握体育教学的

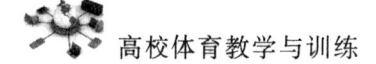

常用方法与主要模式,并选择和使用体育教学方法与模式于教学实践中。⑥了解现代先进的学习理论,能用现代学习理论指导自己的学习和教学实践。

第二,体育教学基本技能方面。①掌握体育课堂教学的基本知识和技能。②熟练掌握体育教学设计和教学方法以及各种体育教学策略。③掌握体育教学的组织以及教学手段的运用,能熟练地运用现代教育技术等辅助体育教学。

第三,体育教学、课程开发及教学研究能力方面。①能初步分析教材,设计教案,预设教学过程。②能初步运用课堂教学技能,组织与管理课堂教学。③能分析运用先进的教育思想和教学理论,掌握基础教育课程改革的理念,指导课堂教学一对一。④初步学会运用多种教学评价方式实施体育教学评价。⑤初步学会校本课程开发、高校体育课程与教学资源的开发与利用能力。⑥初步学会选用合适的研究方法,进行体育教与学的初步研究。

第四。体育教师专业情意方面。①赞赏体育教师。热爱体育教师职业,树立献身体育教育的理想。②初步养成良好的教师职业道德和职业习惯,具有做一名优秀体育教师的信心。③具有乐观向上、不断改革和创新体育教育教学工作的远大志向。

(三) 学习高校体育课程与教学论的方法

高校体育课程与教学论是一门理论与实践相结合的学科,好的学习方法可以起到事半功倍的效果。掌握基本理论知识、关注体育教学实践、注意拓展学习是学习高校体育课程与教学论过程中的三个基本方法,但这三个基本方法不是彼此孤立的,而是互相联系、统一于实践问题之中的。

1. 掌握基本理论知识

理论知识可以帮助我们了解高校体育课程与教学相关问题的理论框架,高校体育课程与教学论的理论知识是在实践中反复探索形成的。学习理论知识时,要注意掌握体育学科的基本结构。位于体育学科基本结构体系中的各种概念、原理、方法和价值观,它们共同构成一个有机整体。

2. 关注体育教学实践

理论知识并非空中楼阁,也不是无源之水,而是从实践的土壤中萌发与生长的,不论是理论知识的学习,还是问题的发现与探究,都应该以关注实践为根本指导思想。因此,只有充分关注体育教学实践,才能使高校体育课程与教学理论融会贯通,并在实践的检验中得到不断发展。

3. 注意拓展学习

高校体育课程与教学的问题与政治、经济、文化等有着密切的联系，有着自己的特色，但并不能为此而拒绝了解国内外有关高校体育课程与教学问题的现实状况。

第二节 高校体育课程与教学目标

高校体育课程与教学目标是体育教学理论中的核心内容之一，集中体现人们对高校体育课程开发与体育教学设计中的教育价值的理解，是教育目的在高校体育课程中的具体化。

一、高校体育课程目标与教学目标

（一）高校体育课程目标和教学目标的意义

高校体育课程目标和教学目标是高校体育课程和体育教学理论在实践中非常重要的问题。高校体育课程目标是指在一定的教育阶段，力图促进学生身心发展所要达到的预期程度或标准。标准功能是指高校体育课程目标对高校体育课程的检查、评估产生的标准作用。

具体而言，高校体育课程目标有以下主要作用：第一，为高校体育课程内容和体育教学方法的选择提供依据。第二，为高校体育课程与教学活动的组织提供依据，把高校体育课程组织成什么样的类型，把体育教学组织成什么样的形式，在某种意义上取决于高校体育课程的目标。第三，为高校体育课程实施提供依据。高校体育课程的实施过程就是实现高校体育课程目标的过程。第四，为高校体育课程评价提供依据。高校体育课程目标指向的是体育学习中不同方面的"一般反应模式"，体育教学目标则指向体育教学过程中的具体行为方式。体育教学目标是指体育教学主体预先确定的、在具体体育教学活动中所要达到的、利用现在技术手段可以测量的教学结果。体育教学目标是课程目标的进一步具体化，并由教师根据有关教育法规、《课程标准》和各方面实际情况制订，是指导教学活动设计、实施和评价的基本依据，对教学活动具有导向、指引、操作、调控、测评等功能。教学目标通常在"单元"或"课"的教学计划（方案）中按照课程目标方面分别陈述。

（二）高校体育课程目标与教学目标的关系

在学校具体的教育实践中，课程和教学是学校教育的两个重要组成部分，也是不可分割的两个部分。高校体育课程目标与教学目标并不是相同的，它们之间既有联系，又有区别。高校体育课程目标和教学目标有以下联系：第一，相对于各级各类学校培养目标和学校体育目标而言，高校体育课程目标和教学目标都是子目标，体育教学目标的制订与高校体育课程目标的制订都必须以学校培养目标和学校体育目标为依据。第二，高校体育课程目标与教学目标之间有着纵、横两个方面的联系。高校体育课程目标的实现有赖于体育教学目标的实现，或者说高校体育课程目标是确定体育教学目标的重要依据。第三，高校体育课程目标和体育教学目标之间有一个衔接点，这个衔接点就是高校体育课程的水平目标和体育教学的学年教学目标。学年体育教学目标实现了，高校体育课程的水平目标也就实现了。

二、高校体育课程与教学目标的结构与制定

（一）高校体育课程目标的结构

高校体育课程目标是有层次结构的，不同的层次结构发挥着不同的功能。对同一层次的目标而言，还存在着不同学习方面和学习水平的区分。

1. 高校体育课程目标的纵向层次

高校体育课程目标在垂直向度上具有层次性、线性、累积性的特点。有的学者认为，根据课程目标的不同层次关系，可以依次将课程目标区分为以下不同的层次：课程的总体目标——教育目的；课程的总体目标的具体化——培养目标；学科领域的课程目标；学科领域的课程目标的具体化——教学目标。各个层次目标像一个"金字塔"一样累积起来，顶层目标是抽象的、整体的、普遍性的目标，底层目标是具体的、分化的、特殊的课程目标，底层目标逐步达成之后，课程总目标也就得以达成。高校体育课程目标体系由高校体育课程的总目标、高校体育课程的学习目标、高校体育课程的水平目标和体育教学目标四个纵向层次构成。

高校体育课程的总目标面向某个教育阶段的全体学生，是特定教育阶段大多数学生通过自己的努力都能够达成的体育学习目标。

2. 高校体育课程目标的横向关系

课程目标的横向关系实质反映了各种目标的区分及其相互关系。像教育目标这一层次上，我国通常用德、智、体或德、智、体、美、劳来划分目标领域。无论怎样划分目标领域，各领域对总的目标来说都应当具备逻辑上的合理性，它们彼此之间相互关系。虽然可能是并列和平行的，但它们之间必须是一个相互联系的整体。

3. 高校体育教学目标的层次

学年体育教学目标、单元体育教学目标、课时体育教学目标建构了体育教学目标体系的纵向系列。上位目标与下位目标相互呼应、彼此衔接，在体育教学活动中引导着学生的发展方向。

学年体育教学目标是根据"学段体育教学目标"确定的，是对该学段内每个学年体育教学活动的分解与不同要求。学年（学期）体育教学目标，在性质上属于计划性的，通常根据高校体育课程的总目标和水平目标的要求、各个学校的实际、学生的兴趣与爱好及高校体育课程内容的特点等来制订，一般出现在学校的体育教学计划中。

单元体育教学目标。单元是指各门课程教学中相对完整的划分单位，反映着课程编制者或教师对一门课程及其概念体系结构的总的看法。单元体育教学目标，主要依托各个高校体育课程内容，如某个运动项目的特性来制订，即不同高校体育课程内容的不同价值、功能、特点等，决定了其教学目标也是不同的。

课时体育教学目标，也称为体育课堂教学目标，在性质上属于操作性的，是最微观层面的体育教学目标。课时体育教学目标，是由每堂体育课具体的教学内容以及学生具体的学习特点和需要所决定的，同时还要考虑一堂体育课的具体教学时空情境和条件（或具体的体育教学环境）等因素，其体现在体育教师的教案中。体育教学目标是一所学校在确定高校体育课程实施方案并制订单元为基础的全年教学计划后，由任课教师制订的，是教师制订学段体育教学目标、学年（学期）体育教学计划、单元计划和课时计划的依据。一堂课是最基本的教学单位，却不一定是一个完整的基本教学单位，因为一堂课不能把一个教学系列完整地教给学生，有时只完成其中一部分。现代教学理论对学生在体育教学中的认知性学习越来越被重视，而作为认知性学习基础的发现式学习法或假说验证式学习法都是一个较长的学习过程。因此，我们认为单元教学的改革是现阶段我国体育教学改革的重要突破之一，在改革的新形势下我们应当更为重视单元教学计划的构建和单元教学目标的制订。

（二）高校体育课程目标的制定

1. 高校体育教学目标制订的依据

学校体育的功能影响着体育教学目标维度的确定和制订，应突出其增强体质、促进身心健康、发展体能的本质功能。随着对学校体育多向功能的挖掘，教学目标的维度也将趋向多元化。学校体育目标体现了我国的教育体育有关方针和政策的根本精神，是制订体育教学目标的重要依据。每一上位目标都是其下位各层次目标的累积，每一下位目标必是其上位目标的细化，因此，制订教学目标时，应以上位目标，包括学校体育目标为依据。体育教学目标的制订必须立足于对教学内容的认真分析，确定教学的重点和难点为建立体育教学目标奠定基础。体育教学的对象是学生，体育教育目标必须根据青少年生长发育的不同阶段、不同时期身心发展的特点及共同规律提出相应的目标。需要说明的是，目标的制订在考虑学生群体的特征时，还应充分考虑学生个体的差异性，使每个学生得到充分发展。教学条件是制约体育教学目标实现的重要因素。当前，各级各类的学校、城市与乡镇的学校，甚至同一地区的不同学校，条件都千差万别，发展不平衡。制订体育教学目标时，必须从实际出发充分考虑学校的客观条件以便使所设计的目标更符合实际，更具有可行性。

2. 体育教学目标制订的原则

科学性原则。体育教学目标的科学性体现在：要体现体育学科的特点；要全面包括各个学习方面；根据教材的特点，突出重点和难点；具体、明确、可操作；难度要适中五个方面。

灵活性原则。体育教学目标可以由师生根据体育教学实际情况灵活制订，其内容和水平可以有一定的弹性。灵活性的体育教学目标可以更好地适应学生的学习特点，使其通过体育教学目标的实现而获得身心方面更有利的发展。

可测性原则。体育教学目标是对体育教学过程中学生身心发展状况的明确、具体、恰当的描述，而这种内心发展的状态是利用现有技术手段可以进行定性或定量测量的。

发展性原则。体育教学的效果最终要落实并体现到学生的身上。体育教学目标的制订，要着眼于学生现有的发展水平和学习需要，又要放眼未来，使学生升入下一阶段学习或将来走向社会健康地成长成才，获得健康完满的生活，并有能力从事终身体育。

3. 体育教学目标制订的要求

要反映体育教学的发展趋势，从实际出发，考虑需要与可能。制订体育教学目标要从实际出发。全面准确地掌握学校体育教学内部与外部条件及环境，将需要与可能结合起来，才能制定出科学的体育教学目标。制订体育教学目标时要系统把握，整体协调与衔接。体育教学目标应具有整体性、注意不同层次和序列体育教学目标的协调与衔接。体育教学目标只有形成一个纵横连接的网络系统，才能充分发挥体育教学目标的系统功能。制订体育教学目标时，体育教学目标的表述力要明确、具体、可量化。体育教学目标明确、具体、可量化，有利于加强体育教学工作的计划性，为体育教学实施，特别是检查与评价体育教学工作奠定基础。体育教学目标必须分解成细致的操作目标，才可使教学目标的要求落到实处。所以，体育教学目标的细目分解直接关系到体育教学效果的优化和体育教学质量的提高，每个体育教师都应该具备细目分解的能力。体育教学目标要有一定的弹性。体育教学目标受多种因素的影响制约，而诸多因素都在不断变化，保持体育教学目标的稳定性是相对的，而体育教学目标的发展、变化是绝对的。

第三节　高校体育教学价值观与目标思考

一、高校体育教学价值观概述

从一定的角度来说，体育的历史就是体育观不断变革的历史。体育是什么？体育对个人和社会的发展有什么意义？对此问题的看法就是体育价值观。

（一）关于体育价值观的基本认识

体育的发展过程是对体育价值的认识逐步深化的过程。它的发展历程与体育功能的扩展和对体育价值的认识的逐步深化总是紧密联系在一起的。从心理学的角度考察，人的所有行为的产生都有其心理依据，而需要是诱发动机和产生行为的动因。因此，人们为了改善生存和生活条件，就必须传授和提高这些技能，这时体育的价值就开始显现出来，由此可见，体育的产生与体育的价值是密切相关的。

社会化程度的提高扩充了体育的价值。随着历史的进步、社会化程度的提高，人们的需要逐渐从低层次向中等层次发展。在满足这些需要的过程中，体育始终扮演着非常积极的角色，展现了它特有的价值。在几千年的中国历史中，虽然体育的发展也遭受过一些挫折，但它总是以其特有的魅力而保持着持续发展的势头。汉代末年，名医华佗还根据人体经络和血脉流通的机理，模仿虎、鹿、熊、猿、鸟的动作，创编了五禽戏，把医学和体育有机地结合起来，充分体现了体育保健和健身祛病的价值，进一步扩充了体育的价值。

社会文明程度的提高，使体育价值得到了更充分的体现。随着社会文明程度的提高，人们在工作中减少了身体活动，体力劳动强度降低，脑力劳动强度提高，许多"文明病"应运而生。为了适应社会的竞争，提高生活质量，人们的体能需要保持，绷紧的神经需要松弛，所有这一切都可以借助体育得到解决。

两种体育价值观的比较：体育的变革在很大程度上都是体育价值取向的调整。这两种价值观都承认以体育动作为手段，可以实现体育的直接目标和间接目标。它们的主要分歧是：价值取向侧重于社会目标，还是满足行为主体的需要。

手段论价值观和目的论价值观的价值取向。手段论价值观认为：运动的目的是以运动为手段来培养社会所需要的人才，体育教学必须根据国家提出教学目标的需要来确定教学内容和设计体育方法体系，其价值取向的重点是因国家需要而规定的社会目标；目的论价值观认为：运动的目的在于运动自身和以运动为手段，使作为运动主体的人得到满足。因此，在教学中就必须根据学生的需要提出教学目标，确定教学内容和设计体育方法体系，使教学手段与教学目标相一致，教学目标与主体需求相统一，这与当前教育界提倡的素质教育思想是吻合的。

手段论价值观和目的论价值观基本内涵的比较。手段论价值观和目的论价值观的主要分歧在价值的取向上，其焦点在于：侧重满足社会需要，还是满足作为行为主体的学生的需要。在行为主体的地位上，两种价值观也有所不同。目的论价值观认为：学生是体育教学活动的行为主体，教学活动要以满足学生的需求为目的。

在个体的发展方向上，两种价值观存在着类似于科学主义教育思想和人文主义教育思想的差别。手段论价值观关注的是运动技能的掌握和合理的运动负荷的影响。而目的论价值观恰恰涵盖了手段论价值观所忽略的范畴，不反对掌握适宜的运动技术、技能和承受合理的运动负荷。

在教学内容的选择上，手段论价值观强调的是体育内容自身的逻辑关系，奉行按部就班，讲究全面系统、整齐划一。目的论价值观在教学内容体系的构建上，主要是从学生的学习需求出发，根据学生实际和教学目标选择教学内容。

在课程结构上，因为手段论价值观追求运动技术的掌握和技能的形成，强调合理的运动负荷，所以课程结构比较固定，组成课程的各个部分比较规范。而目的论价值观在学生掌握知识技能的基础上，重视态度和情意的培养。

体育价值观的选择。体育作为教育的一个组成部分，它的价值观的选择要受到教育思想的指导和约束。根据素质教育的内涵，在体育教学要求上，我们应该如何做呢？①要面向全体学生，使所有的学生的健康水平都能够得到提高、身心素质得到发展。②突出全面性。③突出主体性。给学生更大的活动空间，使之在兴趣爱好的培养、人格的完善、特长的发展等方面拥有充分的主动性，真正发挥他们的主体作用。④要突出发展性。奠定身心健康发展的基础，形成终身体育的能力。

从素质教育对体育的要求，我们不难看出，目的论价值观与素质论教育观更为吻合，这是我们今后学校体育的正确方向。

(二) 体育教学的基本价值内涵

1. 从知识形态的转化来看体育教学的基本价值

通过教学活动使学生获得了他人总结的知识，这是古今中外一切教学活动的共同特征，也是实现其他教学价值的基础。这些需要教师根据学生的实际去挖掘、剖析，使之进一步升华。

2. 从教学的功能看体育教学的基本价值

体育教学的功能主要体现在两个方面：一是继承的功能。二是有效地促进学生身心的发展，具有发展功能。从教学的功能来看，体育教学的基本价值在于使学生获得知识、发展能力、形成良好的品格结构和掌握科学有效的方法。

3. 从素质的构成看体育教学的基本价值

构建学生相对完备的素质结构，是教学活动最根本的价值。人们把人才素质归结为德、识、才、学、体五个方面。其实，上述方面都不是孤立存在的，它们相互之间有着互相渗透甚至互相包容的关系，有些甚至互为条件，它们组成的基本因素归根结底还是知识、能力、品格和方法几个方面。体育教学作为一个发展身体，增强体质，传授锻炼身体的知识、技能、技术，培养道德和意志品质的教育过程，它在学生素质构建中除了具有其他教学活动共有的功能外，还为学生科学锻炼身体提供理论和方法的指导，使其增强体质、提高健康水平，是其他学科所不能替代的。因此，体育教学对于学生素质的构建的价值也是非常重要的。

(三) 现代体育教学价值的形成特点

体育教学能对人的生存、生活、发展和社会进步产生积极的影响，这是体育教学的价值所在，这些因素互相联系、互为条件，在体育教学过程中转化为过程价值，在教学结束后凝结成终极价值，从而使体育教学的价值得到完整的体现。

1. 体育教学价值的形成规律及内部关系

体育教学价值的形成规律实质上就是体育教学活动的规律，即体育教学过程中内在的本质联系。在这个过程中，学习必要的体育知识，树立正确的体育态度是形成教学价值的基础，它是通过认知来实现的。具备基本的体育能力是形成教学价值的重点，它是终身体育的基本条件，它的实现过程是一个有目的、有计划的培养过程，能力价值的实现有利于学生有效地进行自我锻炼，以促进身心的不断完善。体育教学的另一个重要价值是道德品质的养成和情意的发展，它的实现是一个潜移默化的过程。思想品德的养成和情意的发展，有助于前几项价值的实现，也有利于健

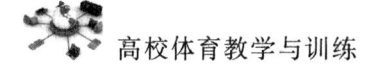

康心理的形成。它们之间既有联系，又各有侧重，它们有机地协同和复合，才能促进体育教学价值的完整实现。

2. 体育教学价值的形成过程与特征

从体育教学的特点来看，体育教学的价值可以分为过程价值和终极价值。过程价值以终极价值为指导，而终极价值则是过程价值的集中表现。

体育教学的过程价值的形成。体育知识是一种复合形态的知识，许多体育知识的获得，必须通过感性的体验来予以验证和强化，因此，体育知识价值的实现依赖于讲授和实践的紧密配合。方法价值具有手段的特征，从体育教学价值实现的主体学生的角度来看，它主要侧重于学习方法和身体锻炼方法。学法是在教师的指导下，由学生根据主体需要、主体特征、主体认知特点去认识事物的途径。思想品德价值是体育教学的重要价值之一，它与其他各科教学具有共同的价值取向，都是为个体的社会化提供明确的指导。品质的形成需要主体认识、情感意志和行为三个方面的协同发展。综上所述，体育教学的过程价值是体育知识的认知、体育能力的培养、体育方法的训练和良好品质的养成。

体育教学的终极价值的实现。体育教学的终极价值是通过体育教学的过程价值的升华而实现的，它主要体现为掌握体育知识技能，树立终身体育观念，为终身体育打好基础，完善人格个性，发展身心素质，提高健康水平，能与社会所需人才的相关素质结构相适应。因此，教师必须树立正确的体育教学思想和终极价值观念，并采用合理的教学设计，把价值观念融合在教学指导思想的教学行为之中，通过教学过程价值的形成，最终凝结成终极价值，以满足自身和社会发展的需要。

体育教学过程是一个体育教学价值凝结的过程，也是一个人才的相关素质形成的过程。体育教学最高的价值就在于共建良好的人才素质结构，这是体育教学最根本的价值观。这既是一个促进学生身心发展、提高健康水平、满足学生和社会需要的过程，也是一个为学生和社会的进一步发展奠定基础的过程，因此，体育教学的价值也在促进学生身心发展方面具有双向促进作用。

二、高校体育教学目标的结构与制定

（一）高校体育教学目标的结构

1. 体育教学目标与体育学科功能、价值的关系

体育学科的多功能。功能取决于事物的性质和特点，同理，体育学科的功能来自体育学科自身所具有的性质和特点。

体育学科的价值。由于体育学科具有多样的功能和特征，使得体育学科具有了多方面价值取向多样性。虽然体育学科的功能是相对稳定的，但在不同的历史背景

下和不同的国度中，体育学科的各个功能被不同程度地加以利用，体育学科被赋予各种各样的价值，此时，体育学科有些功能可能被忽视，这方面的价值也难以实现。

当然，人们在注重追求某种体育功能并努力实现某种体育价值时，也并不是绝对单一的，在多数情况下，人们同时追求多种体育的功能，只不过是更注重、更强调某个功能而已。

体育教学的目标。不同时代的体育教育都有着独特的目标体系，这些目标是当时的社会对体育价值取向的具体化，也是对体育功能及重要性的认识。所以，无论是哪种体育形态，其体育教学的目标通常都不是一个，一般说来，从体育教学的第一目标的设定就可以大致看出该体育形态的价值取向，当然目标顺序与价值取向不完全吻合的例外也有。

2. 体育教学目标、体育学科的功能及价值之间的关系

功能是一个事物固有的、客观的属性；而价值是外赋的、主观的属性；目标则是根据功能进行价值取向后的行为效果指向。功能是事物固有的和客观的属性，而价值是外赋的和主观的属性，也就是说，一个事物即使具有这个功能，而人们如果没有看上这个功能，也不会把这个功能的实现作为目标；相反，一个事物不具有这个功能，即使人们非常希望通过这个事物实现这个功能，也是无济于事的。体育学科的功能不会有大的改变，但不同的社会和不同的历史阶段会有不同的体育价值取向，因此体育教学的目标会随着社会的变化与发展产生相应的变化。

3. 体育教学目标的外部特征

体育教学目标的外部特征是：属于体育教学目标内容以外的，但对体育教学目标内容具有规定性的那些特点及其标志。首先，体育教学目标是由多个层次的目标组成。所谓体育教学目标的功能与特性，是指各个层次的体育教学目标都有其独特的"功能"和"特性"。如果不明确各层目标的功能与特性，这层目标就会与其他层目标相混淆。我们也可以把"目标的功能与特性"理解为"目标的定位"或"目标的个性"。各层体育教学目标有着各自要解决的问题，因此各层的目标就有自己独自的"着眼点"，就是"围绕着什么来看目标"和"围绕着什么来写目标"的视角。学段体育教学目标面临许多的运动教材，因此不可能围绕某一个运动技能来写。单元体育教学目标是学段目标的下位目标，它也不可能围绕学段的发展来写目标，而它面临最清晰的对象是"在这个单元中，利用这个运动教材应该发展学生什么，能发展学生什么"。

4. 合理制定体育教学目标的意义

合理制订体育教学目标的意义主要体现在以下几个方面：①充分发挥体育学科

教学的功能。只有合理地制订了体育教学目标,才能明确要实现那些体育教学的功能。如果乱定体育教学目标就不能充分发挥体育教学的功能,使目标偏离了体育教学的基本功能,也就无法发挥好体育教学的主要功能,使得体育教学的质量大为下降。②保障实现体育的教学目的。只有合理地制订了体育教学目标,才能稳妥地实现体育教学的目的。如使学生的体格强健是健身目的的标志;使学生每个单元每节课都能愉悦身心是促进学生运动参与的标志等,体育教学目标是体育教学目的实现的标志。③确保目标层层衔接,最终实现总目标。如果定错了阶段体育教学目标,就使得阶段体育教学目标的总和不能等于总的体育教学目标,那么就意味着总的教学目标没有完成。正确地制订好各个层次的教学目标,是最终实现总目标的可靠保证。④明确和落实体育的教学任务。体育教学目标决定着具体的体育教学任务。因此,要有具体的体育教学任务来支撑目标的实现。好的目标有助于明确教学任务,体育教学目标是"的",体育教学任务是"矢",有了明确的目标,教学的任务才能"有的放矢"。⑤指引、激励教师的教与学生的学目标反映了人的愿望和努力方向。虽然体育教学目标并不完全是由任课教师和上课学生群体制订的,但合理的体育教学目标必定充分反映着教师的努力方向和学生的学习愿望。有一套科学合理的体育教学目标必定可以指引教师的工作,必定可以激励学生学习。

体育教学目标为教师指明了体育教学工作的预期成果,使他们清楚地知道自己工作的努力方向。在体育教学目标实现的过程中还会使教师受到鼓舞,实现过程中的困难也会促使教师去发现和解决问题,所以明确、具体而切实可行的教学目标,可以指引教师努力地工作。学习目标的不断实现会使学生受到鼓舞,实现过程中的困难也会使学生受到鞭策,明确、具体而切实可行的教学目标可以激励学生努力地学习。

(二)高校体育教学目标的创新发展

1. 中国体育教学目标系统的发展

多年来,可以说中国一直只有比较笼统的、指令性的"体育教学目的",衡量体育教学质量也一直是依据《体育教学大纲》的要求进行的,各学段和各年级的教学任务也分不出阶段的层次。因此,21世纪以前的《体育教学大纲》以及《全国普通高等学校高校体育课程教学指导纲要》(以下简称《纲要》)等教学文件中的目的和任务对体育教学的指导意义不强。归纳过去的体育教学目标系统的问题主要表现在以下几方面:①体育教学目的的表述不明确。②技能掌握和身体锻炼的教学任务不甚清楚。③各级学校的体育教学目的和任务之间的衔接不好,明显存在着体育教学目标的区分度不高的问题。④各级各类学校的体育教学目的和任务的重点不明确和缺乏特色。

中国体育教学目标系统发展始终面临的另一个问题就是怎样完成社会对体育教学的期待和要求。多年来，中国体育教学目标系统基本上反映出中国社会发展和学生个人发展对体育的要求。如何不断将时代对教育和体育的内在要求包容在体育教育目标中，是中国体育教学目标系统亟待研究的课题。

2. 中国体育教学目标系统的完善

自20世纪90年代后期以来，中国对高校体育课程进行了大幅度的改革。根据国家教育改革的总体要求，中国体育教育逐步向体育与健康教育转轨。体育教学体系涉及体能、知识、技能、兴趣、爱好、习惯、心理、交往合作、生活方式、生活态度等诸多方面的教育目标，并将各个教育目标分为五个领域，分出层次。中国新一轮的高校体育课程和教学改革，为重新思考和建立中国体育教学目标系统提出了要求并开辟了道路。新课标的目标方案中必然存在一些不足，也面临着新的课题。

科学的体育教学目标系统的确立，必须遵循体育和教育的自身规律，要以"体"为对象，以"育"为目的，以身体锻炼为特征。符合体育的特质和内在价规律的体育教学目标系统，才会有助于形成对人产生价值和教育影响的体育教学，才能体现体育文化与教育的完美结合。可以预见，有关中国体育教学目标系统的研究必将随着新的体育教学改革，随着体育教学基础理论的不断完善而更加深入。教学目标朝着更具时代特征，更反映社会要求、更体现目标特点、更能指导教学实践的方向发展，是未来中国学校体育教学目标系统不断努力的方向。

第四节　高校体育教学内容结构体系的构建

体育教学内容是体育教学大纲规定的学习范围。我国体育教学内容包含理论和实践两部分。教材是一个知识技能体系，是联系教师和学生的中介，是学生主要的知识来源，也是学生身心发展的基础。

一、高校体育教学内容的结构特征

体育教学内容的结构是指体育教学中特定的内容之间的分工配合。它必须既能满足社会的需要，又能满足作为教学主体的学生的需要。换句话说，就是学生对能满足自己需要的教学内容才能产生兴趣。因此，教学内容的优化组合是体育教学内容结构中的关键,而社会需要是社会对教育目标的要求。社会需要和学生主体需要具有统一性,但它们在满足的层次上、时间顺序上是不一致的,我们必须把握体育教学内容结构的基本特征。

(一) 体育教学内容结构的目的性

体育教学内容结构具有明显的主观目的性:当客观的需要和主观目的相一致时,所建立的体育教学内容结构才是合理的。首先,在不同的学习阶段,学生对体育教学内容的需要是不一致的。其次,体育教学的内容结构要有利于学生形成合理的认识结构、技术技能结构、能力结构和体育方法结构。

(二) 体育教学内容结构的联系性

体育知识和运动技能的种类是极其丰富的,任何体育教学内容结构都只能包含其中的一部分。通过这些内容的教学,可以有效地扩大知识范围,打下良好的体育运功技术技能基础并建立良好的能力结构,为学生进一步的发展创造条件。体育教学内容结构的联系性表现在以下方面:第一,具有横向特点的广泛性。身心的发展要求是全方位的,既包括保健、营养、卫生、锻炼原理、竞赛规则等基本知识,又包括促进身体发展的各种运功技术技能和练习方法。第二,具有纵向特点的复合性。体育教学内容要随着学习的进行逐步深化,这是教学的基本规律。但是体育教学目标是多元化的,它的实现依赖于多种教学内容的综合效应。复合性和广泛性的结合,可以提高体育教学内容结构的全面性和协同性,教学内容的广博性和教学内容之间的联系性对于学生创造性的发展也是非常有利的。

(三) 体育教学内容结构的相容性

体育教学内容结构的相容性表现在体育教学内容结构内部相互渗透、彼此贯通。作为一个知识结构,体育教学内容结构应该是纵向联系、横向相关的,这种结构内部互相关联的特性,必然要求不同的内容之间彼此相容。体育教学内容结构的相容性使教学内容的选择具有更大的灵活性,体育知识技能具有更强的综合性。

(四) 体育教学内容结构的动态性

体育教学内容结构要跟上体育科学的发展步伐,符合社会发展的需要,就必须具有动态性。这些新的知识必然要及时在体育内容结构中反映出来。社会对人才素质的要求是不断变化的,如现代社会的快节奏、高竞争性的特点,对人才的竞争力、创造力和良好的心理素质有了更高的要求。因此,体育内容结构总是处在一个动态的变化之中。

（五）体育教学内容结构的实践性

体育教学内容以实践为主，这是由体育的本质属性所决定的。活动性内容应以在实践过程中对身心健康水平的良性影响为依据，换句话说，就是要考虑它对体育教学目标的贡献。使之既能产生教学内容体制改革具有的个别优势，又能形成多种内容结合而成的结构优势。

二、高校体育教学内容选择的原则

体育教学内容非常丰富，而真正作为教学内容的，仅仅是其中的一部分。我们应该遵循以下原则。

（一）实践性和知识性相结合的原则

实践性和知识性相结合是由体育的本质属性所决定的。通过实践，要使身体的大肌肉群得到活动，各内脏器官系统得到锻炼，同时体验到体育的乐趣，这些都是以体育教学内容作为媒介来实现的。知识性主要体现在为什么做、怎么做和为什么要这样做上，这固然要通过基础理论内容来讲授，但更多的是在实践中体验、理解，并通过运用来强化。体育教学内容发挥的作用就是将实践与知识连接起来。

（二）健身性和文化性相结合的原则

健身性是体育教学区别于其他教学的显著特点。文化是人类认识世界、改造世界和适应环境的产物。健身性和文化性相结合，就是体育教学内容既具有良好的健身价值，又具有丰富的体育文化内涵。

（三）民族性和世界性相结合

体育的形式和内容总是与一些国家或地区的民族文化传统和民族习俗有关的。如我国的武术、希腊的马拉松、欧洲的击剑等，无不具有鲜明的民族色彩。体育教学内容仅强调民族性是不够的，任何民族，无论多么优秀，在发展过程中总会受到来自方方面面、形形色色因素的约束，总会具有一定的片面性。因此，体育教学内容必须体现出民族性和世界性相结合，既要在保留优秀的民族体育内容的基础上，又要充分吸取来自世界各民族的优秀体育内容，将它们融合在一起，使之形成一个优势互补、功能齐全的体育教学内容体系。

（四）继承性和发展性相结合

继承优秀的传统文化是教学的重要功能。体育教学内容的选择无疑是要吸收我国历史悠久的传统体育内容，这就是体育教学内容的继承性特点。文化的继承是有选择的、批判性的，对于传统体育内容，我们在有选择继承的基础上进一步丰富其内涵，在保留其原有特点和精华的前提下剔除那些不健康的东西，使其更具有时代气息，这就是体育的发展性特点。

（五）统一性和灵活性相结合

体育教学内容要面向全体学生，它必须有基本的要求，有一个相对统一的标准，使体育教学有一个较为规范的目标。我国地域辽阔，各个地区的条件不一致、发展不平衡，教学的相关基础不在同一起点。即使是处于同一个教学阶段的学生，都会表现出明显的不同特点，因此，教学内容必须根据教学条件和学生特点，兼顾统一性和灵活性，才能有利于促进学生身心全面发展。

第三章 高校体育的教学内容

第一节 高校体育教学内容概述

体育教学内容是体育教学工作者在进行体育教学时的主要参考，因此体育教学内容在体育教学中占据非常重要的地位。再加上体育教学内容所涉及的知识点较为繁杂、宽泛，因此，对于任何一名体育教学工作者而言，体育教学工作必须建立在对体育教学内容充分了解的基础上。

一、高校体育教学内容的概念

体育教学内容是依据当前国家总的教育方针和社会对体育教学的需求选择出来的，根据对大学生身体条件和高校教学条件的深入分析和研究，在体育教学环境下传授给大学生的一种体育锻炼活动。

体育教学内容是根据体育教学的目标进行选择的，是根据大学生在成长过程中的发展需要以及体育教学过程中必备的教学条件最终整理而成的，并且是根据社会需求的发展而不断变化的。

体育教学内容主要是针对教学对象的大肌肉群的运动进行的，其具有很强的实践性，主要包括身体的锻炼、运动型教学的比赛、运动技能的获取等。

二、高校体育教学内容与体育运动内容的区别

众所周知，体育教学内容是保证体育教学正常进行的有力保障，但是其与体育运动内容之间却也有着非常细微的差别。作为一名体育教育者或是研究者，清楚地掌握它们之间的差别，有助于不断深入地了解体育教学内容。经过深入的分析和研究，对体育教学内容和体育运动内容之间的区别介绍如下。

（一）服务的目的不同

体育教学内容是以教育为主的，其服务的目的是促进大学生身心健康的发展，其内容偏于理论性，对教学活动具有指导意义。体育运动内容是以提高竞技运动水

平、夺取胜利为主的,其服务的目的较偏重于教学内容的娱乐性和竞技性,对教学活动而言具有很强的实践性。

(二)内容的改造要求不同

随着时代的不断进步,体育教学内容需要根据时代的变化和社会的需求不断改变,以保证体育教学内容能够满足社会培养人才的需要。因此需要对体育教学内容进行必要的改造、组织和加工,而体育运动内容不必进行这种改造。

三、高校体育教学内容的发展

体育教学内容和其他教学内容一样,也是随着社会和教育事业的不断发展而发展的。但是,与其他教学内容相比,体育教学内容的形成和完善还处于发展的阶段。体育教学内容的发展主要来源于以下几个方面。

(一)体操和兵式体操

古代体育的主要形式是兵式体操,由国家的专门机构指导参加训练的士兵进行列队、射击、剑术等战术问题的操练。后来,随着兵式体操训练的不断改进和制度的不断优化,体操最终成为今天体育教学中的内容之一。

(二)竞技类体育运动

我国早期出现的竞技类体育运动有骑技比赛、蹴鞠等,后来,随着人们对这类竞技类体育运动的兴趣不断激增,这类体育运动的发展日趋完善,最终成为一种正规的体育运动。工业革命以后,随着人们生活水平的不断提高,英美的体育游戏迅速地发展成为一种近代的体育运动,如足球、篮球、棒球等。而后随着不断的殖民扩张,这些体育运动最终传到世界各地并流行起来,迅速地在各国的高校教育中开展。再加上这些体育运动具有很高的娱乐性,因此深受广大大学生的喜爱,最终演变成体育教学活动中的重要内容。

(三)武术和武道

在古代的体育教育中,体育教学多是以武术教育的形式体现的,体育教学内容也大都是一些具有军事针对性的武术内容,这种运动不仅可以强身健体,而且能防身,因此迅速成为当下流行的一种体育教学内容,在社会上展现出独特的魅力,这也构成了"武术"和"武道"的基础。再加上这些运动在对人的精神和意志方面的培养有其他理论知识和教育学科所达不到的作用,因此,这种类型的体育活动深受人们的关注和喜爱。鉴于这种原因,由"武术"和"武道"原型构成的运动项目成为体育教学中的一种正式的教学项目,受到很多国家的关注。

(四) 舞蹈与韵律性体操

舞蹈是人类最古老的艺术形式之一，是从古至今人们最喜爱的一种活动。在社会发展的历程中，随处可以见到舞蹈的影子，研究各国文化发展的历史可以发现，舞蹈是世界上很多国家民族文化的重要组成部分，在民族文化的形成、民族之间的交流中占据举足轻重的地位。除了舞蹈之外，韵律性体操也因为很多体育爱好者追求美感和锻炼效果，逐渐登上体育锻炼的舞台。在韵律性体操的基础上又出现了艺术体操、健美操等。传统舞蹈经过不断的改进和提升，形成了多样的民族舞蹈、体育舞蹈等。舞蹈和韵律性体操能够陶冶身心，并且在培养机体的美感和节奏感等方面也具有非常重要的作用。因此，舞蹈和韵律性体操逐渐成为体育教学内容的重要组成部分。

研究表明，以上几类体育教学中所涉及的内容在体育教学中所占有的比例不同，并且每个国家在进行体育教学的过程中对其重视的程度也有所不同。

四、高校体育教学内容的特点

(一) 功能具有多样性

体育教学内容起源不同，又受到所处文化形态的影响，这就决定了体育教学内容具有不同的功能，人们对体育教学内容的判断也必然会受到其传统起源的影响。因此在进行体育教学的时候，要遵循因材施教的原则，这样才能保证体育教学的顺利进行。

(二) 更新速度较快

体育教学本身对实践性要求较高，体育教学中所涉及的因素也非常多，受当前有关体育教学方针的影响，再加上体育教学本身受到地域、经济、政治、文化的影响较大，因此体育教学工作者在进行体育教学时的工作难度较大。要想与时俱进地开展体育教学，就要根据社会的需求不断地更新教学内容。

(三) 体育教学内容之间是一种平行的关系

体育教学虽然涉及的内容较多，但是各内容之间并没有太多的联系和牵制，各内容之间是一种平行的关系。如跑步和跳远之间，就是相对平行的两种内容，在教学过程中，两者之间没有太大的联系。

(四) 每一种体育教学内容被赋予的教学任务不同

体育教学内容具有很强的时代性，不同时代的人对于体育教学的要求不同，因此，每一种教学内容所承担的教学目标和任务也就不同，如在体育教学中开展各种体育锻炼是为了提升大学生的体育素质，进行比赛是为了培养大学生的团队精神、合作意识等综合素质。因此在进行体育教学或是选择教学内容时，应该仔细地分析教学目标，以便对教学内容进行梳理和选择。

五、高校体育教学内容与教育内容的共性

体育教学内容是教育内容的一个组成部分，它与教育内容具有一些共性，这些共性主要表现在以下几个方面。

（一）教育性

体育教学内容是对受教育者进行身体健康教育和心理陶冶教育的参考，当体育教学研究者和教学内容组织者将众多的运动项目选为体育教学内容的时候，首先想到的就是这些运动项目本身所具有的教育性。体育教学内容的教育性主要体现在以下几个方面。

1. 有利于大学生身心健康

体育教学是通过指导大学生身体的运动和一些竞技性的小组活动，以促进大学生的身心健康发展而进行的一种教学。体育运动本身就是一种肌肉群的活动，它能够通过身体的锻炼来增强大学生的体质，通过各种小组教学活动和竞技类活动的开展来培养大学生的综合素质。

2. 对大学生成长具有积极的影响

体育教学内容主要是一些具有深刻影响意义的内容，能矫正大学生的心态，培养大学生坚强的意志，影响大学生价值观的形成，对大学生的成长具有积极的影响。

3. 内容的设计具有普遍性

体育教学内容所面对的是教学活动中的全体大学生，因此所选择的教学内容具有普遍性。所谓普遍性就是指教学内容要保证适应大多数人群，这样才能达到教学的统一，有利于教学的开展和进行。

（二）科学性

由于体育教学本身就是一种以高校教育为主要形式进行的有计划、有组织、有目的的教育活动，是以教育和培养大学生的健康发展为主要目的，因此体育教学内容也应该与高校教育范畴中的其他教学内容一样，保证其具有很强的科学性。体育教学内容的科学性表现划分为以下几点。

1. 体育教学具有很强的针对性

体育教学的对象是广大大学生，其目标就是培养社会所需要的身心健康全面发展的人才。再加上体育教学内容是对人类文明的反映和表现，同时体育锻炼的实践性也使得人们不得不重视这一过程，因此体育教学具有很强的针对性。

2. 教学内容符合大学生的需求

在对体育教学内容进行筛选的时候，为了保证体育教学内容能够更好地为大学生服务，体育教学研究者要对教学内容进行反复的筛选，使其能够符合大学生的身体发展需求和社会需求，同时体育教学内容具有很强的指导性，为教学过程提供参考和依据。

3. 遵循体育教学的规律和原则

任何一门学科的教学都要遵循其特定的规律和原则，这是保证教学目标顺利实现的基本条件之一。体育教学牵涉的内容较多，较为复杂，为了保证教学过程能够按照目标的方向进行，在选择教学内容时应该遵循体育教学中特定的科学规律和原则，保证体育教学的科学性。

（三）系统性

体育教学是一门繁杂的学科，不仅所涉及的内容较为繁杂，范围较为宽泛，而且对教学目标的要求也较高。因此，在进行教学内容的梳理时，应该根据知识之间的系统性进行组织和安排。通过对体育教学内容的研究可以发现，体育教学内容的系统性主要表现在以下几个方面。

1. 教学内容本身的系统性

通过以上对体育教学内容的介绍可知，体育教学内容具有很大的复杂性，但是每一个知识内容之间又表现出一定的联系性和逻辑性。如安排低年级的大学生学习体育的时候，首先应该培养大学生的方向意识，先通过"向左转、向右转、立定、向后转"等一些简单指令培养大学生的方向意识，然后对大学生进行各种体育教学内容的训练。由此可知，体育教学内容本身就具有系统性。

2. 体育教学目标的系统性

在体育教学的过程中，需要根据体育教学的特点、大学生的成长特点和教学环境等，深刻地认识体育教学过程和教学内容之间的规律性。必须根据大学生的成长过程系统地、有逻辑地安排各个高校、各个年级的体育教学内容，并处理好它们之间的相互关系，将体育教学贯穿于教学的始终，这就是体育教学目标的系统性。

六、高校体育教学内容的特性

体育教学内容除了具有与教育内容的共性之外，还具有很多专属于体育教学的特性，这些特性在体育教学过程中发挥着非常重要的作用，主要表现在以下几个方面。

（一）实践性

众所周知，体育教学内容主要是一些具有教育意义的运动项目，并且需要大学生肢体和大肌肉群的共同作用才能完成，因此，运动实践是体育教学中的一个较为突出的特点。一般学科都是通过教师的课堂讲授，加上听、说、读、写等一系列训练完成教学任务的，而体育教学内容仅仅依靠听、说、读、写这种相对静态的方式是无法保证完成的，需要在特定的场地通过一定的体育运动才能完成。虽然国家规定的体育教学目标中包括对大学生的心理健康的教育，但是这种教育也是通过某种体育活动的开展让大学生体会到的。由此可见，体育教学内容具有实践性的特点。

（二）娱乐性

通过之前对体育教学内容的介绍可知，体育教学内容主要来源于生活、军事和艺术等方面，如武术来源于古代军营；体操、健美操、舞蹈来源于艺术行业；跑步来源于我们的日常生活。适当的运动或者竞赛活动会让参与者获得身心上的放松或者是身体上的改变，如篮球、足球、乒乓球等，这些运动能够丰富大学生的业余生活，促进大学生之间的交流，使大学生在运动中获得快乐，这就是体育教学内容娱乐性的表现。

（三）健身性

体育教学的目的之一就是增强大学生的体质，保证每一位大学生都能拥有健康的体魄。因为体育教学内容有很大一部分是以大肌肉群运动为形式的技能传授与练习，因此，很多能为身体带来动能的体育运动都会增加大学生身体中的运动负荷。再加上大学生正处于身体发育的关键时期，适当的体育运动能够促进他们的身体成长，提高他们的肺活量和身体承重力，不断地激发他们身体内部的潜能，从而达到强身健体的目的。

（四）开放性

体育教学内容和其他学科教学最大的区别就是体育教学内容具有很强的集体性，注重对大学生的人际交流能力、团队合作能力等社会性能力的培养和提升。再加上体育教学内容中所涉及的很多运动项目都是需要小组或者是集体共同完成的，并且需要全体成员充分地发挥自己的作用才能更好地完成，从这一方面来看，其教学内容具有很强的人际交流开放性，有利于大学生人际关系的培养。

第二节　高校体育教学内容资源的挖掘与开发

一、高校体育教学内容资源的挖掘

对高校体育教学内容体系构成即内容框架有了一定的了解后，体育教学内容的挖掘就主要是在整个体育教学内容体系内进行的，具体教学内容的挖掘方向主要从传统、创新两个方面进行，具体分析如下。

（一）引入传统体育运动项目内容

我国具有丰富的传统民族体育文化，为贡献体育教学内容资源挖掘提供了一个巨大的素材库，高校体育教学工作者应注意对我国民族传统体育项目的教学可行性进行研究，并引入适合本校开展的民族传统体育项目。

事实证明，在高校体育教学中，纳入民族传统体育内容对当前的高校体育教学内容体系具有重要的教育意义。

（1）有助于丰富体育教学内容体系，为学校体育教学课程内容开展提供更多的教学选择。

（2）有助于丰富校园体育文化内容体系，通过民族传统体育所特有的民族特点、民族精神等影响学生。

（3）有助于丰富学生的体育知识与技能，使学生深刻理解民族传统体育文化，增加学生的民族自豪感和自信心。

（4）有助于我国民族传统体育文化的教育传承。高校大学生的思维活跃，学习能力强，个性鲜明，且有思想有追求。高校民族传统高校体育课程的开展，有助于通过大学生群体，将这一优秀的民族文化普及、传承下来，起到了民族传统体育文化的传播和扩散作用，不仅培养了民族传统体育文化人才，还可进一步促进民族传统体育文化的振兴与发展。

（二）引进新兴体育运动项目内容

随着体育运动在世界范围内广泛发展和备受重视，世界范围内从事体育运动的人越来越多，也有不少以前鲜为人知的体育运动项目被广泛传播和普及，还有新的体育运动项目被发明和创造出来。

近年来，为了持续为高校体育增加活力，学校体育教学工作应该不断地为高校体育教学内容引进新的运动项目，考虑当前社会上流行的，以及大学生欢迎的体育运动项目，如街舞、瑜伽、拓展训练等，这些新兴的体育运动项目的引进，为高校体育教学内容注入新鲜血液，促进高校体育教学内容的不断丰富，有助于激发大学生的体育学习与参与热情。

二、高校体育教学内容资源的开发

（一）传统课程内容优中选优

高校体育教学中，有很多传统体育教学课程和教学内容已经存在了很长一段时间，并被长期的教学实践证明了，能切实促进高校大学生的身心健康发展，应予以保留。

针对传统课程教学内容，可从中选出更合适的知识、技能部分开展体育教学，同时，为了更好地调动师生教学参与积极性，鼓励教师创新教学模式、教学方法、教学组织形式，并给予教师最大化的体育教学内容选择自由，让不同教师能结合自己的特点与特长选择教学内容、优化教学质量与效果。

（二）基于上级课程文本的拓展

所谓上级课程文本，具体是指"国家教育行政部门规定的统一课程和教学内容，它体现国家的意志，是专门为未来公民接受基础教育之后应该达到的共同体育素质而开发的高校体育课程和教学内容"，上级课程文本具有导向性和政策性。

在高校体育教学内容体系中的教学内容确定方面，上级课程文本对地方和高校具体教学内容的选用具有重要影响，可在上级课程问题的教学内容框架内，适当进行教学内容的选择、拓展、修改。具体的教学内容拓展操作方法如下。

1. 参考上级课程文本建议丰富教学内容

上级课程文本对于下级地区课程文本来说，是引导性的指导性的文件，可以为下级课程教学提供范围、方向和其他一些建议与参考，地方、学校、体育教师可以结合具体的教学实际来对教学内容精心选择、优化、补充，也可以摒弃一些体育运动项目教学，灵活调度整个体育教学体系内容，使体育教学内容既符合上级课程文本，又符合实际。

2. 基于上级课程文本规定的教学内容恰当修改

从课程内容结构上来讲，我国体育教学课程文本对教学内容的规定是宏观的，这就是说给了地方充分的选择自由，上级课程文本关于教学内容的选用标准描述并没有规定"过死"，具有可灵活性的理解和修缮空间。

具体来说，高校体育教育教学工作者，尤其是一线教师在选用体育教学内容时可对上级课程文本规定的教学内容进行适当修改，充分参考上级文本的内容，做到在整体思想、内容方面与上级文本保持一致，但是在具体的教材细节安排上可突出本地特色，增添相应的教学内容；教师在选择教材、确定体育教学内容时，可以充分参考统一体育教学教材的教学内容，并结合本校的实际选择补充特色教学内容，使体育教学内容整体符合上级文本要求和范围，同时又能丰富和满足教学条件要求，前提是必须在领会和坚持上级文本的精神和规定要求的基础上进行。

（三）改造传统体育教学的内容

随着社会不断发展，体育教学为社会培养人才应符合社会发展的需要，因此体育教学内容必须结合社会和时代发展背景注重更新换代、与时俱进，对传统体育教学内容中不符合时代特点、学校和学生实际的内容，需要对其进行适当的改造。

当代体育教学内容的选择需要考虑的因素、条件发生了变化，基于这些变化，体育教师对某个具体的学校体育教学内容资源应进行合理取舍、改造、加工、处理，从中提取一些要素，改变一些要素，增加一些要素或舍弃一些要素，使之成为一个新教学角度（如娱乐性、文化性）的体育教学内容。

（四）社会新兴运动的教学尝试

当前社会，人们的社会生活与体育健康追求发生了很大的变化，体育运动项目更加丰富多彩，当代的学生群体的体育爱好与以往的学生体育爱好也发生了很大变化，体育教学内容应充分考虑学生的喜好和发展需求。

当然，社会信息运动项目的教学引进不能一味地"崇洋"，过分追求国外流行体育运动项目，也应关注我国传统民族体育项目的发展，我国多民族的特性决定了各个民族都有出色的民族特色体育项目，这些民族项目既各具特色，又有丰富的体育教育价值，对于不熟悉和没有接触过此类运动项目的大学生来说，它们也是一种新鲜的体育运动，也可以作为新的体育教学内容开展体育教学。

需要注意的是，体育教学不能单纯为了求新而求新，应注意合理性、可操作性。

第三节 高校体育教学内容的编排与选择

一、高校体育教学内容的编排

（一）高校体育教学内容的编排方式

体育教学内容的编排当中，存在循环周期的现象。这里所说的循环，是指在同一教学内容当中，不同的学段、学年等范围当中进行的反复的重复安排。这种循环的周期有的是课，有的是单元，有的是学期，有的是学年，甚至有的循环是在某一个学段当中。以跑步为例，一节体育课上要进行100米跑，下一次课当中仍要进行100米跑，这就是以课为周期的循环。在一个学期内安排100米跑，在下一个学期内的课程上仍安排100米跑，这就是以单元和学期为周期的循环。因此根据以上理论，我国体育教学学者以不同的内容性质为主要依据，对体育教学的内容的编排进行层面的划分。具体来说，可以划分为以下四个层面，每个层面都有其各自的编排方式。

第一层面，"精学类"教学内容——充实螺旋式。

第二层面，"粗学类"教学内容——充实直线式。

第三层面，"介绍类"教学内容——单薄直线式。

第四层面，"锻炼类"教学内容——单薄螺旋式。

由此可以看出，体育教学内容的编排方式主要有两种：第一，螺旋式排列。体育教学内容的螺旋式意味着，当某项运动项目的教学内容的有关方面在不同年级重复出现时，逐步提高教学要求的一种排列方法。第二，直线式排列。与螺旋式教学内容的排列方式不同，直线式教学内容的排列意味着，学习了某一体育运动项目和身体练习的相同内容，基本上不再重复出现。

以上编排方式很好地满足了新课程标准中对体育教学内容的要求，并以体育教学内容当中的自身理论为主要依据，与当前体育教学内容当中的各种情况的现状有机结合起来，创新地将各个方面的内容合理编排在体育教学中，所以在未来很长一段时间内，这种编排方式的实用性都是非常强的。

（二）高校体育教学内容编排的注意事项

在进行体育教学内容编排时，需要对以下几个方面的事项进行充分的考虑。

1. 要对学生的基础与实际需要进行充分考虑

体育教学的对象是学生，因此，为了使体育教学的内容更好地符合学生的实际需求，促进体育教学质量的不断提高，应使体育教学的内容与学生的实际情况和实际需求相适应。在进行体育教学时，教师不应仅仅片面地考虑体育运动和身体练习本身的难易程度，还应依据学生的实际需要、学生的体能和运动技能的基础以及其生产发展的阶段特征等方面来进行高校体育课程内容的安排。

2. 要对不同的体育运动和身体练习的特征加以重视

在对体育教学的内容进行编排时，应注重各种运动技能的学习、改进、巩固、提高和运用。教师在课程安排时，并不仅仅为了让学生懂得相应的知识，更应该注重相应的知识的运用。

二、高校体育教学内容的选择

(一) 高校体育教学内容选择的依据

在选择体育教学内容时,应该按照相关的依据进行有针对性的选择,具体来说,选择体育教学内容的依据主要有以下几个方面。

1. 按照高校体育课程目标进行选择

高校体育课程内容在实现高校体育课程目标的过程中存在的方式是手段,而不是目的。高校体育课程目标存在多元性的特征,体育运动项目和身体练习也具备可替代性的特征,这就使体育教学内容的选择变得更加多样性。

高校体育课程的目标之所以能够成为教学内容选择的重要依据,主要是因为高校体育课程目标在高校体育课程编制的过程中,在每一个阶段内都作为教学内容的先导和方向,所以它经过了多方专家的合理思考验证,对各个方面的影响都进行了认真合理的验证。因此,进行体育教学内容选择时,目标是必须遵循的,相应的高校体育课程目标对应着相应的高校体育课程内容。

2. 按照学生的需要及身心发展规律进行选择

在选择体育教学内容时,学生的需要是必须考虑的。体育教学以促进学生身心发展为目的,所以对体育教学内容进行选择的一个必要因素就是学生对体育的需要和兴趣,这对于有效的学习是非常重要的。学习需要学生的主动参与,而主动参与就是说,学生自身的积极和努力是必不可少的。通常学生如果面对感兴趣的事情,那么其参与的动力就会大大增加,学习的效率也将倍增。这非常符合一些教育学者所提出的观点。如果学习是被迫的而不是学生出于兴趣而进行的,那么学习从某种意义上来讲可以说是无效的。

学生对教学内容的接受程度取决于其身心发展规律以及特点,因此从这个角度来说,体育教学内容必须使学生可以接受,并且感兴趣。所以进行体育教学内容的选择时,学生的特点就决定着教学内容当中的各项要素,绝对不能忽略学生的实际情况。

3. 按照社会发展的需要进行选择

学生的个体发展无法脱离社会的发展。因此,体育教学能够在健康方面为学生打下良好的基础,所以在进行体育教学的内容选择时,除了考虑学生本身的需求,社会现实发展的需求也必须被考虑进去。体育内容在选择方面不能够忽视学生走向社会后发展所必需的体育素质,所以体育教学内容必须能够满足学生在社会发展当中各方面的需要。除此之外，体育教学内容必须做到与社会生活和学生生活联系在一起，这样才能让学生体会到它的作用，其功能才能得以实现，因此，体育教学内容的选择与社会实际相符是非常重要的。

4. 按照体育教学素材的特性进行选择

在体育教学内容的选择上，最重要的要素就是体育教学素材，体育素材有着较为显著的特性，具体来说，主要包括以下几个方面。

（1）内在逻辑关系性不强

没有非常强的内在逻辑关系性是体育教学素材的最大特性，这种特性使得体育教学内容的选择无法完全按照难易程度和学生素质来进行。因此体育教学内容往往只是以运动项目来进行划分，但各个教材内容之间的关系是平行和并列的，如篮球和足球、体操和武术。表面上看似有联系，但这种联系并非能够分得非常清晰，而且没有先后顺序，我们也无法判断其中一个运动项目究竟是不是另一个运动项目的基础。所以在这里是无法确定教学内容内部的规定性和顺序性的。

（2）具有"一项多能"和"多项一能"的特点

所谓"一项多能"，就是指通过一个运动项目，能够达到非常多的体育目的，这就是说，在这个项目中有着目标多指向性的特点，以健美操为例，有人利用这个项目来锻炼身体，有人用这个项目进行娱乐，同时这个项目还有表演的作用。在很多情况下，进行健美操运动往往能实现多个功能，这就是说，学生掌握了一项运动之后，就能够实现多种目的。"多项一能"则突出了体育教学内容之间具备相互的可替代性。如像从事投掷练习，可以扔沙袋，投小垒球也能够实现，推实心球也可以实现，推铅球也算是能够实现。想通过体育运动得到娱乐放松，可以踢足球，可以打排球，同样打篮球、打网球也可以实现。这就是说，想达到目的并非只有一个项目可以实现，不同的项目同样能够做到。正是由于这个特性的存在，使得在体育教学内容中没有无可或缺的项目，使得体育教学内容并不具备强烈的规定性。

（3）数量庞大

庞大的数量使得其内容相当庞杂，并且在归类上存在一定的难度。人类文明自诞生以来，创造出的体育运动项目数不胜数，并且每一个运动的技能对于练习者的身体素质都有着各种各样的要求。鉴于这个原因，没有哪个体育教师能够精通全部的体育项目，因此体育教师的培养才要求一专多能，高校体育课程的设计者也很难寻找到最合理的运动组合运用到体育教学内容当中，也几乎不可能编写出适合所有地区和教学条件的教材。

（4）不同项目乐趣的关注点不同

以篮球和足球为例，其乐趣就是在激烈的直接对抗中，通过娴熟的技术和精妙的战术配合而得分。再如，在隔网类运动当中，其乐趣则是双方队员在各自的场地中通过巧妙的配合，将球击到对方场地而得分。因此，体育运动都有各自乐趣的特性使得体育教学内容在选择上乐趣是无法忽略的内容，这同时是快乐体育理论存在的事实依据，并且这一理论在体育改革进程中产生关键影响。

（二）高校体育教学内容选择的原则

选择科学合理的体育教学内容，不仅要有一定的依据，还要遵循一定的原则，具体来说，选择体育教学内容应遵循的原则主要有以下几个方面。

1. 科学性原则

进行教学内容的选择时，首先要遵循的原则就是科学性原则，具体来说，可以从以下几个方面来对体育教学内容选择当中的科学性进行深入的理解。

第一，教学内容的选择必须对学生身心的协调共同发展有利。要注意，一些内容虽然有利于学生身体健康，但对于学生的心理健康并不合适，反之，同样可能出现这种状况。因此，教学内容的选择必须使学生开心的同时，对身体的发展起到积极的促进作用。

第二，教学内容同时也要使得学生能够从根本上对科学锻炼的原理和方法有一个深入的了解，这种了解能够使学生从事体育锻炼时的自觉性和积极性得到进一步提高。

第三，教学内容本身的科学性。国家对体育教学内容的选择的限制放开，不做具体的规定，因此这就要求必须对一些科学性不够强的体育项目作为教学内容进入课堂的现象进行有效地避免。

2. 趣味性原则

兴趣是最好的老师，因此在进行体育教学内容的选择时，根据学生的各方面特征尽量选择他们感兴趣的、有趣味的，且在社会上比较流行的体育素材作为教学内容。毫无疑问的是，大多数竞技运动项目的健身价值和教育价值是不可低估的，但是，长期以来，体育教育工作者往往更加关注竞技运动项目教学的系统性和完整性，用培养运动员的方法进行体育教学，但却背道而驰，导致很多学生开始对体育课产生抵触的心理。

3. 教育性原则

在选择体育教学内容时，首先，应从教育的基本观点对体育教学素材进行选择,对其是否与教育的原则相符,与社会的固有价值观是否同步进行分析。其次,要对它是否有利于学生的身心发展和身体锻炼进行明确的分析。

在选择高校体育课程内容时,要求必须与高校体育课程的主要目标相匹配,确立"健康第一"的指导思想,并以此作为体育教学内容当中最基本的出发点,同时看重其中的文化内涵,在学生学习体育技能的同时,更能深刻体会到体育文化修养带来的益处。学校体育在培养学生时应先考虑对学生的品德、智力、体质等方面的全面发展是否有利,将理论与实际结合起来,在使学生了解人体科学知识的同时真正锻炼身体,还要从思想文化等方面下功夫,使其在双方面同时发展。体育教学内容的选择对于不同学段学生的发展特点和规律都要充分考虑到,其个体差异与不同需求将会在其中起到很大的作用,所以充分考虑能够确保每一位学生受益。进行体育教学内容的选择时,还要与各个方面的实际相符,从而确保选择时有足够的空间和灵活性。

4. 实效性原则

简单来说,所谓的实效性,就是判断某项体育教学素材是否实用,是否简便易行,是否有助于学生的身心健康。国家相关文件在教学内容的改革方面特别强调要对教学内容当中的"繁、难、偏、旧"以及教学过程过度地偏重书本知识的现状予以改变,在教学内容当中,加强学生生活和现代社会和科技发展当中的联系,对学生学习的兴趣加大关注,教学内容中的知识和技能要有利于学生终身体育的进行。所以在进行体育教学内容的选择时一定要兼顾选择与学生自身的体育学习兴趣和经验相接近的以及大众喜欢的、社会上比较普及的,同时强调运动项目的健身娱乐效果,为学生终身体育的发展奠定良好的基础。

5. 民族性与世界性相结合的原则

在选择体育教学内容时,要在保留我国民族传统体育当中的精华部分的同时,对国外好的课程内容选择的设置加以借鉴吸收。体育教学内容的选择就应该与时俱进,体现当今时代中国的特色。

(三)高校体育教学内容选择的过程

选择体育教学内容,不仅要有一定的依据、遵循一定的原则,还要按照一定的程序进行。具体来说,可以将体育教学内容选择的过程大致分为以下几个方面。

1. 对体育素材的价值进行分析评估

选择体育教学内容前,体育教师应当对当今社会给予足够的关注,要从社会的生产生活、科技教育等发展的实际出发,考虑社会的发展对人的影响与要求,并以此为基点对现有的体育素材进行分析与评价,要对所选内容能否促进学生的身体健康,能否督促学生主动进行体育锻炼,能否提高学生的思想品质进行充分的分析论证,选用合适的教材内容实施教学。

2. 对运动项目与练习进行充分的整合

在体育教学中,不同的体育运动项目和身体锻炼形式会对学生的身心产生不一样的作用和影响。因此在选择体育教学内容时,要以本学校的体育教学目标为根本前提,在此基础上认真分析各个体育运动项目对学生身体功能的不同方面发展是如何促进的,然后将各个体育运动项目与身体练习进行整理与合并,并对其进行合理加工,使之成为体育教学内容。

3. 选择的体育运动项目要有效

由于大多数体育运动项目都可以成为学校体育教学内容的基本素材,而且体育运动项目与身体练习所具有的多功能性与多指向性特点决定了它们具有很明显的可替代性。因此,学校体育教学内容在运动项目方面可选择性较强。但是由于体育教学时间有限,不可能完成全部体育运动项目和身体练习的教学,因此,体育教师要以社会的需求与条件为依据,充分考虑不同阶段学生的身心特点与兴趣爱好,选出典型、常见的体育运动项目和身体练习作为学校体育教学的内容。

4. 对所选内容进行可行性分析

选好体育教学内容后,要对该体育教学内容的可行性进行分析,分析本地区地域、气候和本校的场地、器材等条件的制约与影响,充分考虑教学计划在这些特殊环境中的可行性,并保证各地、各校执行的弹性,为教师实施体育教学内容留下足够的余地。

第四节　高校体育教学内容的革新与发展研究

一、高校体育教学内容的未来发展趋势

(一) 教学内容的学段分化和教学需求化发展

传统体育教学中,教师往往是简单地依据体育教学目标选择相应的内容,或仅仅教授体育运动项目技术,教学内容选择缺乏严谨性。

当代的体育教学内容更加注重教学的科学研究,教师选择教学内容会考虑多方面的因素,关注教学客观条件、关注不同年龄阶段与不同性别的学生的体育学习

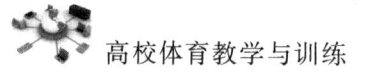

需求。

(二) 教学内容更加关注学生的教学主体性

体育教学内容的选择与确定受到各个方面的制约。以前的体育教学大纲中，体育教学内容的选择与确定往往更重视教育工作者的价值取向，即教师的教。

随着体育教学改革的不断进行，目前，体育教学逐渐摆脱了传统的以实现体育教师的教学而选择体育教学内容的做法，而逐步转变为教学内容的选择服务于学生的学习，从学生的实际情况出发，重视学生的价值取向，即学生的学。

(三) 教学内容更强调对学生综合素质的促进

传统体育教学，更多的是为发现和培养竞技体育人才服务，体育教学内容多是专业化的体育运动训练技能，更关注学生的体能、技能训练和达标。

当代，体育教育更多地关注学生的身心健康和全面发展，同时，当代教育的根本目的在于培养适合社会发展的全方面发展的人才，在素质教育背景下，体育教育关注学生的综合素质的提高与发展，新的"以人为本""健康第一""终身体育"教育理念指导下的体育教学内容选择，应该更加关注选择那些对于学生素质的全面发展（身体、心理、智能、社会适应能力等）有利的体育教学内容，将其纳入现代体育教学课堂。

(四) 教学内容更注重学生的终身体育培养

在传统体育教学中，为了发展学生的竞技能力，教师对竞技性体育教学内容选择过多。

现代体育教育教学，强调体育教学应促进学生的终身体育知识、技能的培养，关注学生的长远发展。体育教学内容教授与传播为学生的终身体育的服务，而非竞技化的技能的不断提高。围绕终身体育教育教学总目标的实现，体育教学内容的选择应处理好健身性、运动文化传递性和娱乐性之间的关系，与学生生活相贴近，并关注学生的自我体育参与指导。

二、高校体育教学内容的改革建议与措施

(一) 高校体育教学内容改革建议

(1) 以学生为本，从学生如何学以及他们兴趣的角度出发选择体育教学内容。

(2) 跳出传统体育教学大纲的规定过死的内容框架，扩大体育教学内容弹性，使体育教学内容的选择更加灵活、丰富，与学生、教师、学校实际更相符。

(3) 逐渐淡化竞技体育运动的技术体系。

（4）增加体育教学中基础性的体育教学内容，使学生的体能和技术能够得到适当、充分的发展。

（5）重视女性体育教育，适当增加女生喜爱的韵律体操和舞蹈内容。

（二）高校体育教学内容改革措施

1. 教学内容选用以学生为本

以学生为本，是体育教学内容改革的一个非常重要的特点，对于体育教师来说，教师的体育教学活动要面向全体学生，学生的特点与情况将会直接影响教师对教学内容的选择，在当前越来越重视教学活动中突出学生主体地位的"以人为本"的现代教育思想与理念指导下，教师的体育教学内容选择必然要坚持以学生为本，结合学生的年龄、性别、身心发展特点、运动爱好、运动基础等进行教学内容选择，这样才能提高学生的体育学习积极性，加深学生对于体育的印象和理解，最终实现学以致用。

2. 重视学生体育素养培养

体育教学内容选择应服务于"使学生养成独立的人格，实现个性的全面发展"的体育教学目标，重视学生体育素养培养，培养和发展学生全面的体育素养。

现代体育教学过程中，应关注和重视学生的素质教育和综合能力培养，在培养符合社会发展的现代化人才中，体育教育是人才培养和教育的非常重要的一个环节与途径，体育教育教学应注重学生的各方面素质的培养，尤其要关注学生的体育素养的培养与提高，通过体育教学，为学生的日后体育参与奠定基础。

体育教学应关注学生生理健康，还应促进学生心理、体育观、价值观、意志品质等的提高，上述这些内容都应该被纳入体育教学的内容之中，而不只局限于运动技能学练。

3. 丰富体育文化内容

校园文体活动是促进体育文化在校园中发展和传播的重要手段，学校应尊重并努力实现每个学生的体育文化活动参与权利。

当前，高校不仅要做好体育教学的日常工作，还应以学校具体情况为依据来对群体活动项目进行安排，适当增添一些喜闻乐见能够提高运动兴趣的活动，开展一些学校群体体育活动，帮助学生了解和认识体育竞赛文化，并进一步提高体育文化素养。

现阶段，课堂体育教学内容应与校园体育文化建设相结合，体育教学内容选择与安排，应对本校的教育计划、季节特点、节假日和项目多少等进行综合考虑，形成校园体育文化教学与校园体育文化建设特色，使得学生更好地了解体育文化，传承体育文化，并发展体育文化。

4. 突出教学内容的实用性

在体育教学内容的安排与设计中，根据具体教学情况选择相符合的体育教学内容。同时，在满足学生自我发展需要的基础上，不断丰富与社会接触密切的体育教学内容，如游泳、攀岩、野外生存、高尔夫等，让学生能更多地与社会生活接触，做好学生体育活动的校园生活与社会生活的衔接，增强学生的社会适应性的提高。

第四章　高校体育教学方法创新

体育教学活动的开展需要教师在体育教学方法设计方面融入大量的教学智慧，通过科学合理的教学方法的设计与使用，来更好地呈现教学内容，激发大学生体育学习的积极性，以更好地实现良好的体育教学效果。随着现代体育教学的不断发展，一些新的体育教学方法被创新并应用到体育教学中，收到了不错的体育教学效果并被进一步推广。本章主要针对当前大学体育教学方法的选用和使用进行系统研究，以启发和指导体育教学者能结合教学实际选出最佳的体育教学方法及其组合，不断提高教学质量和优化教学效果。

第一节　体育教学方法概述

一、体育教学方法的概念

关于体育教学方法，国内外学者很早就开始进行，在研究过程中，诸多专家和学者对体育教学方法概念界定有以下共识。

（1）体育教学方法是体育教学系统的重要组成部分。

（2）体育教学方法与体育教学系统其他要素之间具有非常密切的关系。体育教学方法服务于体育教学目标和体育教学任务，应能够促进体育教学目标和任务的实现。同时，体育教学方法又受体育教学内容的制约。

（3）体育教学方法是"教"与"学"的统一，可有效促进师生的双边互动。

（4）体育教学方法受到特定的教学理论的指导。

（5）与其他科目教学方法相比，体育教学方法在注重教学语言要素的同时，更加注重动作要素。

综合我国学者对体育教学方法的研究，一般认为，体育教学方法，具体指为实现体育教学目的而采用的手段、方式、措施和途径等的总和。

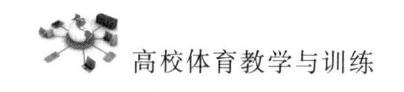

二、体育教学方法的分类

从体育教学活动双边关系和参与主体来看，体育教学方法可以从"教"和"学"的角度进行教法和学练法的划分，具体分析如下。

（一）教法

教法是体育教学过程中的教师层面的教学方法，也是本书所指的教学方法，可以具体理解为教师的授课方法。

1. 知识技能教法

教法类教学方法包括基本知识的教法和运动技能的教学方法。

（1）基本知识的教法

基本知识主要是指体育运动项目的基本理论知识，基本知识教法就是针对这些理论知识展开教学所使用到的教学方法，主要涉及基础学练理论教学。

一般来说，体育基础知识的学习主要是抽象知识的学习，具有一定的难度，不像体育运动技术那样可以直观地、生动形象地展现，这就需要教师在体育教学过程中深入了解大学生的知识基础、思维能力，选择相应的教学方法。教学方法应尽量具有操作性，并注意与体育运动实践的结合。

（2）运动技能的教法

运动技能的教法不难理解，是通过相应的教学方法来很好地向大学生呈现技术动作，帮助大学生很好地理解运动技能的概念、构成，这对于大学生提高体育运动技能具有重要的作用。教学方法应便于运动技能规律与特点的揭示，便于具体的技术动作的形象化生动化展示。

运动技能教法应用特点如下。

①教师通过教学方法的科学选择与实施，促进大学生对具体的运动技能的掌握。

②充分考虑与教学体系中其他要素，如教学内容的关系，结合教学内容分析，运用相应方法帮助教师完成教学任务。

③结合实际教学情况，充分发挥教学方法灵活多变的特点，随机应变，在体育教学活动中灵活处理各种教学要素。

2. 思想教育法

思想教育法是为展现体育思想教学内容的教学方法，开展相应的思想教育时，教学方法选择应注意体育思想、体育道德内容展示的特点，促进大学生的体育价值观念、体育精神、体育道德、体育意志品质等的发展与提高。

思想教育法应用应促进大学生如下几方面的效果。

(1) 形成良好的意志品质。

(2) 发展个性。

(3) 提高团队协作意识。

(4) 形成正确的价值观和审美观。

(5) 发展创造性。

(二) 学练法

1. 学法

学法，主体为大学生，在体育教学中，大学生的学法就是了解和掌握体育相关知识的方法，通过具体学法的选择与应用，促进大学生对体育知识、技能的掌握。

体育运动教学实践中，学法应用要求如下。

(1) 确保大学生能掌握教学目标所要求的基本知识与技能，并结合个人情况有所发展。

(2) 体育学习中，应重视体育知识、经验，自身体能与新知识、技能的有机结合，使体育技能学练符合自身身心发展规律、特点。

2. 练法

练法，具体是大学生的运动训练方法，是实现体育教学目的的重要方法和途径，指导大学生进行体育锻炼的方法是体育教学中最具本质特征的方法。

体育教学是一项身体实践性非常强的学科教学，各种体育知识、技能都需要大学生的体育活动实践才能理解、掌握，并在之后的体育活动参与中表现出来，这就需要大学生在体育学习过程中结合具体的学习任务、目标、自身实际情况，科学、循序渐进地参与体育运动训练，不断提高自己的体质、体能、运动心理水平，并进一步促进自我体育运动专项体能、技能和心理能力的发展。

三、体育教学方法的特点

(一) 实践操作性

与其他学科不同，体育学科的学习更多时候需要大学生进行各种各样的身体练习，因此，在体育教学过程中，教师选择教学方法应充分考虑到大学生的具体的身体活动开展的可操作性，同时教学方法应考虑客观的体育教学条件能否为教学方法的体育教学活动组织提供必要的物质支持。

体育教学方法的实践操作性受到体育身体活动的基本性质影响，同时，也受到大学生的体育活动参与形式的影响，教师选择与使用教学方法，应结合具体教学实际对教学方法进行必要的修正，如果教学方法中的某一个环节和形式安排可能在接下来的教学活动开展中受阻，则教师应该灵活变通。不能让教学方法停留在理论层面，应落到教学实践中，符合教学实践。

（二）多感官参与性

体育活动的开展过程是师生的身体活动参与过程，教师与大学生进行各种体育技术动作示范、练习，都需要充分调动身体各部分的组织和系统的功能，整个有机体各个器官和组织、系统都要充分调动起来。例如，教师通过动作示范教授大学生某一项具体的体育运动项目的技术动作，大学生要利用眼睛去看动作，利用耳朵去听讲解、利用肢体去感受动作感觉，因此说，体育学练的过程，也是大学生有机体多感官共同参与的过程。

在体育教学中，为了获得良好的体育教学效果，体育教师在选择和运用教学方法时应注意教学方法是否能充分调动起大学生的多种感官的积极参与，优化教学效果。

体育教学方法对大学生的多感官的体育调动与参与主要表现如下。

（1）体育运动参与和学习中，需要大学生动用思维、感知、记忆和想象，需要大学生的眼睛、耳朵以及触觉和动觉等感受器官对运动的方向、用力的大小和动作的幅度等方面进行感知，形成正确的动作定式。

（2）在形成正确的体育动作的基础上，将所接受到的教学信息进行整理、分析，同时大脑思维活动指挥身体的各器官完成相应的动作；通过不断重复技术动作，最终实现动作技术的正确和精细。

（三）时空功效性

根据大学生的学习认知规律和动作技能形成规律，体育教学方法的各教学实施阶段都表现出体育活动的时空性特点，以及教学的时空特点。

体育教学开始阶段，教师作为教学主导者，指导大学生进行相应的学习活动，进行相应的分析、示范和指导。

体育教学期间，教学活动的主体发生了相应的变化，大学生的主体作用也在不断增强，大学生通过认知、分析和练习，掌握相应的知识和技能。

体育教学结束阶段，教师进行相应的总结和分析，对大学生的学习过程、学习效果进行客观、全面评价与分析，并预告下次教学内容，实现本次课与下次课的时空有效衔接。

（四）动静交替性

体育运动教学与训练应保持动静结合，这主要是受运动者个体运动负荷承受范围的影响，是体育教学的基本规律和特点。

体育教学方法的"动"即指技能学练，体育运动技能的学习与掌握必须通过实实在在的身体练习来进行，体育教学过程中的各种体育教学方法都是为了促进大学生更积极、更好地去参与各种身体活动，通过体育活动实践来掌握体育技能。

体育教学方法的"静"即指合理休息。大学生的体育学习过程中，大学生生理方面和心理方面都持续不断地受到刺激，并承受一定的负荷，长时间会导致疲劳影响学习效果与质量，这时需要安排大学生进行合理休息，包括积极性的休息和静止休息。

（五）师生互动性

体育教学活动的开展，需要教师和师生共同参与，教学方法的选择不应该只是组织活动让大学生参与，还要在体育教学活动中，教师能适时地融入大学生的学练、发现、探索活动中去，及时给予大学生正确的教学指导。教学方法的应用应有助于教师、大学生的体育教学活动的积极参与，并促进师生互动。

（六）继承发展性

新时期，教育工作者继续发展创新，教学方法及其应用也在不断丰富与创新使用，教师和大学生的师生关系、课堂体验，以及体育教学效果都在不断优化。

第二节　传统体育教学方法及应用

一、传统体育教法及应用

（一）语言教学法

语言教学法，就是教师通过语言表达，来阐述体育教学知识、文化、规律、特点、技术构成、教学活动安排与过程实施的方法。大学生通过对教师的语言来了解教学过程、参与到学习过程中去，掌握必要的教学知识点。

常用的语言教学法举例如下。

1. 讲解教学法

讲解教学法，教师通过语言讲解来开展教学。讲解法通常用于体育理论教学，讲解过程中，教师应充分考虑大学生的理解能力与认知能力的特点与水平。

讲解法使用要点如下。

（1）讲解要明确，突出教学内容重点、难点、特点。在体育教学中，教师对于教学内容的讲解必须要有明确的目的，不能漫无目的地讲解，这样会使大学生抓不住重点，不能理解教师的用意，导致学习效率低下。

（2）讲解要正确。注重讲解内容（历史文化、动作术语、技能方法等）的准确描述。

（3）讲解要生动、简明、有重点。讲解应便于大学生更好地理解教学内容，如生动形象化的讲解可加深大学生的认知，教师应重视对技术动作的形象化描绘，可以适当加入肢体语言帮助大学生理解。再如，关于概念、技能难点的讲解应有重点，把握关键技术讲解，更便于大学生掌握动作要领。

（4）讲解要通俗易懂、深入浅出。教师要善于运用对比、类比、提问等方式进行启发性教学，这有利于大学生积极思维，使大学生举一反三，触类旁通，学以致用。

（5）注重教学内容讲解的时机和效果。

（6）重视讲解内容的前后关联性。

2. 口头评价法

口头评价是体育教学中非常重要的教学方法，可以在课堂上及时、快速给予大学生最直接的评价、提醒，也可以在教学结束之后，对大学生的课堂表现进行口头点评。

根据评价性质，口头评价有如下两种。

（1）积极评价——教师对大学生的评价是鼓励性的、表扬性的，肯定性的。

（2）消极评价——教师对大学生的评价是负面的，以批评为主，这显然会让大学生感觉到不舒服和沮丧，对此教师应掌握必要的语言沟通技巧，注意措辞，要就事论事，不能过分打击大学生，更不能进行语言方面的人身攻击。

3. 口令、指示法

口令、指示具有简短的高度概括性，在体育过程中，借助简短的字词给予大学生必要的提示，如体育时间教学中的动作学练。

口令和指示法应用要求如下。

（1）教师应发音清晰、声音洪亮。

（2）教师对大学生的口令、指示应尽量使用正面引导、积极性的词汇，并注意提示的时机。

（3）合理把握口令和指示的节奏。

在体育教学实践中，教师采用口令、指示法时，尽量做到语言精练，言简意赅。

（二）直观教学法

直观教学法，是利用大学生的感官直接冲击来加深大学生对体育教学内容的印象，使大学生更直观、生动、形象、直接地了解教学内容。具体来说，通过直观刺激大学生感官。

体育教学中的常见直观教学法有如下几种。

1. 动作示范法

在体育教学中，教师通过对教学内容的动作示范，来使大学生对所要学习的项目技术动作有一个生动形象的了解，熟悉动作结构和要领。

动作示范教学法的运用应注意以下几点。

（1）明确示范目的。教师在进行动作示范之前，要指导示范的目的是什么，要展示什么。

（2）示范动作正确、流畅，教师进行教学动作示范，是为了给大学生提供必要的技术动作模仿对象，教师的示范动作必须要正确，避免错误引导大学生。

（3）示范位置合理，体育教学中，教师的动作示范应让每一个大学生都能全面、准确观察，使所有大学生都能够清楚地观察到示范动作，可多角度示范。

（4）示范应与讲解结合起来，通过示范、讲解，充分发挥大学生的视觉、听觉、触觉等各感官的作用，使大学生的听觉和视觉器官同时利用起来，以更好地加深大学生对正确技术动作方法的理解与掌握。

2. 教具与模型演示法

采用图表、照片和模型等直观教具辅助教学，使大学生更加易于理解相应的技术结构和动作形象。教具与模型演示教学，应注意以下几点。

（1）提前准备教具、模型。

（2）教具、模型全方位展示，如果介绍具体器材的使用方法可以让大学生近距离体验。

（3）注意教具与模型的使用保护。

3. 案例教学法

案例教学法，就是在体育教学中举例子，使大学生对体育教学内容的理解更加简单、直观、形象。

案例教学法应用要求如下。

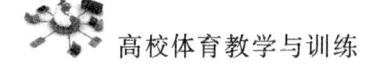

（1）举例恰当，避免举无效案例。

（2）对战术配合和组织案例分析尽可能详细，并注意多角度（如攻、守）分析。

4. 多媒体教学法

多媒体教学方法是现代体育教学中被较多使用的方法，与传统的课堂板书教学不同，多媒体教学能令教学内容的展示更加生动形象，而且教师应更加准确地利用多媒体教学技术向大学生分析动作的细节，通过动画和视频演示，可以将每一个动作精确到秒上，将教学内容制作成电影、幻灯、录像等，通过重放、慢放、定格等操作方法，使大学生更深入、系统地学习知识，掌握技能。

多媒体教学法的使用需要必要的多媒体教学技术支持，也需要教师具备一定的多媒体技术操作能力。

（三）完整教学法

完整教学法是体育教学中广泛应用的一种教学方法，该教学方法重在完整地、不间断地演示整个技术动作过程，通常在体育教学实践课中运用。

完整教学法的体育教学应用应注意以下几点。

（1）讲解要领后直接运用。教师通过对体育运动技术动作的分解讲解后，示范整个技术动作，使大学生能流畅地模仿完整技术动作。

（2）强调动作练习重点。体育实践教学中，对于较为复杂的动作，教师应明确讲解、示范重点，使大学生正确把握技术动作难点。

（3）降低动作练习难度。降低动作难度以便于大学生完整练习，建立正确动作定型后逐渐增加难度，待大学生熟练后再按标准动作进行完整动作学练。

（4）应注意将各动作要素进行分析，以使得大学生能够了解用力的大小、动作的程度等方面。

（四）分解教学法

分解教学法是与完整教学法相对应的一种教学方法，适用于复杂和高难体育项目的技术动作教学。该教学方法能将复杂的动作简单化，降低技术难度。

分解教学法适用于复杂和高难度的体育技术动作教学，具体是指在体育教学实践中，教师分解完整的技术动作，通过各个阶段、环节的逐个教学，最终使大学生掌握整个技术。分解教学应注意以下几个方面。

（1）对技术动作的分解要注意科学，不能打破各环节之间的有效衔接。

（2）分解后的技术动作依次教学，熟悉后注意组织大学生对学习环节前后的衔接结合练习。

（3）技术动作分解与完整综合运用效果更佳。

（五）预防教学法

体育教学的开放性使得体育学习同样是一个开放的过程，可受到各种因素的影响与干扰，就大学生的个体差异性来说，大学生的认知能力、理解能力、肢体协调能力等，大学生不可能做到一下子就能准确掌握知识要点、动作要领，学习过程中难免会犯各种各样的错误，教师针对大学生的学习错误，应及时预防和纠正。

预防教学法是对大学生的错误认知、错误动作的提前采取阻断措施的教学方法。

预防教学法应用要求如下。

（1）体育教学中，教师应在讲解过程中不断强化正确认知，避免大学生错误认知。

（2）教师在备课时可结合自己的教学经验对大学生可能会犯的错误做好预防预案。

（3）可结合口头评价、提示、指示帮助大学生及时预防错误。

（六）纠错教学法

纠错教学方法是大学生在体育教学中出现认知、动作错误后，及时予以纠正错误的教学法。

在体育教学过程中，教师应正确对待大学生由于对各种动作技术理解不清或对动作掌握不标准的错误，注意进行有意识的引导和纠正。

纠错教学法应用要求如下。

（1）纠错时，应注意正确技术动作的讲解，使大学生明确产生错误的原因，及时改正。

（2）结合外力帮助大学生明确正确技术动作的本体感觉。

预防和纠错相辅相成，和预防相比，纠错的针对性更强，要求教师认真分析大学生错误的原因，并有针对性地结合错误的源泉采取相应的纠正措施，并给出改正方向与方法。

（七）游戏教学法

游戏教学法，指教师利用组织游戏的方法使大学生完成预定教学任务的教学方法。这种教学法的应用比较广泛，在体育教学的初期和其他各时期都经常被使用到，在调动大学生的体育学习积极性与主动性方面具有良好的作用。

游戏教学法的应用应注意以下几点。

（1）所开展的各项游戏应与具体的体育教学内容相适应，应与教学内容相关。

（2）游戏内容应选择大学生感兴趣的内容、方式。

（3）游戏开始前，注意游戏规则、目的的讲解。

(4) 游戏过程中，强调大学生的积极努力、同伴协同配合。

(5) 游戏过程中，教师应监督大学生在游戏中的行为，避免大学生破坏规则，如有发生应实施"惩罚"。

(6) 游戏结束后，教师应做客观、全面评价。

(7) 注意教学安全。

(八) 竞赛教学法

竞赛教学法，是通过教学竞赛的方式来开展体育教学的方法，竞赛教学法重视大学生的体育运动技能的实践检验，也重视大学生在运动中的角色体验以及学会如何处理与队友的关系，并可以促进大学生的运动心理的调适与完善。竞赛教学法是体育教学不同于其他学科教学的一种重要教学方法，对于大学生的身体运动素质、竞技能力、心理素质、社会性关系处理等都具有重要发展促进价值。

竞赛教学法的教学应用要求如下。

(1) 明确竞赛目的。通过足球运动竞赛切实提高大学生的足球运动技能水平。

(2) 合理分组。各对抗队的实力应相当。

(3) 客观评价。对竞赛过程中大学生完成动作的质量予以客观的评价，并指出改进的方向和方法。

(4) 竞赛教学法应在大学生熟练掌握相应的运动技战术后使用，避免大学生发生不必要的运动伤病意外。

在体育教学实践中，教师不应只专注于使用一种教学方法，也不能毫不顾忌地多个教学方法交叉和叠加使用。上述各种体育教学方法的应用应结合具体的教学实际情况和大学生情况科学地选择，以选择最佳的教学方法或者教学方法组合，进而促进良好的体育教学质量和教学效果的不断提高。

二、传统体育学法及应用

(一) 自主学习法

所谓自主学习法，即大学生积极主动独立自主进行体育学习的方法，在学习过程中，主动发现、分析、探索、实践。当然，整个学习过程需要教师必要的指导。

大学体育教学中，教师指导大学生进行自主学习，应做好以下几方面的工作。

(1) 教师应针对大学生的水平、特点，为大学生安排难度适当的体育教学内容。

(2) 教师可帮助大学生制订学习目标，指出大学生通过自我探索应该达到什么水平，解决哪些问题，大学生应根据自身的知识储备和能力水平，明确学习目标。

(3) 大学生应根据自身情况，对照学习目标，进行积极的自我调控，并及时改进教学方法和教学策略。

(4) 教师必须认识到，组织大学生进行自主学习，教师仍要间接参与大学生的整个学习过程，自主学习并非意味着教师放任不管，教学中，教师应时刻关注大学生的学习进度，如果大学生的学习偏离预期，应及时引导。

(二) 合作学习法

合作学习法，是在教师的指导下，大学生进行合作互助，通过责任分工承担不同学习探索任务，并最终解决问题，达到教师所设定的学习目标，完成教师布置的学习任务。

合作学习能够提高大学生的学习能力、合作能力，教学中，具体的学习操作方法如下。

(1) 教师根据教学内容确定相应的教学目标。

(2) 教师引导大学生结成学习小组。

(3) 全体大学生在教师的指导下，根据教学内容确定相应的教学目标。

(4) 确定各小组研究的课题，引导大学生自己进行小组内的具体分工。

(5) 小组成员合作完成小组学习任务与目标。

(6) 不同小组进行学习和交流，分享研究成果，发现问题，取长补短。

(7) 教师关注、监督大学生学习，推动各小组活动顺利开展。

(8) 教师评价，帮助大学生总结。

三、传统体育练法及应用

(一) 重复训练法

重复训练法，就是反复进行某一训练内容练习的方法。重复训练法旨在通过反复的动作重复不断强化运动条件反射，使机体产生较高的适应机制，促进大学生掌握和巩固技术动作。

1. 重复训练法类型

一般来说，可根据训练时间长短和间歇方法将充分训练法进行分类，具体见表4—1。

表4－1　重复训练法的分类

分类依据	训练方法
训练时间长短	短时间重复训练方法（不足30秒）
	中时间重复训练方法（0.5～2分钟）
	长时间重复训练方法（2～5分钟）
训练间歇方式	连续重复训练法
	间歇训练法

2. 重复训练法应用要求

（1）同一动作反复练习难免枯燥乏味，训练中教师应时刻关注大学生的情绪。

（2）训练中，应严格规范大学生的技术练习，对大学生的运动训练负荷强度应科学控制。

（3）强调技术动作的正确练习，如果大学生连续出现错误动作，应停止练习，防止错误强化。

（4）训练数量、负荷、次数安排符合大学生实际。

（二）持续训练法

持续训练法，是在保持一定负荷强度、运动时间的基础上无间断地连续进行练习的训练方法。

1. 持续训练法类型

根据训练持续时间，持续训练法具体分类见表4－2。

表4－2　持续训练法的分类

分类	训练方法	
训练持续时间	短时间持续训练法	
	中时间持续训练法	变速持续训练
		匀速持续训练
	长时间持续训练法	

2. 持续训练法应用要求

（1）持续训练法使用单个或组合技术的反复持续性练习。

（2）训练前，大学生应熟悉具体的训练内容、程序。

（3）持续训练过程中，应关注大学生的训练质量应保持在一定水平，提醒大学生注意训练中的动作质量。

（三）循环训练法

循环训练法，是对较多的训练内容进行分类和排序，依次完成训练内容与任务,然后再从训练最初的任务开始,不断循环重复整个训练内容的训练过程与方法。

循环训练各站点内容不同,对提高大学生的训练兴趣和积极性、主动性有较大的促进作用。

1. 循环训练法类型

循环训练法的实践应用类型划分如表4-3所示。

表4-3 循环训练法的分类

分类依据	训练方法	
运动负荷特征	循环重复训练法	对各训练站点之间间歇时间不做特殊安排
	循环间歇训练法	明确各训练站点的间歇时间
	循环持续训练法	各个训练站点之间不安排间歇时间
训练组织形式	流水式循环	按一定的顺序一站接一站地周而复始
	轮换式循环	各大学生于同一时间在各自练习站训练
	分配式循环	先在站中练习,然后依次轮换练习站

2. 循环训练法应用要求

(1) 注意各训练内容的排序应合理,符合一定规律。

(2) 训练逐渐深入,不要急于求成,一般,先练一个循环,过2~3周再增加一个循环。

(3) 任何时候,训练参与最多不得超过5个循环。

(四) 完整训练法

完整训练法,指从头到尾完整地完成一个动作、一套动作、一个技战术配合的训练,整个训练一气呵成,没有中断。

完整训练法实施应注意以下几点。

(1) 完整训练法适用于单一技术训练。

(2) 较复杂的技能训练,应注意大学生的技能基础的良好奠定,然后再进行完整训练。

(3) 一些运动项目中的战术配合训练,完整训练中,应注意指导大学生对整个战术节奏、要点、关键环节的把握。

(五) 分解训练法

分解训练,与完整训练相对,是对训练内容进行阶段、环节划分,逐一攻破,逐一精细化地学习与练习的训练。

1. 分解训练法类型

分解训练法各方法应用特点见表4-4。

表4－4　分解训练法的分类

分类	训练方法特点
单纯分解训练法	把训练内容分解成若干具体部分，分别练习各部分
递进分解训练法	把训练内容分解成若干具体部分，依次有序练习各部分
顺进分解训练法	训练内容分解后，先训练第一部分，再训练第一、第二部分；再训练第一、第二、第三部分……
逆进分解训练法	与顺进分解训练相反，先训练最后一部分，再将前一个训练内容叠加训练

2. 分解训练法应用要求

（1）科学分解，不能切断不能分割的部分。

（2）注意大学生对各分解部分的细节练习。

（3）分解训练各部分熟悉掌握后，应进行完整练习。

（六）间歇训练法

间歇训练，"间歇"把控是重点，具体是通过对训练时间的严格规定，来通过训练内容与训练时间的有机结合与搭配，安排各内容与阶段的训练方法。

1. 间歇训练法类型

间歇训练法的基本类型有三种，具体参见表4－5。

表4－5　间歇训练法的分类

分类	训练方法特点
高强性间歇训练法	适用体能主导类速度性和耐力性运动项群的素质、技术及技能主导类对抗性运动项群中的攻防训练
强化性间歇训练法	通过强化间歇来控制训练
发展性间歇训练法	适用减少人数且比赛时间分解成阶段性的连续攻防训练

2. 间歇训练法应用要求

（1）根据超量负荷的原理，训练中可提高每次练习的强度，增加练习重复次数和调整间歇时间。

（2）间歇时间科学、合理。

（3）训练负荷得当。

（4）下次训练前，应使机体完全恢复。

（七）程序训练法

程序训练法是按照一定的顺序进行的程度化、模式化的运动训练方法。

1. 程序训练法类型

（1）顺序训练，按照一定规律和标准明确训练程序，依次展开训练活动。

(2) 逆序训练，特定训练目的下进行，很少见。

2. 程序训练法应用要求

(1) 强调训练过程的时序性。

(2) 训练时序性应与训练内容逻辑性融为一体，控制训练过程。

(3) 训练系统化。大学生的整个训练过程应是系统、完整、可控的。

(4) 训练定性化。具体的训练内容、方法和步骤应体现出鲜明的定性化特点，解决重点训练任务。

(5) 训练程序化。整个训练科学、有序，事先安排好，训练应在严格检查、评定、监督下进行。

（八）变换训练法

变换训练法，重在对运动训练要素的变换，通过变换不同的训练要素来开展训练活动的训练方法。

1. 变换训练法类型

根据可变换的内容与要素，变换训练法常见方法类型见表4－6。

表4－6　变换训练法的分类

分类	训练方法特点
内容变换训练法	技能训练的内容可为技术动作的变异组合，亦可为固定组合
形式变换训练法	变换训练场地、线路、落点和方位等条件或环境
负荷变换训练法	重视负荷强度或负荷量的变换，如降低负荷强度，掌握正确的排球技术动作，形成正确动作定型；提高负荷强度及密度，适应比赛要求

2. 变换训练法应用要求

(1) 训练通过各种条件"变换"实现，这种"变换"应使大学生产生适应。

(2) 初次训练和基础差的大学生参与训练，一次训练中变换的要素不宜过多。

（九）比赛训练法

比赛训练法是以赛代练的训练方法。

1. 比赛训练法类型

体育教学中的比赛训练方法主要有以下几种。

(1) 训练性比赛。以训练条件为基础，训练与比赛交叉、同时进行。

(2) 模拟性比赛。对事先所了解的各种比赛信息进行归纳总结，组织比赛模拟条件和环境，为正式参赛做准备。

(3) 检查性比赛。训练旨在检验大学生在赛前训练的训练质量，通过训练，发现不足并改进。

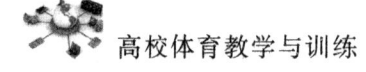

(4) 适应性比赛。比赛环境是真实的，通过真实比赛进行训练，提高大学生的比赛适应能力。

2. 比赛训练法应用要求

(1) 确保大学生具有一定运动基础。

(2) 明确比赛规则，严格按照比赛规则开展。

第三节　符合现代教育理念的体育教学方法

在"以人为本""健康第一""终身体育"等新的教学理念指导下，填鸭式教学方法的选择和应用越来越重视体育教学中大学生的体育学习体验，并越来越重视大学生的学习积极性与主动性的发挥，对于大学生来说，符合现代新教学理念的体育教学方法的应用，大大提高了大学生的体育学习兴趣，同时，体育教学环境更加优化，学习体验更加丰富多彩与生动、形象。

一、现代创新体育教法

(一) 探究教学法

探究教学法，也称指导发现教学法，是一种充分发挥大学生的能动性的教学方法。在教师有意识的体育教学中，让大学生经历教师所设计的各种教学环节，引导大学生逐渐发现问题，讨论问题，并处理和解决问题。

研究表明，探究教学法符合现代教育教学理论对大学生的要求，也是新体育课程强调大学生主体性理念的重要表现，因此在体育教学实践中日益受到重视，该教学方法在体育运动教学中得到了尝试并收到了良好的教学效果。

探究教学法的体育教学应用有机结合了教师的"教"和大学生的"学"两个方面。指导发现教学法主要适用于战术、攻防关系、技术要点教学中，具体应用程序如下。

(1) 大学生预习教师所要教授的教学内容时，发现问题。

(2) 教师以指导语的方式改造所授教学内容，并且将一些相关的观察结果和分析的直观感知材料提供给大学生，使大学生自行解决学习中遇到的困难和问题。

(3) 体育教学中，重视对特定教学环境的建设，使大学生在积极探索、研究的过程中获得知识和掌握技能。

(4) 教师进行教学分析归纳总结。

(二) 合作学习教学法

合作学习教学法是通过对大学生进行分组，使大学生以小组形式完成学习任务的教学方法。合作学习教学法有利于大学生养成合作和竞争的意识，对于在足球运动中发挥集体协作作用具有重要的帮助作用。

在现代体育运动项目教学中，许多教学活动都需要大学生的共同参与，即便是以个人运动技能展示为主的体育运动项目，在运动技能练习过程中，也需要其他同伴的培养，离不开各参与者的相互配合，因此，通过合作学习不仅能增加大学生之间的默契配合，提高大学生的合作意识和合作能力，还有助于良好的教学环境和氛围的形成。

(三) 多元反馈教学法

新课程标准要求重视大学生在体育教学中的地位，重视和谐师生关系的建立，多元反馈教学方法正是强调教师与大学生之间在学习过程中融洽与合作关系的教学方法，该方法更加突出师生之间、大学生与大学生之间进行信息的交流与反馈的及时性，教学过程中，重视通过对大学生的积极性、主动性和创造性的激发和调动，促使教学信息的多向传递，促进大学生通过系统的知识学习实现自我发展。

多元反馈教学法在大学体育教学是一种新的尝试，教学中科学运用反馈教学法应注意以下几点。

（1）以信息的相互反馈作为主要的线路，并在教学过程中，教师与大学生间、大学生之间、大学生与教材、媒体之间都要做到信息的及时、有效的反馈，这也是提高体育教学效果的关键所在。

（2）教师要善于及时、准确地捕捉各种反馈信息，并进行整理分析，作出准确的判断，修正教学过程。

（3）教师应对所反馈信息的正、负影响作出准确的判断，及时地向大学生进行反馈，使大学生更好地了解自身存在的问题和不足，有针对性地进行改正，有效控制教学过程与结果。

(四) 多媒体技术教学法

多媒体技术，即 CAI 技术，是伴随着计算机信息技术的发展而获得发展的，多媒体教学技术应用于教学已经有较长的一段时间，且因其具有可嵌入度以及良好的交互性能深受师生欢迎。多媒体技术的发展使得体育教学的教学手段更加丰富，多媒体技术纳入体育教学更多地应用于体育理论课教学。

相比于传统的教学手段，多媒体技术将体育运动相关录像、图片、flash 等的引入课堂教学，综合了大学生视觉、听觉、视听觉内容，在包括体育运动在内的体

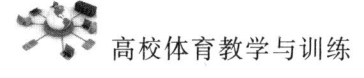

育教学中得到了广泛应用,教学效果良好。

目前,各种教学的多媒体设备、软件日益增多,越来越便携的输出设备,使得大学生在需要时可以观看视频或图片,手机、笔记本电脑、平板电脑的出现使得更多的课件可以以此为设备核心展开体育教学。

多媒体教学替代了传统意义的收录机、播音机、手鼓、节拍器等教学手段,体育教学更加智能,并表现出集成性、便捷、生动、立体、交互、实时、长久储存等特点。

就我国大学体育教学现状调查分析来看,多媒体技术教学在我国各级各类高校的应用机会不是很多,这与我国整个体育教学系统中多媒体课件的数量和质量不高、大学体育媒体教室资源和多媒体体育课件资源较少等问题有关。

(五)计算机网络教学法

计算机网络教学,依托于计算机技术和网络通信技术,可以实现体育教学更加生动、互动与高度交互。计算机网络教学改变了传统教学课堂教学的范畴,计算机网络教学大大地拓宽了教学的时间与空间。

现阶段,计算机网络教学在大学体育教学中的运用,主要体现在校园教学学习网络的建立。早期的BBS由教育机构或研究机构管理,当前许多著名高校的校园网站上都建立了自己的BBS系统,通过互联网介入教学。借助于校园计算机网络建设和大学生的网络设备利用,可形成多元化的综合性校园体育网络课程教学体系。

和传统体育教学方法相比,在新的依托计算机网络的"教"与"学"的交互平台上,师生之间、大学生之间可以利用在线交流、邮件、留言等形式实施互动,不仅有助于降低教学时间与空间限制,还能提高教学维度,优化教学效果。

和多媒体技术教学相比,计算机网络教学更加智能化,教师所使用的教学资料和教学工具都是数字化、集成化的,课程内容以电子教材的形式呈现,网络课程教学过程中,可以实现网络即时模拟讲课、批改作业,在课内教学的基础上很好地解决了教学的延续性问题,师生的交互性更强,充分互动,并突出了针对性,实用性、趣味性,寓教于乐,可以促进大学生体育运动学习和教师体育教学的教学相长的良性循环。

二、现代创新体育练法

(一)模式训练法

模式训练法是根据规范式模型进行的训练。和其他训练方法相比,模式训练法主要有以下两个特点。

（1）信息化，必须先收集到有关该情景、环境、条件的信息，才能进行针对性的训练。

（2）定量化，训练内容、方法、步骤等应进行定量控制，以便随时调整、完善训练。

（二）动作组合训练法

动作组合训练，是对多个技术动作的综合融合训练，适用于操类运动、球类运动基础技术动作练习。这种训练方法可令训练内容更加丰富、多变。

1. 动作递加法

递加法是通过两个和多个动作连接进行练习的方法。当教会一个动作或组合时，必须及时与前面动作或组合连接起来练习。训练操作如下：

（1）学练 A，学习 B，连接 A＋B。

（2）学练 C，连接 A＋B＋C。

（3）学练 D，连接 A＋B＋C＋D。

2. 过渡动作法

在新动作之前或组合与组合之间加入一个或一段简单易学的过渡动作的练习，操作示意如下：

（1）学练 A，学习 B，连接 A＋B。

（2）学练 B，学习 B＋N。

（3）学练 A＋B＋N。

（4）学练 C，连接 A＋B＋C＋N。

（5）学练 D，连接 A＋B＋C＋D。

3. 动作组合层层变化法

层层变化法是把原有的组合中每次按顺序只改变一个动作，使之过渡到另一个动作组合的方法。操作示意如下：

（1）学练动作 A，动作 B，动作 C。

（2）改变动作 A 后，学练动作新 A，动作 B，动作 C。

（3）改变动作 B 后，学练动作新 A，动作新 B，动作 C。

（4）改变动作 C 后，学练动作新 A，动作新 B，动作新 C。

（三）信息化虚拟训练法

信息化虚拟训练，具体是指通过信息技术创新虚拟训练环境，注重运用现代生物力学技术与计算机技术模拟视觉效果,在虚拟的情境中进行体育训练活动。例如,篮球战术训练中,模拟 CBA 或国际比赛环境,运用 3D 游戏场景引导大学生在 VR 眼镜下进行战术感知;蹦床训练中,在虚拟蹦床比赛场景下促进大学生进行高精度的蹦床训练,实现多维判断。

第四节　大学体育教学方法的创新与发展

一、大学体育教学方法发展趋势

(一)多元化

体育教学的复杂性决定了体育教学方法的多元化发展:体育教学发展至今,已经有了许多教学方法,随着体育教学在未来的不断发展,也必然会出现更多的体育教学方法,体育理论知识体系和运动技能内容丰富,技战术复杂、体育教学系统的多元化都在客观上要求体育教学方法的多样化与多元化,单一的教学方法是无法实现教学目标的,新课程改革的开展与深化也要求必须创新教学思路与方法。体育教学方法的多元化能为体育教师的体育教学提供多种选择,进而实现体育教学更加科学地组织与开展。

现代体育教学中,随着新课程改革的开展与深化,综合考虑多方面影响因素,争取教学方法的多元化优化创新是体育教学发展的必然趋势。

(二)现代化

科学技术的发展为人们的生活提供了便利,在教育领域,新技术的应用对新的教学模式、教学方法的创新也提供了技术支持。教学设备的现代化是体育教学的重要表现之一。随着体育教学的各项技术逐渐发展,其教学方法也必然呈现出现代化的发展趋势。

传统大学体育教学理念与方式已经表现出局限性与落后性,传统课堂板书、单纯体能训练(苦练)的教学方法已经与现代社会与大学生的发展需求严重不符,不能充分调动大学生学习积极性,加快大学体育教学方法创新是大学体育教学改革的必然,而且创新意义重大。

新时期,随着现代体育教学的发展,现代化的教学设备、技术在体育教学中广泛应用。通过先进的现代化设备,教师能够对大学生的身体素质进行更加深刻的了解,并能够更好地制定运动训练的负荷量。在教学管理方面,能够给大学生的学习和生活提供更加便捷的服务。而体育理论教学中，多媒体、计算机软件等的运用，使得体育教学更加生动形象。

在科技发展迅速的大环境下，科学技术的进步对其教学方法的影响是极其深远的。多媒体技术教学、移动通信教学、网络教学等诸多新的具有现代时代特点的体育教学方法的优化创新，充分吸收了现代的先进科技，为大学生的体育学习提供更加快捷、生动、形象和立体化的教学情境，符合当下大学生的学习习惯与需要，也经过教学实践证明确实优化了教学效果。

（三）民主化

民主化教学是现代体育教学改革中所提倡的一种新的体育教学思想，民主化的体育教育有两个方面的要求：其一，体育教育面向全体大学生，每一个大学生的体育参与都是民主的；其二，在体育界呼吁体育教学中的师生民主，体育教学的民主化是大势所趋。

随着体育教学过程中民主意识的崛起，民主化的体育教学方法也逐渐得到快速的发展。在体育教学方法的选择过程中，也应关注到体育教学中的民主化条件、氛围的创设，让大学生在良好的教学环境中学习、参与体育。

（四）合作化

现代体育教学实践中，只运用一种教学方法不可能完成整个教学，这就需要对多个教学方法进行综合使用，这就是体育教学的合作化。

体育教学方法的合作化，是体育教学方法的重要创新策略，目前，自主学习、合作学习等推崇民主教学的教学方法已经在我国高校得到广泛应用，极大地促进了教学目标的完成和大学生的全面发展。

一方面，注重大学生合作的教学方法选择，有助于培养大学生的体育合作意识，是实现对大学生的体育学习的社会性能力培养与发展的科学有效途径，能更好地通过教学活动组织实现体育的社会性教育功能。

另一方面，多种各具特点的体育教学方法的综合运用，可以最大限度地发挥不同体育教学方法的优势，多种不同特点教学方法的优化合作，不仅能够有效地提高大学生的技战术水平和知识，还能够培养大学生的品德，更有利于促进于大学生技战术的学习和提高，能培养大学生的合作意识和良好意志品质。这是对多元体育教学方法的一种"优势放大"，有利于体育教学效果的完善和教学质量的提高。

（五）个性化

体育教学中的教学方法面向的是全体大学生，但不同的大学生之间存在各种差异,这就需要体育教学方法在选用过程中也突出个性化,体育教学的方法应随着大学生各方面的变化(大学生的时代特征、个性差异)而进行适当的调整。个性化的教学方法改革和创新对于大学生和社会的发展均具有重要的意义,能真正实现每一个大学生都能有所发展和进步。

传统体育教学强调教师对教学的指导,教师的教学活动忽视了大学生个体之间的差异性,大学生的体育学习比较被动。

新时期,随着现代大学体育教学改革的不断深入与发展,再加上现代社会越来越注重大学生个性的发展,大学生的个性发展得到学校教育的重视,同时,在新的体育教学理念的推动下,新的科学技术在体育教学中广泛应用,现代体育教学中的体育教学方法的个性化发展成为可能,并具有了科学化的操作路径,能促进体育教学中大学生的个性化教学。大学生的个性发展要求教师应根据大学生的具体情况,采用不同的体育教学方法。这对于提高大学生的体育学习兴趣,充分调动大学生的体育学习积极性与主动性具有重要的意义和作用。体育教学方法的发展也必然呈现个性化发展趋势。

(六)心理学化

体育具有多元教育功能,促进大学生的心理健康发育是体育教育的重要教育功能之一,体育教学中的教学方法选择应为体育的心理教育功能的实现服务,体育教师在体育教学方法中应重视大学生心理塑造,正确引导大学生,培养大学生体育健身意识、促进大学生的良好体育道德、体育意志品质、体育精神和体育行为的养成。

实践表明,心理学理论在体育教学中的应用对于实现体育教育教学,促进大学生身心健康发展具有重要意义,为大学生心理建设、发展提供了启发,通过科学的心理学理论指导,教学方法开始选用更多地关注大学生心理,能使体育教学方法更符合大学生的心理发育特点和心理活动特点,有助于有针对性地选择合适的体育教学方法,更好地激发大学生的体育学习的积极性与主动性。通过影响大学生心理来组织和实施体育教学,能更好地实现体育教学,更进一步地促进大学生身心健康发展。

(七)最优化

不同教学方法各有优点,针对具体教学内容、教学对象特点,教师应善于甄选出最佳的教学方法。

具体来说,教学方法的选择应充分考虑两个方面:教学方法创新发展必须重视教学方法优化策略中的系统性和操作性；体育教学方法的优化发展应充分考虑教学方法的实操性和实效性。

二、大学体育教学方法的科学选择

大学体育教学方法丰富多样，不同的教学方法各有优点与特点，要真正发挥教学方法在大学体育教学中的作用就必须要重视教学方法的科学选择，具体来说，大学体育教学方法的科学选择依据主要有以下几个。

（一）依据教育理念选择

教学理念对教学方法选择有重要指导作用，教学方法的选择应以最新体育教学理念为指导，具体要求如下。

（1）现代体育教学强调素质教育，强调大学生的身心健康全面发展。体育教学方法选择应体现"以人为本"，促进大学生体育参与和学习过程中的"健康第一"，并有利于提高大学生体育学习的参与积极性，促进大学生树立"终身体育"信念。

（2）体育教学方法的选择应体现出大学生在体育教学中的主体地位，激发大学生的积极性与主动性。

（3）体育教学方法的选择应重视教学活动中的对大学生的体育意识、体育能力的培养，为大学生走出校门、走向社会继续参与体育奠定知识与技能基础。

（二）依据教学目标选择

教学目标、任务不同，教学方法的选择不同。体育教学目标是科学选择体育教学方法的重要依据。

依据体育教学目标选择体育教学方法，要求如下。

（1）从体育教学的总体目标要求出发，保障每次课的教学目标和总体教学目标都能实现。

（2）充分考虑教学媒体的选用能否实现本次课的教学目标，结合目标应用不同教学媒体，选择不同方法。

（3）教学方法要充分考虑具体教学活动安排所要实现的每一个小的教学目标，如为了让大学生巩固技能，教师应多采用练习法、比赛法等；为了教会大学生学习新技能，教师应多采用讲解、示范、分解、模仿练习等教学方法。

（4）现代体育教学总目标是"促进大学生体魄强健、身心健康"，所有教学方法的选择都应该以此为标准，不能偏离这个标准而只考虑短期的教学目标实现，短期教学目标的实现也是为长期教学目标的实现服务的。

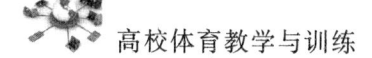

（三）根据教学内容选择

体育教学内容丰富，不同的教学内容向大学生展示，需要使用到不同的教学方法才能呈现出最好的教学效果，在体育教育教学系统中，教学内容和教学方法是两个重要的系统构成要素，二者之间具有密切的关系。因此来说，教学方法选择必须充分考虑教学内容。具体操作要求如下所示。

（1）选择体育教学方法，应充分考虑体育教学内容的方便实施，如技术动作教学，应采用主观的示范法；原理教学，应采用语言讲解教学法。

（2）选择体育教学方法，应充分考虑教学内容的表现方式，通过哪种教学技术能更好将教学内容呈现给大学生，最大限度激发大学生的学习兴趣，就选择哪种最适宜的教学方法。如图片展示更直观便捷，还是多媒体教学展示更生动细致，这些都需要教师综合教学内容与表现形式综合考虑。

（四）依据大学生特点选择

大学生是体育教学的对象，教学活动开展不能离开大学生，否则教学就没有任何意义。对于体育教师来说，体育教学方法的科学选用是为更好地促进大学生体育学习服务的，所以在具体的教学方法选择中应重点考虑大学生的特点。

在体育教学中，科学选择体育教学方法，既要考虑大学生群体特点，还要考虑大学生个体特点。具体来说，根据教学对象特点选择教学方法，应重点关注以下几个方面的工作。

（1）科学选择教学方法，就大学生群体特点来说，就是要根据抓住某一大学生群体的共性，科学选择能涵盖大学生这些共性的、有针对性的体育教学方法。

（2）就大学生个体特点来说，要关注不同大学生的个体差异，针对不同大学生采用不同的教学方法。

（五）依据教师条件选择

体育教师是体育教学组织者、指导者，是体育教学活动安排者，也是体育教学方法的选择者、实施者，因此，教学方法选择应充分考虑教师相关条件，要求如下。

（1）体育教学方法选择，应考虑该教学方法是否能使得具有一定高素质的教师能科学、有效地实施，充分发挥出教学方法的优点。

（2）体育教学方法选择，应充分考虑是否符合教师的教学风格、性格特征。

（3）体育教学方法的选择，应考虑教师自身的本次课教学目的与课堂控制情况。

总之，在体育教学方法的选择过程中，教师应认真审视自己，根据自己的实际特点来选择合适的教学方法，以便扬长避短，使教学方法选择更具针对性。

（六）依据教学环境与条件选择

在整个体育教学活动开展过程中，体育教学方法的选择应考虑到整个教学活动所涉及的教学因素，其中，客观教学环境与条件是应重点考虑的因素，教学方法的科学选择应该以这些必要的教学要素为依据。

具体来说，教学环境包括场地器材、班级人数、课时数等，同时，外界的社会文化环境也对教学环境具有重要的影响。体育教学条件则涉及体育教学的硬件条件、软件条件等。

在体育教学活动开展过程中，体育教学环境与条件不以人的主观意志为转移，对教学方法的选择具有重要影响，体育教师要选择哪一种教学方法，应关注这些客观教学环境因素的影响，充分考虑如果选择和实施某一种教学方法，有没有实施这种教学方法的必要的客观环境和条件的支持。

三、大学体育教学方法的优化创新

（一）教学方法的优化策略

随着现代体育的不断发展，新的体育教学方法不断被提出并应用到体育教学中去，体育教学方法体系内容不断得到丰富，教师在体育教学方法优化创新应用方面的意识越来越强，但也不乏会出现为了创新而创新的现象，这种现象违背了体育教学的客观规律，忽视了体育教学中的大学生、教师、教学条件等客观实际，是一种不科学的创新。

科学的体育教学方法优化创新，应注重对教学方法和教学现实的深入分析，充分了解不同教学方法的优点，针对具体教学内容、教学对象特点，教师应善于甄选出最佳的教学方法。对教学方法的合理运用是科学组织与实施体育教学的重要前提，也是体育教学方法优化创新的前提。

体育教学方法的科学化优化操作，具体要求如下。

（1）在实际的体育教学方法优化创新过程中，必须重视教学方法优化策略中的**系统性和操作性**。

（2）严谨的系统性能使教师更好地整体把握教学内容，更强的操作性则能够帮助教师更加方便地执行教学方法。

（3）将教学方法优化应用于具体教学实践，体育教师应通过收集、整理、分析

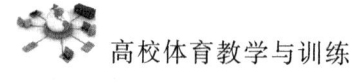

学生学习信息，跟踪了解对教学方法产生的效果，并对教学方法作出优化调整。

（二）教学方法的组合创新

教学方法的组合创新是现代体育教学方法优化组合的必然趋势和要求，具体是指以合作学习法为基础来进行教学方法的优化创新。从本质上讲，教学方法的组合也是对原有教学方法的一种优化措施。

随着社会的飞速发展，体育教学方法不断创新，传统教学方法不断完善、新的体育教学方法不断出现，大学体育教学中，体育教师应对教学方法当中的各优势要素进行组合创新运用，以最大限度地发挥不同体育教学方法对体育教学的促进作用。

第五章 体育教学的思维创新

第一节 思维创新概述

一、思维创新的内涵

(一) 思维的含义

思维是人们探索客观事物属性、内在联系和内部规律性的有意识的活动过程,是客观事物属性、内在联系和内部规律性的反应。换言之,思维是人脑的机能,是主体人对客体对象的概括性和间接性反应,是主体联系客体的中介和手段,是主体加工处理客体的方法和工具。

(二) 思维创新的含义

思维创新是指运用发散、直觉、想象等思维方式、方法,对新事物和新目标进行思考,从而获得新发明、新发现、新技术、新产品、新成果等而采用的思维方法。它是一种开辟人类认识新领域、新成果的思维活动。

思维创新是以新颖的思路或独特的方式来解决问题,从而产生创新性成果的思维。它除了具有一般思维活动的特点外,还具有一些其他的特征。在整个思维创新过程中,各种思维方式和方法综合交互作用。通过掌握思维创新原理,遵循思维创新法则,运用思维创新方法,培育创新思维,提高创新能力。

(三) 思维创新的特征

1. 独立

与他人不同,独具卓识,敢于质疑,力破陈规,善于打破自我框架。

2. 联动性

具有"由此思彼"的能力,表现为纵向联动(发现一种现象后立即深究其因)、逆向联动(发现一种现象后立即想到它的反面)、横向联动(发现一种现象后能联想到与之相关和相似的事物)。

3. 多向性

善于从不同角度想问题,在一个问题面前,能尽量提出多重设想和方案,以扩大选择余地。

4. 跨越性

从思维的里程来说，表现为常常省略思维步骤，加大思维前进的跨度。

5. 综合性

善于选取前人智慧宝库中的精华，通过巧妙结合，形成新的成果。

(四) 思维创新的阶段和环节

思维创新的具体过程一般要经历以下几个思维阶段和环节。

1. 启发定向阶段

了解问题情况，产生创新需求，激发创新动机，在发现问题的基础上提出问题，进而通过深入分析更加明确问题。

2. 潜伏酝酿阶段

当问题明确之后，便进入以收集整理知识信息、弥补知识缺陷、消化原始材料、构思假说和解决方案为主导活动的阶段。

3. 游离逼近阶段

在经过深思熟虑、反复尝试后思路逐渐清晰，方法途径趋于明朗，问题接近于最后解决的时期。

4. 灵机触发阶段

灵机的触发即问题已迎刃而解，包括两种情况：一是出现意识到成功的心理准备；二是当为问题苦苦思索而不得其解时，在未曾预料的时刻因受某事物的启发，突然灵机一动，顿时大彻大悟，成功跃然而至。

5. 深化成型阶段

对思维创新成果中的新假说、新推测、新设想等成分，经过实践的检验，对其不足之处进行弥补、深化，使其更系统、更丰满、更成熟，最后将成果以适当的形式表达出来，从而指导实践。

这五个阶段相互联系，相互影响，相互制约。前一阶段总是为后一阶段做准备，后一阶段也可能包括前一阶段的某些因素。在整个思维创新活动过程中，各种思维方式和方法综合交互作用。

二、教学思维创新的内涵

在教学活动中，教师是教育的主体，学生是学习的主体。而在这一对关系中，存在需要改进和协调的方面，特别是处于教育主导地位的教师，在教育观念上应该积极探索，创新教学和方法，缩小教学过程中的"标准化"，以及人才培养模式的单一化、功利化等不利因素的影响，使教师在教学思维和方法的创新上与学生自我意识、独立意识、创造意识结合起来，这不仅对教学思想有积极作用，而且对教学模式、方法改革都有着积极意义。

(一) 教师思维创新的养成

教师在教学工作中要想取得成就，得到学生的赞许，不但要有一定的智力水平，还要有坚强的性格。教师职业与其他职业不同，教师在传播文化知识的同时又在塑造人们的灵魂。人的性格中包含许多个人自身的特点，其中有些是符合客观事物发展规律的，有些是违背客观事物发展规律的。这就需要教师个人不断用社会的"道"和"德"去修养自己，使性格既适合于个人身心发展又符合所在社会的准则。

做好高校教师工作，需要思维创新的养成。特别是在高等教育进入了大众化阶段后，在大学特色、学科特色、创新机制、创新氛围的呼声越来越高之时，高等院校迎来了发展机遇，同时也给教师带来了巨大的挑战。要培养具有知识、德性及创新精神的人才，需要承担此重任的教师有一种思想观念作为其追求的理想，并指导其行动。有了思想，才能谈到人的道德、价值、精神。创新观念是大学理念的一个组成部分。

思维要从知识记忆的层面上升到构思、创意，需要把以前在头脑里存在的东西激活，进行加工、组合，形成各种不同的玄妙的新想法。在此过程中，人的思维是要受到很多因素影响和限制的，是要按一定规则来思考问题的。

(二) 教学中思维创新的思考

在学校的教学过程中，教师要培养学生的创新意识，要大力推广启发式教学，摒弃传统程式化教学。

启发式教育的核心，就是要培养学生独立思考和思维创新。所谓"教是为了不教"，就是要使学生自己掌握学习的方法，提高创新的能力，只有这样，他们才可以离开教师，才可以超过教师，才可以成为人才。要培养学生自主学习的精神，培养其发现问题的意识，培养其善于通过实践学习知识的能力。

第二节　思维创新的培养

一、思维创新的基础

(一) 思维创新的思维习惯

思维创新习惯包含创新意识、推理意识和解决问题意识的习惯。创新意识越明确，越能产生新的假设和构想。多思维多智慧，提出的假设和构想必然就越多，因而出现标新立异的设计理念就越多。

推理意识是思维创新不可缺少的组成部分，思维创新活动要求不能只是就某一个事物孤立地进行分析和研究，而应该把各种事物，哪怕是风马牛不相及的事物联系起来，加以综合思考。因此，推理意识就成了思维创新的一个重要因素。推理意识的培养是创新教育的一个重要环节，推理意识的培养要求学生养成善于把大量的事实进行组织、整理并概括、总结的习惯。

解决问题的意识主要表现为信息转化的意识。在人类认识自然、社会的过程中，信息转化的工作是非常复杂的，经常会出现"山重水复疑无路"的困境，解决问题的过程往往是由否定变肯定、由肯定变否定再变肯定的过程，或者由不可能变可能、可能变不可能再变可能的过程。因此，创新教育也要培养学生用锲而不舍的精神去思考、理解、解决问题。只有通过多次反复，一步一步地由低级向高级发展，由片面向全面转化，最后才能使艰苦化为发展，化为精神、物质和力量。

(二) 思维创新的发散性思维

发散性，即对一个问题能从多个角度、沿着不同的方向思考，然后从多方面提出新假设或寻求各种可能的正确答案。

发散性思维具有两个特征：变通性和多端性。

发散性思维的变通性反映了发散思维有发散、迁移、升华的特点。变通性的培养实质上也是培养学生的一种终身受用的学习能力。

发散性思维的多端性反映了发散思维具有发散、流畅、敏捷的特征。要求思维者多向观察、多维策略、横向比较。如何使这一特点在教学中得到体现呢？首先，可以由教师给学生输入一个信息，学生根据这个信息和掌握的知识，在教师的启发下，获得新知识，锻炼新思维。如在学习杠杆的知识后，给学生出示一把老虎钳，让学生指出这把老虎钳所涉及的物理知识及用途，并激发和鼓励学生给出尽可能多的答案。其次，可以在解决某一问题的过程中，充分发挥学生思维的不成熟性，或者不固定性，让他们设计出多种方案。如教室里的日光灯坏了，请学生列出可能的原因，并在课堂实施修理。这样既培养了学生思维的多端性，也培养了学生思维的流畅和敏捷的特质，还让学生经历了多向观察、多维策略、横向比较的认知过程。

(三) 思维创新的求异性思维

求异思维表现为在解决问题的过程中，当依据原有的事实、原理不能达到预期目的时，能够提出与众不同的设想方案，从而有效地解决问题。求异思维具有独特、立异的特点。独特，即在解决问题或认识世界的时候，不拘泥于一般的原理、原则和方法，而能应用与众不同的原理、方法和原则，使问题得到合理的解决。

二、思维创新的培养途径

培养创新型人才是素质教育追求的最高目标，创新人才必须从小培养。

（一）建立平等融洽的师生关系

要营造活泼、民主、自由的课堂氛围，在和谐的人际互动中，让学生受到激励启发，产生一系列新的设想。在课堂上，尽量营造一种集温情、友情、亲情于一体的课堂气氛。微笑的面容、和善的目光、亲切生动的语气、形象易懂的手势等可以使学生如沐春风，不知不觉地亲近教师。学生处在无拘无束、心情舒畅、精神振奋的状态之中，才能闪烁出智慧的火花。融洽的师生关系可以树立起学生学好体育知识与体育技能的心理优势，而这种心理优势则是学习的第一步。有了这种心理优势，学生的认知动机、求知欲望才能得到激发，从而为鼓励他们大胆开口营造一种情感氛围。

（二）鼓励学生敢于提问

学生的思维创新无论是在课堂上还是生活中都表现为勤学好问。教师应因势利导，鼓励学生发表不同的见解，肯定大胆的发问。如果教师训斥学生，学生的智慧火花便会被扑灭。教师要激发学生的质疑动机，培养学生的学习兴趣，使他们在自觉的心理投入中享受提问的愉悦。创新性思维培养的目的，就是要让学生具有较强的记忆力、丰富的想象力和独特的创造力，使他们具备适应社会发展的能力，成为新时代所需要的高素质人才。

三、思维创新的训练

思维创新的训练主要从掌握思维创新的原理、遵循思维创新的法则和培养思维创新的能力三个主要方面进行。

（一）掌握思维创新原理

1. 整合原理

创新是各种心理因素（包括兴趣、求知欲、理想、信念、情感、意志以及思维品质、形式、方法等）高度有机整合的结果，是主体心理、思想、思维等意识活动的综合表现。

2. 流动原理

思维创新随着人类认识活动的深入而不断运动，具体表现为：按个人自我发展的需要流动；随个人兴趣爱好的变化流动；按思维能力结构层次的变化由低向高流动。

3. 调节原理

随着人类认识活动的变化，根据创新活动的需要，不断调整目标，使之更符合实际。

4. 信息轰击原理

通过努力学习和多接受新信息，以诱发思维的创新性。

5. 群体机智原理

通过争论、辩论、讨论等形式汲取群众的智慧，弥补个人创新力的不足。

6. 压力原理

外在压力迫使自我克服惰性，将压力转化为动力，成为推动创新的巨大力量。

前三项原理取决于主体内因，由自身素质与能力的高低来决定；后三项原理取决于社会外因，在外力适度的作用与影响下，主体的创新潜能就会得到激发。内因起决定作用，外因只能提供有利的条件。

（二）遵循思维创新法则

1. 对应法则

通过模拟比较、类比联想、相似想象创新。

2. 移植法则

通过模仿造型、移植结构、模拟演示创新。

3. 综合法则

通过集思广益、智慧聚集、思维交融创新。

4. 还原法则

通过回到根本、抓住关键、提纲挈领创新。

5. 离散法则

通过离散产品、分解要素、解剖认识创新。

6. 强化法则

通过强化技法、强化目标、强化工艺创新。

7. 换元法则

通过代用材料、代用零件、代用方法创新。

8. 组合法则

通过附加组合、异类组合、同物组合创新。

9. 逆反法则

通过逆反思考、求异思维、对应思考创新。

10. 造型法则
通过外观造型、结构造型、色彩造型创新。
11. 原型启发
通过物件启发、事件启发、言行启发创新。
12. 特征迁移
通过事物特点、事物特征、事物特性迁移创新。
13. 功能变化
通过功能组合、功能改变、功能提升创新。

(三) 培养思维创新能力

建立合理广泛的知识结构，不断丰富实践经验。知识和经验越丰富，思维越宽深。增强好奇心以发展想象力，培养高尚的兴趣以增强创新能力。好奇心是发挥想象力、创新力的起点，兴趣是维系恒久创新力的基础。培养直觉力以开发想象力。培养联想力，有利于新事物的产生。培养良好的创新素养和艺术素养。建立合理的能力结构，培养良好的心理品质。培养人的模糊思维能力。实践证明，许多创新是在想象基础上建立模糊概念，通过模糊思维而渐渐具体化的。

第三节 思维创新在体育教学中的应用

一、思维创新在体育教学中应用的必要性与条件

创新活动的从事，离不开思维创新的作用。体育教育经过多年的发展，已经成为学校的一项重要教学活动，但仍存在很大的发展空间。创新作为社会发展的基础，体育教学同样需要将其作为发展的手段，如此才能适应学校教育事业的改革。其中，创新的思维能够给从事体育事业的教育工作者带来新的教学理念，引导教学活动的创新性开展。

(一) 思维创新在体育教学中应用的必要性

体育教学中应用思维创新的必要性主要体现在两个方面：一是体育教学中存在"墨守成规"的问题，制约体育教学工作的开展；二是思维创新的先进性和前瞻性能够促进体育教学活动的发展，提高教学的效果和水平。

思维创新要求改变"墨守成规"的人云亦云的教学方式，取而代之的是启发式教学方式和讨论式教学方式，旨在培养学生独立思考的能力和自主创新的意识。学校的体育教学活动应用思维创新，改变了以往学生被动接受知识传授的地位，学生

在课堂上获得了更多实际操作的机会。譬如，体育教师在安排的篮球比赛中，指出学生在动作、合作等方面的不足之处，尤其是队员之间的合作，基本上没有固定的模式规定具体的防守、进攻、传球和突破，需要教师在赛场上一对一地指导，提高学生临场应变的思维能力。另外，思维创新是体育教育改革的关键，其中包括教育的观念、思想、制度、内容和方法等。换句话说，思维创新具有现代化发展的先进性。这一点与教育改革的需求如出一辙，使得可持续发展的教育精神能够得到全面贯彻落实。

（二）思维创新在体育教学中应用的条件

1. 转变教育观念

传统教学理念没有要求学生掌握"举一反三"的能力，而仅仅要求学生掌握课堂的基本知识和相应的技能水平。因此，在应用思维创新的时候，需要对现有的教育观念进行转变，让教师从以往知识灌输者的身份，转变成学生的指导者、帮助者和交流者，并采用启发式、讨论式、探究式的教学方法，培养学生独立思考的能力，使学生在掌握旧知识的基础上，自我构建新的知识体系，养成良好的学习习惯，让学生在完成自我提升的过程中，体会到自己在教学过程中的自我价值，从而增强自主创新意识。

2. 营造教学氛围

营造教学氛围是思维创新应用的软条件。学生只有在自由、舒适的教学环境下，才能够有效激发创新意识，进而发挥自己的创造性和积极性。首先，创设安全的心理环境。让学生从心理的层次上，感觉到接受教育的自由。教师应该以表扬、引导等方式，帮助学生消除学习上的困惑，以及纠正学生在学习上的错误。其次，创设愉悦的教学环境。教师应该善于利用教育活动，以平衡和合作的学习方式，鼓励学生为实践教学提出改善建议，这样才能够缓和教学的气氛，为学生提供一个发挥思维创新作用的机会。最后，创设阶梯式问题情境。在教师引导的基础上，学生在提出问题和解决问题的过程中，获得新的知识，从心理层面上增强获得知识的信心。这样一来，教学氛围就不会过于死气沉沉，学生的创新思维才有可能被调动起来。

营造教学氛围离不开学生的参与。教师应该将学生当作教育的主体之一，不断地激励学生参与其中。

3. 更新教学手段

体育教育体系的思维创新需要具备一定水平的"硬条件"，那就是教学的手段，这是保证教学质量的关键。教师的教学手段实际上是思维创新的结晶。如果一名教师的教学思维固定，所采取的教学手段势必单一，所取得的教学效果也只能停留在某个水平，因此，教师需要对教学手段进行更新。一方面，对比分析现有的教学手段，找出其存在的不足之处并加以完善，同时融入创新的思维，这样才能够提高教学的实效性。另一方面，根据教学的实践需求，创造出新的教学手段，并根据具体教学工作的变化，适时进行调整。譬如，根据学生的接受能力、体质状况和教学条件等，灵活采用教学手段，以及根据学生的学习方法，探索研究适合学生的具体教学方法，实现人才思维能力的创新。另外，教学的信息交流也很重要，教师可以借此分享自己的教学经验，并从他人处学习有用的教学方法，以作为教学手段更新的科学依据。

二、在体育教学中巧用思维创新

思维创新是一种特殊的思维方式，它能突破思维定式思考问题，从新的角度、新的思路去寻找解决问题的方法。体育教师只有适应时代发展的需求，逐步研究与探索思维创新方法，才能更好地满足现代体育教学的新型标准与要求。

现代体育教学正在向科学化的方向发展，体育教育将不再是单纯的体育知识、技能的传授与掌握，而是注重学生自主性、创造性和终身学习能力的培养。思维创新是前提，学生除了依靠注意力、记忆力、观察力、想象力等智力因素学习外，还受到了兴趣、情感、动机、意志和性格等非智力因素的影响。在现代的思维创新体育教育教学中，教师应重视调动学生的主动性和创造性，开发学生的智力，促使学生由"要我学"转变为"我要学"，从而迸发出极大的学习热情，刺激其处于主动学习的最佳状态。这样，"教"和"学"的效率都得到了极大的提高。

（一）现代体育教学思维创新法的基本特征

1. 客观性

体育教学中运用的思维创新法是现代教育思想的重要体现，也具有符合时代发展和教学任务的特征。体育教师根据思维创新法制订教学计划与组织教学时，不但要严格按照新课程标准来开展和进行，而且要根据社会、学校、学生、家长等各方面的客观要求，进行充分综合与分析。同时，运用的思维创新法还要借鉴以往体育教学中取得的成功经验，积极制定和实施科学、客观的教学模式。

2. 概括性

思维创新法的概括性主要表现在表现形式和表现内容方面。表现形式的概括性,即用简单的语言介绍就可以基本反映整个教学模式;表现内容的概括性,即对体育教学活动的理论或实践加以浓缩、提炼,使体育教学活动更加丰富多彩。

3. 可操作性

思维创新法为体育教学在逻辑步骤方面提供了规范的准则,以及每一个步骤的具体操作方法。体育教师在教学中运用思维创新法,要在充分考虑体育教学活动复杂性和特殊性的基础上,逐步排除教学环境中较易出现的各类影响因素,进而保障体育教学方法操作的稳定性。

(二)思维创新法在体育教学中运用的意义

1. 有利于学生的个性化发展

学生是体育教学中思维创新法应用的主体,他们无论在心理成长上,还是身体发育上都存在着较大的差异。传统的体育教学方法相对单一,难以适应现代学生个性差异的发展趋向和要求,也限制了学生思维创新的培养。"新课标"中明确要求逐步改善体育教学方法单一的现象,让教学活动主动适应每一个学生的个性差异,进而将此类差异作为思维创新法应用的基本出发点和根本原则。

2. 有利于建立民主、平等、和谐的师生关系

传统的体育教学方法中,教师片面地强调学生的同步发展,往往导致学生的个性发展受到一定程度的影响和限制。思维创新法在体育教学中的运用,不但可以有效提高课堂教学效率与质量,而且有助于建立民主、平等、和谐的师生关系,进而引导学生在体育学习中逐步培养独立发现问题、分析问题、解决问题的综合素质和能力。

3. 有利于引导体育教学向综合教学发展

体育教学中运用思维创新法所涉及的内容相对较多,其中包括相关课程、融合课程、广域课程、核心课程和活动课程等基本项目。思维创新法对于引导体育教学由分科施教向综合教学的转变具有深远的意义和作用,也是更新与完善课程组织形式的基础。

三、体育教学中学生思维创新的影响因素

(一)主观影响因素

体育思维创新的主观影响因素是指对创新活动具有促进或阻碍作用的内在因素。创造学认为,创新活动能否顺利进行并卓有成效,其创造力能否得到开发和运用,客观社会环境有很大的影响作用,但这只是外因,关键还在于创造者本身。

1. 多向思维能力

多向思维是相对单向思维而言的。人们在解决日常问题时，往往习惯于遵循某一固定的思维模式进行，这种"单向性"和"固定性"的特点，容易造成思维惰性和僵化。

2. 联想思维能力

指从一个事物想到另一个事物的能力。思维创新的本质就在于发现原来没有联系的两个事物或现象之间的联系，联想就是一种有力的引导作用。

3. 捕捉灵感的能力

指具有将转瞬即逝的灵感思维结果及时加工成为创新设想的才能。捕捉灵感能力是创新能力的重要环节。灵感的产生同艰苦的思维劳动、丰富的知识与实践经验以及信息的刺激触发等因素有关，而及时记录下来灵感思维的内容，防止稍纵即逝，保持思维热线并及时向纵深扩大思维成果，都是捕捉灵感的好方法。

(二) 客观影响因素

人的创造活动是受环境条件的促进与制约的，这种制约力体现在社会生活的各个层次和各个领域。同样，体育思维创新作为客观存在的形式之一，也将受到各种客观因素的影响。良好的环境能够提高人的创造力，反之则会抑制人的创造力的发挥与发展。

1. 社会环境

人作为社会的成员，总是生活在一定的历史条件下，这种社会历史条件成为一个人能力发展的背景。

2. 体育环境

即对体育创新活动直接产生影响的客观环境。人的创造力虽然和社会历史及历史环境有直接关系，但创造力的实现还离不开具体的工作环境，它的影响力较之社会环境来讲更直接、更大。

3. 人际环境

人的社会性和创造活动的团体性决定了人际关系对创造活动发挥着积极或消极的作用。

4. 信息环境

信息环境在创新过程中极为重要。创新者把接收到的信息和原有信息综合起来，围绕新目标进行加工处理，形成新的思想和方案，并加以实施，从而取得成果。

5. 实验环境

任何新事物、新成果都需要经过实验验证后方可投入使用，体育创新也不例外。因此，实验环境也是直接影响创新的重要因素。

第四节 以思维创新构建体育教学创新体系

一、构建体育教学创新体系

为适应当今社会对高校人才的要求，高校体育教学应从认清体育教学本质、认清体育教学目标和更新体育教学内容等方面构建体育教学创新体系。

（一）认清体育教学本质

体育教学是培养学生创新素质的一个重要途径。学生的创新素质主要包括学生的创新意识、思维创新、创新能力等多个方面。要想培养学生的创新意识，就要在原有知识的基础之上，找出新的关系，引出自己的创新意识。培养学生的思维创新能力，必须在一个民主和谐的教学范围之内，引导、启发、鼓励学生进行创新性思维，培养学生的独立思维能力和乐观豁达的心胸，提高学生的团队合作能力，扩展学生的兴趣广度，提高学生的综合能力。

（二）认清体育教学目标

体育教学是为素质教育目标服务的，因此，我们必须改变当前体育教学原有的思维方式，对体育教学的目标、方法、功能、内容、手段进行重新认识，从而构建出一个面向未来的体育教学体系。体育教学的过程不是学生进行锻炼身体的过程，仅靠体育教学过程也锻炼不好学生的身体。体育教学的过程是培养学生体育锻炼意识、体育锻炼习惯和体育锻炼能力的过程，使学生对体育锻炼有一个基本意识和态度，明白体育锻炼的重要意义，从而培养独立进行体育锻炼的习惯和知识。

（三）更新体育教学内容

体育教学内容的创新是增进学生的健康需求、满足学科之间的发展需求、满足未来社会发展需求的必然手段。体育教学中应增加有助于培养学生体育能力的教学内容。体育教学应在不忽视方法教学的同时，加强体育教学与健康教育的结合，使用体育健康养护方法以配合体育锻炼的需要，培养学生健康合理的饮食、卫生习惯，培养学生对生理和心理调节的实用保健方法。体育理论课不仅要授予学生体育锻炼、养护和观赏的知识，而且还要传授与未来社会高度相关的各种内容，找到高校体育与社会体育相连接的关键点。其中理论教学可以超前于实践教学，增进学生对体育锻炼和健康的认识。

二、体育教学创新体系的主体内容

(一) 转变教育思想，树立全面的教育观

教师要转变对教学和课程本质的认识，在教学过程中，首先应给予学生先进的教学观念，充分发挥学生的主观能动性。俗话说："观念先行，行遍天下。"树立学生良好的学习观念是体育教学的前提。其次，增进教师的服务意识。教师应放下身段，更好地服务于学生，学生需要什么就能给予他们什么。教师不再高高在上地讲授，学生也不再唯命是从地学习。只有这样，教师才能平等地对待学生，学生也才能在民主的学习环境中，不断地审视自己、提高自己。

(二) 建立新的教材体系，教学内容不断延伸和拓展

高校体育要从较单一的竞技项目向健康型、娱乐型、社会型等多样化方向发展，建立起实施性强、体现多种功能、学生喜爱、符合实际情况的教材体系。同时，要打破体育技术课与理论课分离的局面，增加理论选修课，把体育理论知识与其他领域的理论结合起来，如开设体育人文学、体育美学等，使学生有更多的机会接受体育的知识和文化。此外，高校体育应从学生的实际能力和兴趣爱好出发，设立多种运动项目，让学生学习自己喜欢的运动项目，并逐渐培养成优势项目，不断满足学生个性全面发展的需要，以便学生充分掌握运动技能，为终身体育提供有力的支持。

(三) 教学模式创新

体育教师应根据学生的身心发展特点，结合自己的特长，不断地进行教学模式的改革和创新。这种创新应体现新颖性、灵活性和能力性。

(四) 教学方法和手段的创新

在体育教学中，单一呆板的教学方法难以使学生参与教学活动，抑制了学生的思维创新和创新能力的发展。因此，高校体育教师要重视教学方法和手段的创新。

1. 教学方法的创新

在教学方法上，教师应认真备好教材，备学生，备教案，没有最好的教学方法，只有更适合学生学习的教学方法。教师要根据教学目的、任务以及教学内容等特点，从实际出发，不断创新，始终保持教学的新颖性、生动性、知识性、趣味性、多样性，努力创造轻松、愉悦的学习环境。

2. 教学手段的创新

随着科学技术的不断发展和信息技术的广泛应用，各种现代化的视听手段在教学领域中得到了普及，极大地丰富了教学中传递信息的途径，不仅提高了教学效率，而且使得教学形象生动，为学生的学习和发展提供了丰富多彩的教育环境和学习工具。

三、以思维创新构建体育教育方法和教育制度

（一）以思维创新构建体育教育方法

首先，传统的体育教学方法是教师教、学生学，是单向的。这种机械的教学方法毫不生动，而且重复的教学工作容易使得体育教师的积极性不高。而新的教育方法要求教育者注重学生的反应，再根据学生的反应和自身的特点，修订教学内容，最终形成一种互动式的教学。

其次，传统的体育教学方法是利用已有的器材发挥它们本身的作用。比如在传统的体育教学中，跑道就是用来跑步的，单杠就是用来做引体向上的，铅球就是用来投掷的，等等。而利用思维创新构建的新的体育教育方法是除了发挥教学工具本身的作用外，还应当发现它们新的功能，比如可以利用跑道开展各种趣味比赛等。

再次，传统的体育教学方法是只有教师教，教师自身的竞技水平和比赛经验对于上课的效果至关重要，所以无形中对体育教师的要求大幅提高。而新的教学方法可以让有一定竞技水平的学生来充当教师或者示范者，这样便于学生接受动作要领。

最后，除了进行校际比赛外，传统的教学方法交流的机会很少，这在无形中就大大挫伤了体育教育者和学生的积极性。而新的体育教学方法要求各省、市以及各学校之间加强交流，扩大高校体育的影响，从而带动更多的人从事体育活动。

（二）以思维创新构建体育教育制度

我国可以结合自身特色，运用思维创新构建新的体育教育制度，比如增加体育课程的学分、开展各个项目的区域甚至全国联赛等。这些制度的革新有利于高校体育的发展。在新的背景下，我们不但要在生产、服务、科研领域倡导创新，而且要在教育领域倡导创新。我们不但要在数学、物理、化学、计算机、半导体、金融等领域倡导思维创新，而且要在体育教育领域倡导思维创新。

第六章 高校体育教学模式创新

第一节 高校体育教学模式的概述

一、高校体育教学模式的建构与应用

(一)体育教学模式的概述

1. 教学模式与体育教学模式

(1)教学模式的内涵

教学模式是按照一定原理设计的一种具有相应结构和功能的教学活动模型,其综合考虑了从理论构想到应用技术的一整套策略和方法,是设计、组织和调控教学活动的方法论体系,教学模式在前人成果的基础上将会有新的发展。

教学模式一词最早是由学者乔伊斯和韦尔等人提出的,他们认为教学模式是"试图系统地探讨教育目的、教学策略、课程设计和教材以及社会和心理理论之间的相互影响,以设法考察一系列可以使教师行为模式化的各种可供选择的范型"。综而观之,当前国内大致有以下几种观点:结构论、过程论、策略论、方法论等,这些观点的相同之处在于都指出了教学模式的稳定性特点,不同之处在于,一个定义确定教学模式是某种"结构",另一个将其视为某种"方法"。因此,要揭示教学模式的本质,须从其概念"模式"谈起。模式的概念涉及人的两方面行为,一方面是对事物的稳定的认识,另一方面是对事物的稳定的操作,而前者构成认识模式,后者则构成方法模式。所以,认识模式和方法模式才应当是教学模式的两层基本含义。由此可见,教学模式是教学形式与方法的统一体,其中,"过程的结构"是"骨骼","教学方法体系"是"肌肉组织"。

(2)体育教学模式的内涵

体育教学模式是蕴含特定体育教学思想,在特定教学环境下实现其特定功能的有效教学活动结构和框架。体育教学模式是对体育教学经验的概括和系统整理,教学实践是体育教学模式产生的基础,但体育教学模式不是已有的个别教学经验的简

单呈现。同时，体育教学模式被看作是沟通理论与实践的桥梁，既能用来指导体育教学实践又能为新的体育教学理论的诞生和发展提供支撑。与其他学科教学相比，体育教学是一个比较复杂的教学过程。它与学习过程、游戏过程、训练过程等有着密切关系，因此，认知的规律、身体锻炼的规律、技能形成的规律、竞赛规律等都是体育教学过程中必须遵循的规律，体育教学模式必须反映这些方面的特点。

2. 体育教学模式的特点和功能

（1）体育教学模式的特点

随着体育教学理论研究和教学实践的深入开展，出现了各种各样的体育教学模式。尽管体育教学模式的种类繁多，但它们都具有以下五个基本的特征：第一，整体性。教学模式是由教学思想、教学目标、操作程序、实现条件、评价五个要素构成的有机整体，必须从整体上把握其理论原理。第二，简明性。教学模式是简化了的教学结构理论模型，被称为"小型的教学理论"。第三，操作性。教学模式区别于一般教学理论的重要特点即它的可操作性。第四，稳定性。体育教学模式的确立，实际上标志着新型的体育教学过程结构的确立，既然是结构就必然有相当的稳定性。第五，开放性。一种教学模式形成以后并不是一成不变了，而是要在实际的操作过程中不断加以修正、补充、完善，使其针对性和应用更强。

（2）体育教学模式的功能

体育教学模式主要有以下几个功能：第一，中介功能。体育教学模式的"中介"功能是指它既是一定的体育教学指导思想、体育教学相关理论的具体体现，又能为体育教师提供具体的操作程序和操作策略。教学模式是教学理论研究和教学实践之间的一座桥梁。第二，调节与反馈功能。实践是检验真理的唯一标准，根据具体的教学条件、环境和具体的教学指导思想而安排的体育教学模式最终要受到实践的检验。

3. 体育教学模式的建构研究

近年来体育教学理论有新的突破性进展，如何对在不同教学思想指导下的各种教学方法、教学策略进行比较、剖析，选择适当的教学方法进行教学，从而达到教学效果成为当今体育教学改革的一个重要任务。建构一种教学模式需要有一定的规范和基本要求。从它的形成过程看，既包括了理论通往实践的具体化过程，也包括了体验通往观念的概括化过程。因此，它既不同于目标和理念，也不同于一般的工作计划。它相对稳定但又变化多端，形成了模式多元化、多样化的局面。

新型体育教学模式的特征：近年来，由于人们对教学模式的普遍关注，在各级各类书刊、杂志上出现了各种各样的体育教学模式，有的还在探索实验阶段，有的甚至只是改头换面地搬用了其他教学模式，这是在教学模式过程研究中不值得提倡的。构建新型体育教学模式体现了以下几个方面的特性：一是新颖性、独特性。体育教学理论、教学思想是体育教学模式的灵魂。二是稳定性、发展性。稳定性是教学模式形成的一个重要标志，对于一个成熟的教学模式而言，都必须有相对稳定的理论框架和操作程序。三是多元性、灵活性。多元性、灵活性是当前教学模式研究和发展的一个主要趋势。因此，在构建新型课堂教学模式时应注重统一性与灵活性相结合，建立多元的新型课堂教学模式。

4. 体育教学模式构建的基本要素

体育教学模式不同于教学方法，它具有一个相对稳定的教学结构。这些要素在构成体育教学模式中具有不可或缺、不可替代性。教学模式应至少包括以下几个基本要素。

(1) 教学目标

教学目标是教师对教学活动在学生身上所能产生效果的一种预期估计，是进行体育课堂教学设计、进行体育课堂教学活动的出发点和归宿。教学目标既要考虑到学生智力因素的培养，又要考虑到学生非智力因素的培养。

(2) 操作程序

成熟的教学模式都有一套相对稳定的操作程序，这是形成教学模式的本质特征之一。设计由易到难，由简到繁，由基础到综合的教学程序，既可以适合不同水平的学生，又能激发学生参与体育活动的兴趣。

(3) 实施条件

任何一种教学模式都不是万能的，有的只能适合某一类课型，有的适用几种不同的课型。不可迷信某一种单一的教学模式，而应适当变更、调整教学模式，发挥自己的特长，为己所用。

二、我国新型高校体育教学模式的建构

(一) 新型体育教学模式的理论基础

1. 新型体育教学模式的现代课程论基础

教学属于课程中的一部分，所以，建立教学模式必须以一定的课程理论为基础。现代体育课程理论基础具体分为以下几个方面：第一，体育课程目标实现多元化。体育课程目标不仅把增强体质、提高健康体质作为首要目标，而且注重培养学

生体育文化素养，同时强调学生个性和创造力的培养，并主张结合体育课程内容的特点，把道德教育和合作精神的培养融合在体育教学过程之中。在时间上，通过体育课程，不但要完成学生在学校期间体育知识的传授和技能的培养任务，还要培养学生对于体育的能力、兴趣、习惯，为其终身参加体育活动打下基础。第二，课程内容注重学校体育主体需求。随着社会的发展，学生对体育的需求呈多元化态势。课程内容只有满足了学生需要，才能激发学生兴趣，形成稳定的心理状态，实现终身体育理念的目标。一是要重视传授终身体育所需要的体育知识，主要包括体育基础知识、保健知识、身体锻炼与评价知识等。二是竞技运动项目的教材化。

20世纪60年代以来课程理论出现两次世界性的变革：一是学科中心课程论。二是人本主义课程观。我国体育课程的体质、技能、技术教育思想正是学科中心课程观在体育课程中的反映，至今仍影响着体育课程的改革。第一，新型体育教学模式的目标取向。教学目标受课程目标影响，没有新的课程目标就不可能有新的教学目标。新型体育教学模式的目标不仅要求有运动技能目标，还有情绪、态度、能力、个性等目标。第二，新型体育教学模式的价值取向。重视全体学生全面发展和个性培养相统一。学生发展离不开体育学科内容的学习，学生通过体育学习发展自己。第三，新型体育教学模式的教学设计思想。课程的问题中心设计模式是新型体育教学模式设计的模式基础。问题来源于学生的发展需要和教学内容的需要。在教学设计中，要让学习者作为一个完整的个体参与到教学中来，让学习者在解决问题中，学习掌握学科内容。

2. 新型体育教学模式的现代教学论基础

教学论有许多流派，如探究发现教学理论、情意交往教学理论、认知教学理论、建构教学理论等。简要列举一些对建构新型体育教学模式有支撑作用的观点。建构主义教学观认为，教学的目标是充分发展学生的主动性、自主性和创新性，教学目标之一是培养"能够在现实的生活世界中应用知识的能力"。用通俗的话说，就是学会学习，并能调控自己的学习。

建构主义与以往的教学理论相比，更加突出表现出了三方面的重心转移：从关注外部输入到关注内部生成，从"个体户"式学习到"社会化"的学习，从"去情境"学习到情景化的学习。

综观各个教学理论流派的观点，其共同之处便是对"主体性"的追求。其中，学生的自主性主要指学生的自我意识与自我能力，包括学生的自尊、自爱、自信、自决、符合实际的自我判断、积极的自我体验和主动的自我调控等。创造性是学生在主动性和自主性发展到高级阶段的表现，它包括创造的意识、创造的思维和动手实践的能力。教师的教是外因，学生的学是内因，外因通过内因起作用。只有教师在教学中做到尊重差异，才能使教育恰到好处地传授于每一个学生，发挥学生的主体作用。

（二）新型体育教学模式的性质与设计

1. 体育教学模式的基本属性

根据对各种先行研究的归纳，我们可以总结出体育教学模式的几个基本属性：理论性、稳定性、直观性和评价性。第一，理论性。指任何一个比较成熟的体育教学模式都必定反映了某种体育教学指导思想，都是一种体现了某个教学过程理论的教学程序。第二，稳定性。一种体育教学模式的确立实际上是一种新型的体育教学过程结构的确立，既然是结构，就必然有相当的稳定性。第三，直观性。直观性也可称为可操作性，任何一种新体育教学模式的建立，都意味着它和以往的任何体育教学模式是不同的。这就使人们可以根据其特定的教学环节和独特的教程安排来判断是不是属于此种教学模式。第四，可评价性。所谓可评价性是指任何一种相对成熟的教学模式的确定，必有着与其整个过程相应的评价方法体系。因此任何一种教学模式都应可以对实施这种教学模式的教师给予明确的教学评价，这不仅仅是对该教师对教学模式理解程度的评价，也是对教师参与、认识和学习能力进行系统评价。

2. 新型体育教学主导模式的设计思想

在实践中可以发现，发挥学生主体性的教学，特别是自我意识的形成，总是能够达到从他控到自控，从不自觉到自觉，从缓慢提高到自我监控的飞跃。在学习过程中，教师应引导学生学会树立自己明确可行的学习目标，帮助学生制订切实可行的学习计划，反馈和调整计划的行为，使之成为自觉，创造条件提高学生自我检查和评价的能力。新型体育教学模式应具备如下特征：一是在教学指导思想上要把社会需要的体育和青少年儿童需要的体育结合起来，以实现体育教学中满足社会需要与促进学生个性发展的和谐统一。二是在教学目标上围绕着21世纪对人才培养的需求，青少年儿童身心发展特点等加强对学生能力的培养。三是教学程序中逐步融入运动目的论的思想，让学生充分体验运动学习中的乐趣；引导学生充分理解和参与学习过程；改变过去教师统一化、被动性、机械性的做法；在教学方法上以主体性教学观为视野，提供个别化和个性化的教学方法；在教学评价上以学生生动活泼的学习、个性充分发展、兴趣习惯能力养成、主要学习目标的达成等为基准。

（三）体育教学模式整体优化研究

1. 体育教学模式整体优化的原理和原则

（1）系统科学整体优化原理

按照系统科学理论的思想和观点，任何事物、过程并不是各自孤立和杂乱无章的偶然堆砌，而是一个由各个部分组成的合乎规律的有机整体，而且它的整体功能要大于各部分功能之和。

（2）体育教学模式整体优化的原则

一是整体性原则。用整体的观点考察体育教学模式，有助于我们在教学实践中科学地把握体育教学模式的结构和活动环节。二是综合性原则。体育教学内容的执行和体育教学目标的实现均建立在优选的体育教学模式基础上才能完成。

2. 体育教学模式整体优化的内容

影响体育教学模式结构的因素很多，包括教学思想、教学内容、教学程序、教学方法、教学条件等因素，在诸多的因素中选择了教学内容作为逻辑起点与突破口，对多元体育教学模式进行优化。第一，根据不同教学思想优化体育教学模式。体育教学思想指导着如何制定体育教学的模式，不同的体育教学思想赋予了具体教学模式生命力，使教学模式有了明确的方向，最终完成它预期的目标。为使教学思想条理化、明确化，使之从整体上符合学校体育指导思想的大方向，根据教材内容的不同性质，把它分类为精细教学型内容、介绍型内容。因此这类教材的教学模式应选择情感体验类模式和体能训练类模式为主，让学生在无技术难度的宽松条件下，一方面锻炼身体素质，加大运动负荷，可选择训练式教学模式、自练式教学模式等；另一方面通过快乐学习、成功学习，体验运动的乐趣，可选择快乐体育教学模式、成功体育教学模式等。第二，根据单元教学不同阶段优化体育教学模式。在精细教学类内容中，大纲规定了各个项目的学时，以确保各个运动项目单元教学任务的完成，并使学生能熟练掌握几项运动技能。在单元练习的最后一个阶段中，由于学生基本掌握所学的运动技能，应进一步重复练习和巩固、并注意动作的细节问题，因而在此阶段应以选择能力培养模式等为主。第三，根据不同的外部教学条件优化体育教学模式。体育教学的条件分为两类：一是固定的一些硬件；二是不固定的硬件。第四，根据学生基础优化体育教学模式。教师是教学活动的主导，学生是教学活动的主体，主导与主体因素构成了体育教学活动的主要因素，因而在选用教学模式时，也要考虑到师生的具体情况、具体特点。

第二节 合作学习体育教学模式

一、合作学习教学模式概述

(一) 合作学习教学模式的概念及基本原理及方法

1. 概念

合作教学是一种与权力主义、强迫命令的教学观相对立的个新的教学观。它是由当代格鲁吉亚杰出的儿童心理学家、教育家阿莫纳什维利提出。合作教学实验的显著特点是：从尊重儿童的人格与个性出发，建立新型的师生关系，将学生在游戏中固有的自由选择和全身心投入的心态迁移至教学过程中去，从而在师生真诚的合作中实现教学目的。

2．基本原理

（1）教学过程的发展性原理

合作教学认为，每个学生都具有无限的潜力和可塑性，教学与教育能最大限度地发挥儿童的潜能。

（2）教育过程的人性化原理

合作教学提出教师要做到以下三方面以保证人性化的贯彻与实施：第一，热爱学生；第二，使学生的生活环境合乎人性；第三，在学生身上重温自己的童年。

（3）教学过程的整体化原理

教学过程就是要发挥学生的自然力与生命力。

（4）教学过程的合作化原理

在现实社会中，常常会发生学生希望成长，但也想玩；愿意学习，但不想失去自由，因此教师就要做到与学生合作并从学生的立场出发组织教学。

3．方法

合作教学需要有一种能激发学生兴趣的师生关系和一套能鼓励学生自愿参加教学活动的方法。具体方法如下：第一，教会学生思考。教学中，教师可以采用在学生面前一边出声的思考，一边解题，让学生耳闻目睹教师的思维和解题过程；或教师应该鼓励学生怀疑、反驳、论证此课题。第二，"夺取"知识。合作教学认为，教师不应把知识填入学生的头脑，而应当与教师"夺取"知识，并在这种"搏斗"中体会成功的快乐。第三，充分利用黑板。合作教学认为板书是师生双方交流的主要手段。第四，说悄悄话。说悄悄话是课堂提问的一种特殊方法。答案对与错，由教师给予奖励、安慰等评语，有利于保护学生的积极性与自尊心。第五，由学生当老师。合作教学认为，教师应当像演员一样，在教学中与学生一起做游戏，使学生感到自己从事的是自己愿意干的重要事情。

（二）合作教学模式的理论依据

1．人本主义教育思想

以马斯洛为代表的人本主义心理学所主张的教育思想，对当代学校教育产生了广泛的影响。它强调"以人为本"，"以学生发展为中心"，重视人的个性需要、价值观、情感、动机的满足,从满足主体生存需要的角度来发展学生的潜能。人本主义教育思想在学科教学中体现的就是主体性教学思想,在教学过程中充分发挥学生主体作用,最大限度地调动学生的自觉性、积极性、创造性。体育是"人"的体育,是人类文化的积淀,也是人类精神的乐园。体育学习是学习者认识自我这个主体尤其是对自我身体运动的认识,主动变革其身心的特殊的认识和实践过程。

2．学校体育为终身体育奠定基础的体育思想

该思想强调学校体育要为人们的终身体育服务,要为终身体育打好身体、技能和兴趣与习惯等基础,学会自主学习和锻炼,具有自主学习、自主锻炼和自主评价的能力等。认为运动兴趣和习惯是促进学生自主学习体育和终身坚持体育锻炼的基础,体育教学应基于参加者的需要、兴趣等。因此,培养学生的自我体育意识是实现终身体育的核心问题。

3．自主学习、合作学习的理念

无论有无他人的协助,一个人或几个人都能主动地诊断自己的学习需求,建立学习目标,确认学习所需要的资源,并评价学习成果,这种方式便是自主学习。合作学习是指在自主学习的基础上,学生在小组或团队中为完成共同的任务,有明确的责任分工的互助性学习,合作可以产生更多的灵感,获取更大的收益,得到更好的体验。体育学习正需要自主、合作的学习方式,由于学生存在着身体、技能、兴趣和爱好等的异同,体育教学应给学生更多的自主、合作学习的机会,让学生学会自主地、生动活泼地与同伴合作学练体育,最终达成学习目标。因此,要让学生做自己学习的主人,学会自主合作学练体育,就必须有一种适合自主合作学习的教学模式,使学生把握自己的学习,而不是教师驾驭学生的学习。

4．构建的方法

依据人本主义教育思想、终身体育思想和自主、合作学习理念,人们运用演绎法建构了自主—合作体育教学模式的过程框架,然后通过在高校公共体育课和高中体育课教学中进行试验、修正,逐步完成体育教学模式的构建。

二、合作体育教学模式运用与检验

(一)适用范围与教学原则

1．适用范围

人们认为自主—合作体育教学模式需要学生具有较强的自我控制和自我管理的能力,根据体育教学要适应学生身心发展规律,人们利用自身教学的有利条件,在

高校公共体育课和中学体育课教学中进行了实践,确定了自主—合作体育教学模式最适合的范围是高中生和大学体育课程。

2. 教学原则

教学原则是保证教学效果的基本要求,运用自主—合作体育教学模式除了应遵循一般的体育教学原则外,还应把握以下原则:第一,自主性原则。教师应尽量设法提高学生学习的自主性。第二,情感性原则。自主—合作体育教学模式更应重视情感教学,教师富有人情味的教学可以促使学生更自觉地趋向学习目标。第三,问题性原则。教学必须带着问题走近学生,问题设计要针对学生的实际,要科学地动用教育学、心理学的理论分析课堂教学的各组成因素。第四,开放性原则。主要包括三个方面,一是课堂教学形式要有开放性,二是课堂问题设计要有开放性,三是由点到面,由此及彼去解决学习问题。运用自主—合作体育教学模式应注意以下几个方面的问题:第一,教师要有足够的耐心和勇气。刚开始运用不懂得如何进行自主学习、合作学习,表现出茫然、不知所措,不适应这种教学模式,这是很正常的。教师的耐心就表现在教师要敢于"浪费"时间,以足够的耐心和勇气指导学生逐渐学会自主、合作学练体育。第二,关注学生已有的经验,重视问题情境的创设。学生的已有经验是影响自主合作学习的重要因素之一。一般地说,上课伊始应创设一些与学生已有经验相近的"问题"或"情境"走近学生,进行一些相对简单的身体活动、思维活动,再把"问题"不断引向深入,促使学生在练习中思考。第三,精选和改造教材内容,激发学生学习兴趣。因此,如何精选和改造教材内容以激发学生学习兴趣,需要教师下大功夫去研究。第四,学会做一个积极的观望者,适时适当地介入学生的活动。自主—合作体育教学模式强调的是学生自主学习、合作学习,但"自主"不等于教师不引导,不参与。因此,教师如何做一个积极的"观望者",适时适当地介入和指导学生的活动,既不能过多地干扰学生的学习过程,又要能在学生需要指导和帮助时发挥你的作用,这是非常重要的。

(二) 合作体育教学模式的意义

首先,"合作体育教学模式"以尊重的教育理念为指导思想,符合现代教学理论的基本要求,其实验研究从时代特征和学生的特点出发,具有一定的现实意义。

其次,"合作体育教学模式"有效地利用系统内部的互动,使教学资源得到开发和利用,提高了学生的参与意识。改变以往传统教学中"讲解练习"的教学模式,利用组内成员的互帮互学,可以使学生产生愉快的心理体验,从而养成终身锻炼身体的习惯。

"合作体育教学模式"鼓励学生一起达成目标,增加了同学之间交往的机会,有效利用竞争与合作,培养学生的集体责任感和荣誉感。

构建大学体育"自主探求、学教互动"能力型教学模式是大学体育课程特殊性的要求。大学体育"自主探求、学教互动"能力型教学模式充分体现了"以学生为主体,以教师为主导"教育理念,是学生主体与教师主导的相互作用而建立起来的稳定的教学活动程序。以体育俱乐部制为组织形式、以小组或团队合作为学习方式,以运动态度为重点的体育形成性考核方法是实现大学体育"自主探求、学教互动"能力型教学模式的基本形式。

第三节 多媒体网络体育教学模式

一、体育网络课程概述及开发现状

(一)体育网络课程概述

1. 体育网络课程的概念

关于体育网络课程的概念,至今,体育教育界并没有一个统一的概念。体育网络课程除了要考虑课程建设的一般要求外,还要考虑教育信息的传播方式发生改变而产生的教育理念、教育模式、教学方法等的诸多变化。

2. 体育网络课程的特征

(1)体育网络课件的特征

第一,运动动作图像化。受体育专业教学方式的影响,直观教学作为体育专业传授技艺和学习技能的重要手段之一越来越被重视。在体育网络课程资源开发的过程中,教师可以通过对运动数据的捕获、生理生化和心理数据的采集,图示化训练效果分析,提高体育网络课程资源的有效性及其质量。第二,图像动作仿真化。从运动技术这一视角来看,运动成绩要获得提高或者突破就必须在运动技术研究方法学上完成两个转变。运动技术仿真是要通过虚拟现实技术再现学生的技术动作诸细微环节、教练员的训练意图以及训练过程。第三,动作仿真微格化。随着计算机辅助教学技术的进步,体育教学的一个重要内容是讲解技术动作的分解变化过程、与技术动作相关的步伐或姿势变化过程、集体项目战术配合中的队员位置及运动线路变化过程等。

(2)体育网络课程特征的具体表现形式

第一,技艺性。从当前人们对体育课程的学科性质与特征所持的基本共识可以知道，体育课程是通过身体活动进行教学和教育，是一门"技艺性"的学科。在授课之前，教师要让学生看懂并理解图中的动作，初步建立动作概念，学生通过看图并想象网前对角线技术动作，使学生头脑中的技术动作形象更加逼真。第二，动态性与非线性。动态性是指体育网络课程的学习内容是及时更新的、可生长的。非线性是指体育网络课程的内容结构方式是非线性、超链接的，这是由 Web 本身的特性所决定的，非线性的信息表达方式有助于培养学生的联想式、发散式思维。第三，多维性与多元性。多维性是指体育网络课程内容表现形态的多维性。第四，整合性。

3. 体育网络课程的目标

课程目标是课程开发的起点和归宿，它直接影响着整个课程的设计、开发方向，决定着课程的实现与收效。人们以体育教学论网络课程为例，体育教学论网络课程的目标就是要结合体育学科本身的特点、教育目标、培养目标、学生特点以及社会需求而制定。第一，使学生掌握体育教学基本规律，指导其当下的专业学习以及今后的体育教学实践工作；第二，使学生把握体育教学的基本要素，客观地认识体育教学本质；第三，使学生掌握体育教学方法，提高教学技能；第四，推动体育教学研究。

4. 体育网络课程的重点、难点及解决办法

作为一门理论课程，体育教学论网络课程的重点是理论部分的教学；作为一门"实践性"非常强的理论课程，体育教学论网络课程的教学又离不开体育实践。构建体育教学论的理论结合实践的校内平台，使学生的理论学习成果实现有效及时的迁移和运用，为此需要建立教师协作组织，将实践课程教师纳入进来。

(二) 体育网络课程的开发措施

1. 教职员工应积极参与

体育网络课程质量管理，是一个系统的工程，因此，它要求所有与体育网络课程开发和质量管理有关的人员必须高度重视，学校也必须让每一个人都清楚自己所在岗位的工作标准或质量定义，并充分参与，才能确保最高管理者所做出的各种承诺得以实现。

2. 明确管理责任

建立体育网络课程质量管理体系，其中一个重要的任务就是要落实管理责任问题。应该说管理责任落实，贯穿于整个体育网络课程开发的全过程，尤其是进入实质性开发阶段，能否克服各种困难和阻力，严格按质量要求办事，关键在于各级管理责任的落实。

二、体育网络课程开发的模式及其管理

(一) 体育网络课程开发的理论基础

1. 体育教学设计论

体育教学论网络课程的开发,只有坚持体育教学设计论,才能有效地依照体育教学的原则,通过体育教学目标设计、体育教学方法和手段的设计达到体育教学论网络课程教学的最优化。

2. 建构主义学习理论

建构主义学习理论认为,学习者应在一定的情境中获得知识,以"学"为中心进行学习环境设计。因此,它要求教师在依据建构主义学习理论进行课程开发与实施的时候,强调和注重情景、问题、学习资源、协作、互动、交流、引导等支持自主学习的教学策略的设计,设计多元而又富有个性的学习内容和学习方式。

3. 人本主义学习理论

以卡尔·罗杰斯为代表的人本主义学习理论认为,学习不是刺激与反应间的机械联结,而是个人潜能的充分发展,是自我的发展,是一个有意义的心理过程。因此,体育教学论网络课程开发在坚持建构主义学习理论的同时也必须注意到人本主义学习理论对体育教学论网络课程的影响,重视以学生为中心,重视创设真实的问题情境和协作学习模式,让学生充分获得自己想要的体育知识,实现自己的潜能。

(二) 体育网络课程开发的一般原则

1. 科学性原则

体育教学论网络课程开发是一个庞大的系统工程,它涉及面广,影响大,因此其科学性原则要求相当高。主要体现在两方面:一是体育教学论网络教学内容的科学性;二是体育教学论网络课程平台的科学性。

2. 开放性、协作性与交互性并举原则

能让教师方便、及时地对课程的体系和内容进行调整和更新,首要的问题就是实现其开放性。技术的开放要求其设计者留有必要的技术接口以备技术升级;内容的开放要求教师调动多方面的积极性,充分利用教学资源对体育教学论网络课程不断充实、完善。从网络课程开发的层面来讲,一个强大的网络课程体系要求课程开发者协调工作,积极地参与到建设过程中。协作性观念提出的同时也对交互性提出了要求,教师通过交互可以使他们更全面、更及时地了解各个层次学生的学习情况,及时调控自己的课程教学;通过交互学生可以选用不同的路径、不同的方式进行自主学习。开放的体育网络课程为体育网络课程体系搭建了一个平台,在这样一

个平台中通过协同工作，多向互动，充分实现师生之间、学生之间和人机之间的信息交流，使体育课程教学成为一种多向的信息流动过程。

3. 可持续发展的原则

高校体育网络课程要求教师本着可持续发展的战略思想，用科学的理论联系实际情况，带动体育网络课程开发的进一步发展，最终实现体育网络教育的可持续发展。

(三) 体育网络课程开发的流程及教学设计

1. 体育网络课程开发的流程

目前，网络课程开发大体分两种模式：一是教师课题组模式，二是商业公司制作模式。前者只注重了从教学设计上开发网络课程而忽略了网络课程的开发，后者只注重教材、教案的网上"搬家"，缺乏对先进的教学设计思想、有效教学内容的组织及丰富教学活动的实现。因此，需要体育教学论网络课程开发流程提出一种既考虑软件工程设计思想，又考虑体育教学设计原则以及教学支撑环境的开发模式。

2. 体育网络课程的教学设计

体育教学论网络课程教学设计的好坏决定了整个课程质量的高低。体育网络课程能有效克服传统体育教学设计的弊端，突出以"学"为中心，强调和注重情境创设、协作、互动等支持自主学习和协作学习的体育教学策略设计，使教学设计在整个体育网络课程的教学过程中发挥前导和定向功能。只有把教师主导作用的发挥和学生主体地位的体现有机地结合，才能有效地达到体育网络课程所要达到的"主导与主体结合"的教学设计思想。

3. 体育网络课程实践教学的设计思想

体育网络课程实践教学设计贯彻"围绕课程内容，将理论运用于实践，将实践提升到理论"的思想。在理论课的教学中，人们也改变过去由体育教师一言堂的教学形式，运用现代教育技术手段，采取多种实践性教学模式，如参与讨论的模式、案例教学模式等。

4. 体育教学论网络课程支撑环境的整体设计

体育网络课程支撑环境是指支持体育网络教学的软件工具、教学资源以及在网络教学平台上实施的教学活动。因此，体育网络课程教学支撑环境的设计是体育网络课程开发的一个最重要环节。

5. 体育教学论网络支撑环境中的各子系统功能

体育课程管理子系统包括课程介绍、电子教材、网络课件、授课教案、授课录像、课程资源收集六个部分。课程的内容要以知识的逻辑关系或认知规律为线索构建知识系统,要以学生为主体进行优化配置。

讨论答疑子系统包括 BBS、邮件和留言本,这一子系统的设计目的在于发挥教、学两方面积极性,活跃气氛和鼓励创造性思维的发展。作业、习题管理子系统是为教师检查学生对教学内容的理解而设计的学生在线完成的习题,可即时得到成绩,同时计算机会自动将学生做题情况发给教师,及时向教师反馈每个学生的学习情况,教师根据作业完成情况,提供必要的作业答疑,以方便学生理解和掌握。远程考试子系统包括题库、试卷自动生成、评分和试卷分析四大模块。试卷必须在确定体育课程知识点的结构基础上,让计算机按一定的题型、难度系数和区分度,合理地生成试卷。最后一个模块是体育网络课程的功能设计,主页面上采用导航按钮或导航图标,章节导航采用下拉菜单的形式,这样设计的目的在于方便学生在各个页面或各个知识点之间实现跳转。

(四) 以过程为基础的体育网络课程质量管理体系的构建

1. 体育网络课程质量管理体系构建的基本理念

体育网络课程质量管理的基本理念需要从开发与管理两个层面看。同时,由于课程开发的民主化,课程的开发才不至于是某个教师,或者学校某个部门的事情,这就必须以质量为本,坚持全员、全过程质量管理理念。

(1) 课程决策民主化的基本理念

课程决策可以界定为在一定的人才质量观指导下,为达到一定的教育目的(主要是人才的培养目标),在一定的信息、知识和经验的基础上,依据一定的人才培养模式,选择或确定一个合理的课程体系构造方案的分析、判断、决策的活动。因为,体育课程内容包括了知识、经验和身体练习三个要素的资源,即知识资源、经验资源和身体练习资源。体育网络课程开发决策民主化,意味着发挥参与开发团体、学生以及利益相关方的作用的管理策略,课程的决策分享由统一化走向多样化,其实质在于权力分享以及与之相应的责任分担,保证体育网络课程开发过程中,众多权利主体广泛参与,以期更好地发挥体育网络课程的功效。体育网络课程开发的决策过程应该是民主的,应该遵循体育网络课程初步定向、价值评估、征求师生、家长和专家意见等必要的民主程序,尊重学校的独特性、师生的差异性,突出学校的课程特色,使之满足学生的学习需求,发挥学校的体育教育资源优势。当然,民主决策的过程中也要体现一定的集权理念,这样才能使体育网络课程有标准化的组织结构、管理方法与管理程序。

(2) 以质量为本的理念

市场的竞争归根结底是质量的竞争,企业的竞争能力与生存能力主要取决于它满足社会质量需求的能力。人们要想在体育网络课程这片领域站住脚,并得到发展,那就必须把质量放在第一位,走以质量求生存、求发展,以特色取胜的内涵式发展道路。体育学习内容的选择实际上是一个根据教学目标对各类运动素材分析判断的优选过程。总之,人们认为,从体育网络课程的运动素材—教学目标—价值的判断—典型性分析—实施条件—学习内容,这一系列的内容都应该体现出以质量为本的理念。

(3) 全过程管理理念

任何产品或服务的质量,都有一个产生、形成和实现的过程。也就是说,要保证课程的质量,必须从立项开发到最后的交付都要质量管理,要把质量形成全过程的各个环节或有关因素控制起来,形成一个综合性的质量管理体系,做到以预防为主,防检结合,重在提高。这就要求体育网络课程在开发过程中,必须防止不合乎质量要求的各个过程流入下道工序,并把发现的问题及时反馈,防止再出现、再发生。

2. 体育网络课程质量管理体系构建的基本原则

(1) 以学生为关注焦点原则

ISO9000 标准中指出:"组织依存于顾客。这里所说的组织即学校,顾客即学生"。在标准中,以学生为关注焦点原则体现为一个完整的管理过程。确立以学生为关注焦点的经营理念,将这一理念传达到课程开发及其他相关方面,识别并确定学校的目标顾客,识别、分析学生的需求并制订学生满意目标,调查学生满意度及实现目标情况,分析改进,识别学生新的需求并进入下一个运行体系以循环。

(2) 领导作用原则

ISO9000 标准中指出:"领导者确立本组织统一的宗旨及方向。他应该创造并保持使员工能够充分参与实现组织目标的内部环境。"由于领导者是课程开发的最高管理者,管理层是课程开发的决策层,对课程开发制订正确的发展规划、落实各项质量措施、协调和控制各开发部门的工作职能与活动有重要作用。

(3) 全员参与原则

ISO9000 标准中指出:"各级人员都是组织之本,只有他们的充分参与,才能使他们的才干为组织带来收益。"也就是说,在体育网络课程开发的过程中,以教师为主体,形成一个由校长、教师、学生共同开发课程的一个合作共同体。因此,人们在建立质量管理体系过程中,要结合各岗位的工作职能,将体育网络课程的质量目标进行分解,将每个环节的工作流程编写成相关支持性文件,直接规范到每个岗位的工作行为。

3. 体育网络课程质量管理体系构建的基本策略

体育网络课程开发质量管理的策略，应该从学校组织与课程开发本身两个层面来看待。首先，从课程开发的本身来看，ISO9000必须坚持整体规划与分步推进相结合的策略；其次，力求使体育网络课程质量管理制度化、标准化、文件化；再次，强调对体育网络课程质量管理的持续改进，建立一个自我完善和改进的机制。从项目开发组来看，必须坚持整体规划与分步推进相结合策略，按照体育网络课程软件生命周期与体育网络课程开发进程进行。

（1）整体规划与分步推进相结合的策略

第一，系统分析。系统分析是体育网络课程软件开发过程中必不可少的两个环节，它为高质量体育网络课程软件平台的开发奠定了基础，其目标是将课程应用系统的需求转化成实际的物理实现。第二，运用策略。先是简单—复杂—简单。分析经常要经历简单—复杂—简单的过程。要提高体育网络课程开发的质量，也必须运用这样的策略，先要整体设计，然后分布设计，最后再综合设计。软件复用技术，新开发的课程软件，要从一开始就考虑其可演化性，以便以后的再工程和构件提取。

（2）体育网络课程软件生命周期与体育网络课程开发流程结合的开发策略

第一，全员参与、全程管理的策略。学校通过对教职员工进行全员培训和骨干培训，使每位员工了解学校体育网络课程的质量方针与目标，熟悉自己的岗位职责和工作程序。就一所学校来说，必须统一认识ISO9000质量管理标准的作用，贯彻ISO9000通用管理模式，通过全员参与、全程管理，使体育网络课程质量意识成为每个教职员工自觉的行为。第二，标准化、文件化策略。体育网络课程质量管理的其中一个重要的问题，就是要依托一个科学、合理、精干、高效的组织结构，用文件化、制度化和标准化的管理模式，完善有效的职责管理、资源管理、课程实现并努力实现持续改进，最终建立体育网络课程质量管理体系。依靠这种文件化、制度化和标准化的管理方式，不断在开发实施中完善，提高其质量。第三，自我完善与改进并举的策略。ISO9000标准是一个动态标准，对体育网络课程质量完善与改进也应是动态的。此外，学校必须在组织体制、运行机制、人员素质、体育网络课程开发与实现等方面进行改进。

4. 体育网络课程项目开发的质量管理流程

体育网络课程项目的质量管理是一个系统的过程。体育网络课程项目质量管理步骤分析：依据体育网络课程项目生命周期，从立项、计划、实现、交付四个部分来谈课程开发的质量管理。第一，立项管理。体育网络课程项目的立项管理包括了立项流程、管理要求以及记录的文档。项目评审——通过项目的可行性分析研究，确定项目是否立项。以湖南师范大学为例，体育网络课程的申报主要是选择在体育学院连续开设三年以上，建设基础较好、学生受益面较广的课程。立项前期由课程项目负责人与学生进行沟通，以明确对体育网络课程的要求与期望；项目启动阶段包括项目计划的制订、系统开发环境与运行环境的确定，项目团队的计划和组织、各种合同的签订等一系列项目开发前的准备工作和基础性工作。总之，立项阶段要根据学校对体育网络课程的质量方针来制订课程的质量计划，涉及从项目立项到项目结束各个阶段的质量保证活动，计划一定要做到细致全面，涉及项目开发的每个阶段、每一个任务、每一个过程。第二，计划管理。体育网络课程项目计划管理大体上可以由以下几种计划组成：项目开发进程计划，项目变更控制、配置管理计划，项目质量计划，项目集成计划，测试或确认计划。项目的质量计划针对项目开发的全过程，规定由谁做、何时做，应该使用哪些程序和相关资源的文件。质量计划是经过工作分解结构得来的。第三，阶段管理的要求。体育网络课程项目实施阶段，应该及时填写项目周报、追踪项目进度计划、提交工作量统计、汇总部门工作量统计。在这个阶段，还应该充分利用配置管理，进行配置管理监控。

5. 体育网络课程质量管理体系的策划

体育网络课程质量管理体系策划在学校尚未建立质量管理体系而需要建立时，或虽已建立却需要进行重大改进时，由学校最高管理者根据学校所处的外部环境、内部资源以及未来的体育网络课程发展的方针与战略，制订体育网络课程质量方针与质量目标，并规定必要的运行过程和相关资源以实现体育网络课程的质量目标。体育网络课程质量体系策划要求明确学校、学生及其相关方的要求和期望，建立质量方针和目标，分析和建立内部运作流程，明确内部、外部顾客的概念，并在运作中转化和分解顾客要求。

6. 体育网络课程质量管理体系的过程方法

(1) 质量管理体系方法的说明

质量管理体系方法是为帮助组织致力于质量管理，建立一个协调的、有效运行的质量管理体系，从而实现组织的质量方针和质量目标而提出的一套系统而严谨的逻辑步骤和运作程序或方法。体育网络课程质量管理体系方法的逻辑步骤是首先分析学生的需求和期望，建立学校对体育网络课程的质量方针与目标；确定实现质量目标必需的过程和职责，提供实现质量目标必需的资源，规定测量每个过程的有效性和效率的方法，并应用这些测量方法确定每个过程的有效性和效率。

(2)质量管理体系过程方法的引入

体育网络课程质量管理体系采用过程方法,按项目管理的方式,从立项管理、计划管理、阶段管理一直到最后的交付,确保各个阶段影响过程质量的所有因素。其优点在于对过程系统中单个过程之间的联系以及过程的组合和相互作用进行连续的控制,体现其目标定向性以及预防与持续改进的原则。过程方法的运用包含以下几点:第一,识别过程。首先要突出主要过程,并对其进行重点控制,这对体育网络课程质量管理来说尤为重要。其次是要将主要过程分解为较简单的小过程。第二,制定执行过程的程序并落实职责。要使过程的输出满足规定的质量要求,必须制定执行过程的程序。同时,任何一个过程都必须规定由谁去"做",而且这种规定必须严格执行,对各相关部门责任人执行规定的结果应当进行适当的监督、检查。第三,控制并改进过程。控制的目的是为防止运行的过程出现异常。改进过程主要是针对过程中存在的不足,通过测量和分析来发现问题,并采取措施来解决,达到持续改进的目的。

7. 体育网络课程质量管理体系的总体设计

借鉴ISO9000标准,以过程管理为基础,对组织所进行的统筹规划、系统分析,从管理职责、资源管理、产品实现,测量、分析和改进四个方面提出设计方案的过程。

第四节　高校体育教学模式的发展

一、体育教学模式的发展

(一)体育教学模式的目标趋向情意化

社会的变革、科技的进步对人类的生活和身体产生了很大的影响,比如心理素质、身体素质、社会适应能力等。在实施素质教育的进程中,要以培养学生的创新意识和体育能力为重点,要通过改变教师的教育理念、教学方法、教学内容和教学评价等方面来灌输新的体育教学思想。现代教学理论研究和教学实践活动都已表明,学生的智力因素与非智力因素在他们的学习活动中都有着积极的重要作用。现代教学模式改变了传统的教学活动中片面强调智力因素的作用。以此来培养学生的自立性、情感性和独创性。使教学过程具有复杂、新奇、趣味等特征,学生在一种浓厚的兴趣、强烈的动机、顽强的意志状态下学习和掌握体育知识技能,更能激发学生求知的内驱力，有很强的情意色彩。

(二) 体育教学模式的形式趋向综合化

教学模式形式趋向综合化的意思是说体育教学模式向课内课外一体化发展。课内的主要任务是学习一些新的知识点，改进一些错误动作，因而只有充分利用课外的时间，加强练习、过渡练习，复习与巩固已学的知识与技术，经常锻炼，才能把运动技能上升为熟练化、自动化。

从教学模式角度而言，目前由于对课外体育活动的不重视，这方面教学模式的研究也显得很薄弱。它在教学实践中还很不成熟，具体的操作模式也不够明确，因此我们暂没有把它列入现有体育教学模式的体系中。

(三) 体育教学评价体系更加注重"三维"综合评价

所谓"三维"综合评价就是指在评价体育教学效果时，不仅从生物学角度评价其提高生理机能的效果，还要从心理和社会的角度来评价体育教学的效益。评价方式由单纯的定性或定量方法转变为把定性和定量综合起来，在重视他人评价的同时，也重视自我评价；评价的内容也由单纯对学生的评价转变为既评价学生的学又评价教师的教。通过改革评价体系，可使学生乐于接受评价，并积极参与评价。现代体育教学模式逐渐地摆脱了单一的终结评价方法，开始重视学生的学习过程评价、学生的自我评价、单元评价等。

(四) 教学方法更加灵活，注重学生主体性的发挥

在未来的体育教学模式程序中，教师是主动的决策者和建设者，是学生学习的促进者和合作者。尊重学生的自我选择，教师指导学生自定目标、自我评价，逐渐培养学生自学自练及创造性思维和相应的体育能力。

(五) 体育教学模式研究的精细化

理论研究的目的是指导实践研究，同时也起到总结实践的作用。理论研究与实践研究的结合必然是一条必经之路，一方面，教学模式的研究同任何理论的研究趋势一样，必将从一般教学模式研究走向学科教学模式研究；另一方面，课堂教学模式的研究又趋向精细化，精细化是教学模式研究的必然趋势。

二、我国体育教学模式分析

(一) 我国当前体育教学主导模式分析

一直以来，我国对体育教学模式的研究都相对较少，但是，体现一定教学思想和规律的教学过程结构已经相对稳定地建立了。人们往往用"教学过程结构"来代

替教学模式,这种提法,对于体育教学模式而言是有偏颇的。但是,尽管如此,也正是因为这个特点教学模式直观性的集中体现,才使其成为人们把握体育教学模式的关键。

人们把我国体育教学实践中有一定代表性的体育教学模式分为以下五类:第一类是运动技能传授模式。运动技能传授模式是一种以运动技能教育观为指导,以运动技能的形成规律和认知规律为主要依据设计教学过程结构的模式。在目标方面,主要是传授体育的基本知识、基本技术和基本技能,通过"三基"的传授来完成体育教学的各项任务。第二类是运动技能传授为主、身体锻炼为辅的模式。运动技能传授为主、身体锻炼为辅的模式是以"全面教育"的体育教育思想为指导,构建教学过程结构的一种体育教学模式。教学目标是运动技能的传授和身体锻炼。第三类是锻炼身体素质教学模式。这种模式是在教师的指导控制下,学生进行各种身体素质练习,并规定负荷与休息的交替,以发展学生身体素质为中心的一种体育教学活动体系。指导思想以发展学生身体素质为主导,遵循学生生理和心理活动起伏变化规律和负荷与休息合理交替的规律。目标是发展学生身体素质,增强学生体质。第四类是培养体育能力教学模式。这种模式是在教师的引导下,通过学生的自我探索尝试,以培养学生体育能力为主导的体育教学活动的策略。指导思想是在教师的引导下,通过学生的自我探索、自我练习和发展,来培养学生的自学自练自评自控能力和互帮互学等各种体育能力。目标为培养开发学生各种体育能力,为终身体育奠定基础。第五类是发展学生个性教学模式。这种模式是从不同年龄学生的兴趣出发,采用多种教学内容、方法、手段和组织形式,以发展学生个性为核心的体育教学活动的策略。目标是通过丰富多彩的体育教学活动,来生动活泼地发展学生个性,为培养个性充分发展的现代人服务。

(二)我国体育教学模式在运用中的注意事项

现代体育教学模式本身也是一种课的类型,是突出某种教学思想的课的类型。因此,在实际应用中应注意以下几个问题。一是必须结合实际来加以运用,各个地区、学校的实际情况总是存在这样或那样的差别。二是结合体育教学目标选择体育教学理论,确定切入点。因此,体育教学模式研究要恰当选择教学模式的类型,既要选择切入点,又要标新立异。三是把握体育教学模式的框架,把握体育教学模式研究的要素、特性、功能。四是体育教学模式选择的指向性。五是体育教学模式的综合应用。在素质教育的要求下,综合运用体育教学模式,必须先要考虑体育教学目标和确定评价的方式。需要指出的是,人们不是为了模式而研究体育教学模式体育教学模式的最终归宿是应用于体育教学实践，这是其生命力之源泉。找到两者的最佳契合点，对解决当前体育理论与实践脱节的问题至关重要，我们应该共同为之思考和努力。

第五节 高校体育翻转课堂教学模式

一、翻转课堂教学模式概述

近几年，翻转课堂已成为国内外教育专家及学者们研究的热点。这种模式让学生在课前通过观看教学视频或课件等方式的学习资源，通过课堂师生互动讨论解决问题，课后反馈总结评价的过程。翻转课堂是一种全新的"混合式学习方式"。实践证明，翻转课堂在激发学生兴趣，提高考试成绩和提升教师工作满意度方面都有促进作用。

随着我国高校体育教学改革的不断深入，旧有的体育教学模式已不适应未来社会发展对人才的需求，体育教学模式也在不断得到创新和研究。体育教学作为一门实践性很强的课程，与其他学科相比具有特殊的专业特点。翻转课堂教学模式的出现，正好为体育教学模式的构建提供了一个思路。随着教育信息化的发展，教学理念的更新，教学手段与教学方法也越来越多样。例如，近年来翻转课堂教学模式越来越受教育工作者和学习者的青睐。在翻转课堂中，教师根据学生在线学习的情况，因人而异对学生实施个性化教学。基于翻转课堂的教学资源更不受教师、学生和学习时空的限制，能极大实现对有限教学资源的高效利用，使学生可以在线感受名家名师的授课，从而提高课程教学效率和质量。翻转课堂教学模式越来越受到广大教育工作者的普遍关注和日益重视。

（一）翻转课堂教学模式的理论依据及目标原则

教学模式是在教学思想和教学理论指导以及一定的教学理念的引导下建立起来的各类教学活动的基本结构或框架，通常包括理论依据、教学目标和原则、教学与学习程序、实现条件与教学资源、教学效果评价等要素。

在理论依据方面，以翻转课堂"先学后教"思想为基础，重视教学活动中学生的主体性和学生对教学的参与度。依据大学体育教学的特点，尤其是斯金纳操作性条件反射的训练心理学的特点，通过视频学习吸收理解，不懂再看视频回顾，从实践强化到学习掌握的过程，这样反复的循环过程能够塑造有效行为目标。

在教学目标和原则方面，翻转课堂体育教学的主要目标是巩固和提高大学生在中小学体育教育阶段构建的体育锻炼思想、习惯和能力，从而更好地引导和教育大学生主动、积极、科学地锻炼身体，掌握现代体育科学中的基本知识与技能。

教学与学习程序方面，以优质视频资源和交互学习社区为基础的基于MOOC翻转课堂体育教学模式的基本教学程序可以设计为：预习教学内容—有针对性地观看教学视频讲解、示范—激发学习动机、发现学习问题—课堂讲授新课，接受教师、同伴评价—通过拓展资源完善、扩展知识与技能结构、通过反复练习实践加深理解和加强训练效果。

从实现条件与教学资源来看，近年来高速发展的MOOC平台和互联网的普及为翻转课堂体育教学模式提供了良好的实施条件，因此需要教师根据课程与教学内容自己设计与制作，其基本内容可以包括教学内容和动作演示讲解视频，理解性的练习，实践性的课余训练活动，实践训练的摄像记录视频，专题性的研讨问题等一系列问题。教学效果与评价：基于MOOC的翻转课堂体育教学模式的实施对激发学生学习体育的兴趣，培养学生自主学习、发现、分析、解决问题的综合能力和技能的提高，以及适应社会发展的自主学习能力和相互合作能力的培养具有积极作用。教师要及时掌握反馈信息并根据所获情况进行适当引导，鼓励并充分调动学生的学习积极性，因材施教地针对不同学生进行讲解和教学。对学生的评价也应该注意，不能简单地以考试成绩作为大学生学习体育课程好坏的衡量标准。"健康第一"作为学校体育教育的指导思想，必须要把"健康"标准贯彻到体育考试环节。指导学生加强体育教育认识，养成体育锻炼习惯，构建与体育教育目标相适应的人性化测试。

（二）实施翻转课堂的意义

1. 翻转课堂的内涵与发展

翻转课堂出现在2007年前后，是将课堂中的一些知识简单制作成教学视频发布到网络上，让学生在家通过看教学视频进行学习，目的是解决部分学生因缺课跟不上教学进度的问题。可以说这样的授课形式颠覆了传统的教学模式，能够充分调动学生的主观能动性。这种全新的教学模式由乔纳森·伯尔曼和亚伦·萨姆斯最先在课堂教学中使用。

在翻转课堂教学模式的逐步普及的过程中，各国的教育工作者也根据本国的实情对其内涵和实施过程进行了拓展、延伸与发展。这也是乔纳森·伯尔曼和亚伦·萨姆斯最为关注的，他们认为这有利于激发学生潜在的求知欲望，发展学生深层次认知能力,实现教师与学生之间、学生与学生之间的实时交流与互动。

2. 大学体育教学中实施翻转课堂教学模式的意义

学校体育工作的中心是体育教学,而体育教学又包括体育理论知识教学和体育实践教学两部分。体育实践既是大学体育教育的重要组成部分,是激发学生热爱体育的直接方法,也是体育理论检验的基本手段,更是体育教育目标实现的关键要素。

首先,翻转课堂突破了传统课堂时空和固定教师的限制,解决了一些学生由于某些原因不能接受课堂教育,或者不能及时领悟课堂教学内容的问题;其次,翻转课堂构造的学习社区加强了教师、学生、教学内容和教学、学习资源之间的相互作用、相互联系;再次,在翻转课堂中,教学过程基本上能够实现教学中倡导的因材施教与分层次教学,学生能充分发挥其在学习过程中的主观能动性和得到具有针对性的指导,有效地提升了课堂互动的数量与质量。正因为翻转课堂的这些优势与特征,翻转课堂的体育教学模式能够较好地解决各种问题,也为树立"终身体育思想的贯彻提供了保障。

二、翻转课堂教学模式应用与实践

(一) 翻转课堂的模式构建

体育教学翻转模式的构件与一般翻转课堂模式相似,包括课前学习资源的制作准备,学生自主学习、课中知识内化、课后总结评价几个阶段。

1. 课前学习资源准备阶段

教学目标是教学活动的实施方向和预期达成的结果,是一切教学活动的出发点和最终归宿。在课前,教师根据教学大纲、计划明确教学目标和任务。在教学过程中不断修正新的教学目标,使课前、课中、课后形成一个完整的、协调的、相互联系的整体三维目标。通过信息技术将技术动作的概念、要领、方法及技术原理等制成PPT演示文稿。综合利用演示文稿和视频等手段将教学内容形象地表现出来,按照教学步骤和程序制成学习资源上传网络平台。同时,要注意翻转课堂教学内容的体系要完整,组织结构要合理,要根据学生的认知水平和要求,选择恰当的教学素材,并根据教学内容的结构特点进行合理地加工和处理。

对于示范动作难度比较大或难以直接进行分解示范的动作,可以通过二维或三维动画技术并辅以用力方向、用力大小、运动轨迹等图示及文字说明将其生动具体的展示出来。比如:在背越式跳高过杆教学中,人体在过杆时所做出的"背弓"动作，在实际教学过程中无法在杆上做出静止示范动作，也无法更直观地展示，但通过视频的加工处理，配以"箭头"表示的力的方向及文字说明，就会使教学视频更直观、更清晰。依据教学单元的计划安排，由浅入深、由易到难合理组织每个教学环节，让学习者在不浪费大量时间的前提下，学习掌握理论知识。翻转课堂教学模式需要学生具有自主学习、发现问题和解决问题的能力，更需要学生积极主动地参与到课前新知识的学习中来。对技术动作概念、要领、方法及技术原理等理论知识进行学习，通过对知识的理解，借助想象法对技术动作有一个大概的理解和认识。学习过程中，要主动发挥发现问题和解决问题的能力，及时发现疑难问题，通过查阅网络资料解决一些力所能及的问题。为避免缺乏体育教师的检查和指导，出现错误动作形成错误动作动力定型，要求学生在自行练习中要适当以小组和结伴的形式进行，在充分观看了解教学视频示范动作的前提下检查指导，锻炼和培养发现问题和纠错的能力。对于一些较难掌握的技术动作，通过"虚拟系统"不断地进行练习，帮助学生提高对技术动作的理解和认识，也能够保证在场地器材难以满足的情况下进行练习。

2. 课中知识内化阶段

课中应是学生提出问题、教师答疑解惑，并通过具体的身体练习形成运动技能，使知识内化的阶段。通过课堂学生间的讨论和教师交流互动，解决遗留的疑难问题。课堂上，教师放置好数码摄像机，对教学过程进行全程摄像。按照问题提出的类型或按兴趣、伙伴朋友关系、基础和水平、性格等进行分组讨论和交流。针对探究活动，要创造性地设计好、组织好课堂探究和课堂讨论，引导学生在对话交流和合作中发展自我。对难以解决的问题，鉴于学生通过课前学习对学习内容有了一定掌握和理解，能够形成正确的思维，教师要辅以提示帮助，以便使学生更容易解决。待解决完学生课前所遇到的疑难问题后，按学生运动技术水平进行分组，实施分层教学，区别对待。同时，引导学生们积极展开思考，探寻错误动作产生的原因，让学生纠错的同时，理解错误动作产生的原因。另外，对运动技术掌握较好的同学，可以指导其尝试进行讲解示范，使学生在练习中，不但会做，而且会教，打破传统体育教学中只追求运动技能形成的单一模式。练习结束后，教师带领大家讨论在练习过程中遇到的问题和练习心得，总结课堂练习中存在的主要问题，为下次课的实践练习提供参考。

3. 课后反馈评估阶段

课堂结束后，教师将数码录像制成视频文件，然后上传到网络平台，提供给学生观看。针对课中练习时出现的错误动作，学生参与练习的态度、练习的效果等问题，进行总结评价，及时与学生进行沟通交流。同时，学生在课后还需学会写学习体会，根据课堂上对所学知识的理解和探讨进行总结，将自己在课堂上的讨论和练习过程中动作技术的掌握进行反思与评价。通过网络平台、QQ群或微信等创造协作学习的环境和空间，形成一个有效的师生教学活动的"闭环通路"。

（二）高校体育教学翻转课堂模式的应用及实践

基于高校体育教学翻转课堂模式的构建，将高校体育教学翻转课堂模式应用于运动项目技术动作的教学中。

实践对象：大学体育课程田径选项班96人；硕士研究生及以上学历的教师10位。实践内容包括：挺身式跳远的技术动作教学。实践整体设计：将田径专选班96人分成对照班和实验班各48人，实验班按照翻转课堂进行教学，对照班按照传统的教学模式进行。最后通过考核进行对比分析。

结果与分析：翻转课堂教学模式深受学生的喜爱，激发了学生的学习兴趣和动机。调查中发现，有83.5%的学生喜欢翻转课堂模式；78.6%的同学认为翻转课堂能够激发学习兴趣和参与学习的动机；70%的体育教师认为，通过翻转课堂教学，学生学习的兴趣和动机明显提高了。由此可以得出结论，翻转课堂可以有效地提高教学效率，激发学生学习的热情。

翻转课堂教学模式培养了学生自主学习、探究学习和合作学习的能力，有力推动了体育教师专业水平的提高。翻转课堂教学模式拓展了学生的学习空间和时间，加强了师生间、学生间的交流和互动。翻转课堂模式使学生学习时间、空间更自由了，随时随地都能够进行学习。翻转课堂提供了交流互动的平台，解决了同教师间的交流和互动，以前害羞面对面的直接交流，网络平台的交流互动不需要直接面对教师，害羞感没有了，自信心也增强了。因此，翻转课堂模式为师生间构建了一个协作融合的学习空间和环境，学生可以在学习知识的广度和深度上可以自由控制，从而加强了对理论知识的理解和掌握。

翻转课堂教学模式提高了学生的理论知识水平及实践能力，强化了理论知识和技能的融合与内化，有效提升了教学效果和教学质量根据教学计划和内容。用合作式、探究式等学习方法，有效地强化了对理论知识的学习和掌握。因此，通过对比分析，实验班在理论知识、技术评定、达标考试以及综合评定方面均明显优于对照班。

高校体育教学翻转课堂模式的构建突破了传统体育教学模式中存在的问题。网

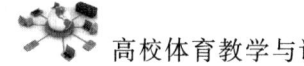

络平台的构建，也拉进了师生间的关系，让师生在任何时段都能够得到有效的沟通和交流，以"环路"的方式始终贯穿于课前、课中、课后整个过程，形成了协作融合的学习环境。翻转课堂虽被誉为"影响课堂教学的重大技术变革"。翻转课堂模式中学习资源的制作、网络平台的交流互动、学生实践练习的"虚拟系统"等，每一个环节的构建都得需要教师业务能力的提升和学生的学习适应能力等软硬件条件作保证，只有多重并重，方可实现其在高校体育教学中的真正融入。

第七章 体育教学与运动训练研究

第一节 体育教学与运动训练的关系

一、体育教学与运动训练概念的界定

体育教学是教师的教与学生的学的统一活动。具体地说，体育教学是学生在老师有目的、有计划的指导下，积极主动地学习与掌握体育、卫生保健基础知识和基本的技术、技能，锻炼身体，增强体质，发展运动能力，培养思想品德的一种有组织的教学过程，是实现学校体育目标的基本途径之一。体育教学属于学校体育的范畴。体育教学包括体育理论知识的教学和体育技术、技能的教学实践课两种基本形式，并以后一种教学形式为主。运动训练是指在教练员的指导和运动员的积极参与下，为不断提高或保持运动员的运动成绩而专门组织的一种教育过程。在这个专门组织的教育过程中，教练员要根据运动员所从事的运动项目，采用多种多样的身体练习的方法和手段，对运动员进行身体、技术和战术训练以及心理、智力和恢复训练，有计划地不断提高或保持运动员的运动成绩。这一概念阐明了三个要点：一是运动训练是一个专门组织的教育过程；二是运动训练以不断提高或保持运动员的运动成绩为主要目的；三是运动训练是在教练员的指导和运动员的积极参与下进行的。对运动训练的概念，国内外有些学者从比较广泛的角度认为运动训练是运动员为创造或保持专项运动的最高成绩所做准备的全过程。这一定义除了将前述运动训练的概念所缺的内涵包括在内，还大大地扩大了其外延。也就是把与运动员创造或保持专项运动的最高成绩有关的各个方面，包括所采取的准备、创造和保持专项运动最高成绩的一切措施和办法，都纳入运动训练的范畴之内。从体育教学与运动训练的概念上不难看出，这两者之间具有共同之处，又各具特点。两者都是有组织的一种教育过程，都是培养人的手段，都是教与学的双边统一活动，都是以身体练习为主并承受运动负荷等。不同之处是，两者本质属性上有差异，体育教学属于学校体育的范畴，而运动训练则属于竞技体育的范畴。两者在目的任务上也有差异，体

育教学的主要目的是增强体质、增进健康，而运动训练的主要目的是提高运动成绩，夺取各种运动竞赛的奖牌。两者在内容上、方法上、手段上等各方面都存在着明显的不同。

体育教学与运动训练概念的确立反映出人们对其特点的认识与掌握。我国体育教学与运动训练的概念形成已久，其分析与概括也相当完备，但隐藏于概念背后的一些问题却为人们所忽略。概念的归纳是与事物发展过程相逆的活动，事物不断发展变化以图改变现有状态，而人则通过实践经验总结出一定事物的阶段性特征，同时在具体的实践过程中遵从这些原则规律并加以运用。因此，从事物发展的角度来说，概念的确立在一定限度上固然能促进事物的发展，但在运用概念的同时，更应该注重概念的废除与重建，这是社会发展的需求，也是社会体育需求发展的要求。

二、体育教学与运动训练的相同性

（一）二者都需要运动

运动训练需要"运动"是毋庸置疑的，而体育教学也需要运动。体育教学最主要的特点就是通过不同的运动来提高学生的身体素质，即学生需要在反复的学习和练习过程中不断提高自己的技能水平，而这个过程能够促进学生身体素质和运动技能的提高。从这一方面来说，无论是体育教学还是运动训练，它们都需要通过"运动"来达成各自的目的。

（二）二者都根据对象的特点选择运动形式

体育教学和运动训练都需要按照学生和运动员的年龄、性别、体质、运动水平等来选择运动项目。如在大学生体育教学中，体育教师应以增强大学生的身体健康为目的，根据大学生的身心特点，选择能够适应其身体负荷的运动项目，并进行合理的搭配、排列与组合，这样才能促使教学过程更加科学化、高效化。而在大学生运动员的运动训练中，教练员同样要根据运动员的身心特点，选择适宜学生发展的训练项目，并需要根据其运动状况，制订多年详细的运动训练计划，分不同阶段逐渐地提高运动员的运动水平，延长运动员的运动寿命。从这一层面来说，体育教学和运动训练都是要以针对的不同对象的情况为切入点进行教学或训练的。

（三）二者都需要随着时代的发展而发展

随着时代的发展，体育教学逐渐由传统的以传授固有知识为重点的封闭式教育向着重培养学生的创造性思维和终身教育观念教育方式转变。在这种情况下，体育教学的内容需要跟上时代发展的步伐，改变过去的单一的竞技体育知识传授为主的教学方法和内容，取而代之以健身、娱乐、休闲等内容为主要的学习内容。同样，运动训练的方法与形式也随着时代的发展而不断发展。运动训练需要研究最新的比赛规则，使用先进的仪器设备来提高自己的竞技能力。这些都是时代发展带给运动训练的变化。现代社会要想在比赛中获得好成绩，在运动训练中就不仅需要了解诸如运动生理学、运动解剖学等运动专项理论，还要了解世界各国该项运动水平的发展情况，结合我国此项目的当前水平，找到提高运动训练水平的新的训练理念与训练方法。

三、体育教学与运动训练的互补分析

虽然体育教学与运动训练存在一定差异，但从实质上看，体育教学活动与运动训练过程在核心内容上有许多相似之处，而这些一致性，正是体育教学与运动训练能够有效补充、互相渗透的关键所在，虽然存在的其他约束力使得其自然功能发生一定分化，但是二者发展目标的一致性，使得二者在整个教学过程中互相补充，相互渗透。体育教学与运动训练各自存在一定不足和缺陷，这就需要互相借助、相互取长补短，充分利用互补原理解决发展过程中存在的问题，之所以选择互补，就是因为"理论"与"实践"功能上的不同，但都是体育教育过程中必不可少的一部分，因此体育教学与运动训练从实质上来说是可以互相借鉴的和补充的。在体育教学过程中，运动训练只是其中一部分，整个体育教学活动依旧建立在教学目的实施方法的基础上，合理应用教学方法和教学理念等教学活动的基础上。运动训练包含多项内容，就目前发展状况来看，运动训练对竞技性的要求更高，而这一过程基本上以运动训练为主，整个运动训练过程的良好完成都是建立在大量运动训练基础上的。在体育教学过程中，随着教学活动和体育训练的开展，不仅能够帮助有效掌握体育理论，同时能够养成良好运动习惯和健康习惯，而这一系列都离不开运动训练的开展。

对体育教学和运动训练关系的互补分析研究对于体育教育来说十分重要，只有正确地处理好二者之间互相补充、相互促进的关系，才能在教学过程中实现理论与实践的紧密结合，才能够达到运动训练的效果，完成体育教学目的。而通过对两者相同性的正确认识，也将实现体育教学与运动训练之间的合理发展。随着时代要求的不断提升，要想适应这一变化，就需要改变以往传统单一的教学方式，创新教育形式，由封闭教学、机械教学转化为创造性教学。只有教育观念发生了本质的变化，才能跟上不断变化的时代形势。在变化发展的过程之中，转变旧的、落后的发展方式和成长理念，促进新的教育教学理念的形成，这样才能提高我国的体育教学整体水平，促进运动训练成绩的不断提高。

第二节　运动训练与体育教学的发展趋势

一、高校运动训练与体育教学的发展趋势

（一）通过运动训练促进学生素质的全面发展

体育教学的重要表现之一就是发展人的自然素质，这主要是因为自然素质在人的素质结构中最为基础，而自然素质就是指身体素质，且能够通过体育教学进行锻炼与提升。想要达到这一目的的人，就需要承受一定限度上的负荷。高校学生在兴趣爱好、体育观念、身体形态以及素质等方面存在着一定的差异，其体育运动的水平自然也存在着一定的差距。针对这一点，教师就需要通过合理运用运动训练手段，结合学生的实际情况制定出相对合理有效的课程模式，减轻学生在锻炼过程中承受的负荷，使其在体能与体格等方面得到切实有效的锻炼。

（二）运动训练与体育教学的互动发展

要想顺利开展高校体育教学，就需要确保运动训练与体育教学相互依托，互为一体。高校体育教学一旦脱离运动训练，势必缺乏必要的美感与激情，无法使学生的积极性得到调动；体育教学是运动训练的基础，运动训练一旦脱离了体育教学，势必也得不到良好的发展。因此，运动训练与体育教学需做到同步发展，即高校可将体育教学作为竞技体育发展的基础，充分利用运动训练、课余体育竞赛、课堂教学等方式，使学生的技能水平与体育意识得到强化，确保学生能够正确、深刻地认识体育，培养出一大批运动技术水平较高的积极分子与体育尖子；另外，竞技运动和训练的持续发展也会使体育教学发展得到进一步促进，即通过开展竞技运动可以使学生的集体荣誉感得到提高，激发学生参与训练的热情与积极性，并最终促进高校体育教学实现健康长远的发展。

二、提升高校体育运动训练有效性的科学策略

（一）培养大学生体育运动员的运动兴趣

兴趣是最好的老师，人们对某件事情的兴趣爱好，对于推动事情成功至关重要，对于体育运动训练来讲也不例外。大学生体育运动员如果具有浓厚的运动兴

趣，那么在进行体育运动训练时，就会主动且全心贯注地投入其中，这样他们在整个训练过程中对于体育运动训练方法和体育运动训练技巧的认识更深刻，掌握也更熟练，其体育运动训练的有效性也就随之显著提高。而培养大学生体育运动兴趣的方法主要有以下两种。第一，积极鼓励大学生运动员邀请自己的运动员同伴一起进行体育锻炼，并在锻炼前设定竞争规划，锻炼过程中彼此竞争，相互鼓舞，共同提高体育运动训练的效率。第二，积极报名参加各类体育运动会，通过对实践体育赛事的亲身经历，激发起大学体育运动员参与体育运动的兴趣。

（二）培养大学生体育运动员的体育精神

在体育运动训练中，运动员需要消耗大量的体力，拉练全身各个部位，唤醒身体的运动状态，并随时承受运动损伤的风险，也就是说体育运动训练本身是一件十分艰苦的活动。再加上近些年来，我国人民生活水平的提高，许多大学生从小娇生惯养，倍受呵护，缺少吃苦精神和顽强的意志。要在这项艰苦活动中长久地坚持下去，没有体育精神的支持是很困难的。所谓体育精神一般是指体育运动的整体风貌、体育运动水平、体育运动特色、公正、公开和凝聚力、号召力等，这也是体育的理想、情操、信念、道德与体育审美水平等的标志，是整个体育运动的支柱和灵魂。只有具有了强大的体育精神，运动员在体育训练中，才会更加不畏困难、艰苦奋斗、自觉地维护团队的团结公平。而体育精神并不是每个运动员与生俱来的，而是在平常的体育运动中训练一点点培养起来的。这就需要大学体育运动教练重视大学生体育运动员体育精神的培养，将体育精神融入体育专业理论知识教学中，不断加强大学生体育运动员对体育专业理论知识的学习。通过对体育文化知识的学习，加深大学生运动员对体育精神的深层次精神感悟与理解。

（三）重视大学生运动员良好心理素质的培养和训练

体育运动员心理素质的好坏会显著地体现在体育训练的每一个环节上，有时甚至会细化到运动员的每一个体育动作中。如果大学生运动员缺乏良好的心理素质，心理承受能力差，在体育训练中一旦受到挫折，很容易陷入垂头丧气、情绪失落、萎靡不振等不良运动状态中，直接降低体育运动训练的有效性。所以体育运动训练员必须重视大学生运动员良好心理素质的培养，并在平时的体育运动训练中通过科学化的心理素质训练方法不断增强大学生的心理承受能力，促使他们随时保持一个良好的心理状态，并在这种良好心理状态的影响下，使身体训练进入预期的最佳状态。

(四)进一步加强对高校体育运动队的管理

目前我国高校体育运动队的管理并不科学,这就要求相关高校从大学生运动员和体育训练员这两方面进一步加强对高校体育运动队的管理。一方面,在选择大学生运动员时,将他们的文化知识水平与体育技能、体育天赋作为其入选资格的共同依据。另一方面,高校要及时改变传统的体育教师兼任体育训练员的落后管理方式,在大学中将专业的体育竞技和日常的体育教学工作独立开来,并为体育运动队聘请训练水平高、训练经验丰富的专业的体育教练员,负责高校的体育运动训练工作。

(五)制订科学合理的体育运动训练计划

体育运动训练是一件需要长久坚持的艰苦事情,在日积月累的长期训练中,才能实现身体素质的增强与运动技能的提升。尤其是对于专业的体育运动员来讲,运动训练量更大,日常训练过程也更艰苦。这就需要体育运动训练员根据自己丰富的实践训练经验与队员的身体素质状况,制订科学合理的体育运动训练计划,通过该计划将艰巨的体育训练任务细化到各个阶段,各个环节,有步骤性、有重点地展开相关的训练活动,最终达到高效优质的训练目的。

(六)加强对大学生运动员本体感觉的研究

所谓本体感觉一般是指关节、肌腱、肌肉等身体各个部分的运动器官自身处在不同状态(静止或者运动)时,所产生的身体感觉。作为人体最基本的感觉系统,本体感觉的灵敏限度对于体育运动员的训练水平与训练质量有重大影响。一方面,本体感觉在运动员进行体育运动训练时,可以准确提供出运动员身体姿势变换与运动员四肢位置转变的信息,精确地感知到运动员目前所处的相对位置。它虽然不能直接显现在某一体育运动项目上,但是却可以间接影响体育运动训练成果,它通过有效控制体育运动员身体各关节的活动,协调运动员的身体各部位的动作配合,促使运动员做出的体育动作更到位,并确保运动员的身体平衡。另一方面,本体感觉还有助于大学生运动员有效预防体育运动训练中的各类运动损伤。所以高校体育运动训练员必须进一步加强对大学生体育运动员本体感觉的研究,深入了解各个运动员的本体感觉灵敏限度,并将其有针对性地应用到日常的体育运动训练中,最终提升大学体育运动训练的有效性。

综上所述,目前我国高校传统的体育运动训练机制存在的问题越来越明显,其落后的训练方法与管理方式已经难以适应时代的发展需要。这就需要各大高校积极采取科学策略,对高校体育运动训练进行变革与创新,通过更加科学化、专业化的训练与管理方法，进一步提升我国高校体育运动训练的有效性，优化高校体育运动训练质量。

第三节 体育教学与运动训练理论实践研究

当下高校各类教学活动中，智育压倒体育的趋势愈演愈烈，德育教育在高校教学过程中也被淡化，因此，体育课堂教学急需改革，通过构建高效的课堂改革新模式和新体系，进而实现全科育人的教学理念。从当下体育教学实践上来讲，良好的体育教学课程与训练课程关乎人才的培养质量和运动训练专业化技能的提升，对加强学生心理健康教育和学生做好职业生涯规划有着积极影响。

一、高等院校体育教学与运动训练发展性构想

（一）建构特色化体育课程体系

体育课程建设的要求主要从引领、规划、建设等几方面入手，这些都是体育课程设置的关键驱动力，可以让各级的院校领导从繁复的事务中脱离出来，还原教育本身。教育主管部门也应该积极组织高校体育课程教材的调研工作，让学校思考、规划体育课程。构建的体育训练专业要符合校本特色化要求。在此基础上，培养高校学生的体育素养，不仅要关注学生评价，更要关注课程评价，摒弃过去重视课堂忽略课程的形式，构建更具特色的运行训练专业课程体系，由此才能构建完整和富有特色的学校运动训练专业化体系。

（二）创新运动训练专业课程设置

通过高校的体育运动训练专业课程创新，让体育课程教学质量实现跨越式发展。我国的体育教育要走特色化发展道路，起点是培养学生的体育运动兴趣，力争让学生养成终身体育锻炼的习惯。体育教学活动的关键是为了推进学生的锻炼能力，使学生通过体育课程培养自己的体育锻炼能力，养成热爱体育、不断加强体育锻炼的良好习惯。高校要不断地深化体育教学改革，发挥学校体育运动训练课程的主导作用，持续推进体育健康教育，让学生全面掌握运动技能，更要重视学生健全人格方面培养。体育运动项目的开设一方面是身体建设，另外一方面是心理建设。体育是一项群体活动，比如篮球、足球等项目需要团队配合，因而为在竞争中获取名次，就要队员之间的相互配合，这对提高学生的人际交往能力有很大帮助。所以要鼓励学生多参与体育锻炼，让学生通过体育结交新朋友，并且学会团队之间的配

合。此外，体育运动训练也要根据中国的国情完善高校体育课程结构。

二、高校体育教学课程与运动训练实践性研讨

（一）创新当下教学理念并改革教学内容

很多人将体育看成是单纯的体力运动，其实体育在发展进程中更涉及脑力训练。研究发现，经常参与体育锻炼的学生反应和应变能力都比较强。体育训练专业的学生一般文化基础薄弱，导致在理论课程学习时出现学习目标不明确、学习动力缺失、学习方法单一等状况。出现这些状况的真正原因是传统的理论课程教学以教学大纲为主，虽然这种"中规中矩"的做法能够适应教学需求，但是却不能契合学生的专业化特点，导致教学内容单调，学生难以理解和接受，进而失去学习兴趣。因此，教师在选取运动训练专业学生教学内容的时候，要根据学生的学习特点，结合教学大纲的规定要求，遵循"从简求实""深入浅出"的学习原则，将理论必修的难度降低，让知识更偏重于操作性，尽量将抽象的知识转向为形象知识，让学生能学、能会、能用，真正达到学以致用。另外，在设置理论选修课程的时候，也要考虑市场需求和学生爱好这两方面因素，加大教育、自然、学科和工具类等边缘学科的课程比重，让学生在学习阶段多涉猎知识，这样不仅能拓展学生的知识面，对培养学生的学习能力的提升也有切实帮助。

（二）运用自讲教学法促进学生能力的提升

自讲教学法主要集中于"导"字上面，"导"即为引导，通过引导让学生对知识有初步的了解，然后再深入地探究知识本质内容。这要求学生要具有一定的主动学习意识，能够积极主动地获取知识，教师发挥"导"的作用，是要引导学生的学习方向，避免学生在学习过程中走偏，这要求教师要根据课堂所讲内容，结合学生的学习实际，给学生提出基本的问题，学生根据问题开展针对性学习，通过查阅文献资料、分析、思考，提高解决问题的能力，进而达到触类旁通。此外，引导自讲，能够提升学生的表达能力，激发学生学习兴趣，调动学习主动性，学生的学习主动性也能由此激发。例如，教师在进行《运动心理学》"社会环境与青少年心理"这一章节时，就可以运用自导法展开讲解，课程开始之初给学生讲解有关社会环境对学生状况的影响因素，让学生通过孟母三迁的案例了解环境对人的影响意义。通过事例引入，学生对环境影响因子有了初步探究，通过有趣的案例探究知识的本质内容。这种自学、自讲的教学模式对学生课下主动获取知识、提升语言表述能力方面发挥了积极作用。

(三) 通过讨论研究教学方法助力教学革新

讨论研究教学法的开设则将关注点集中在"论"字上面,教师组织学生探究体育课堂教学方面的论点或者难点,讨论的目的一方面是让学生交流看法,另一方面是通过讨论寻求到解决办法。例如学生在上羽毛球专业课时,不能第一时间掌握好落球的位置,初期接球的时候,直接让膝盖垂直落地,这样不仅不利于方位的调整,还会因为地面的震动导致膝盖受伤。但是借助于课程讨论使学生了解到,如若在运动时脚掌倾斜落地,那么膝盖不垂直下落就能有效规避这一问题。由此教师在设置问题的时候,需要选择和学生的兴趣与需求结合的问题,给学生充分的准备和思考空间;教师组织教学活动,让学生能够畅所欲言,在学习完成讨论以后,教师要针对学生的状况做总结,使学生能够全面、准确地把握知识。借助讨论,不仅学生的分析、理解和逻辑能力能够得到不同程度的提升,学生的领导能力和协调能力也得以发展。

(四) 采用联想对比教学方法完成教学实践转型

新一轮的课程改革已经逐步进入到深水区,运动训练专业教学改革要符合国家的"教育改革深化发展"的要求,借助现代化教学资源的整体优势,进一步创新现代化教育教学改革发展新模式,培养创造性的高水平运动人才,不断地完善课程改革发展模式,让体育教育活动更趋向高端化、多元化和集聚化。由于传统的体育观将体育的生物价值属性看成是教学活动的中心,因而关于体育的解释更关注生物学科知识,人们将关注点都集中在运动员的体能、技术等方面。因此,体育院校要树立更为全面的价值观,要在体育教学活动开展的同时增设人文社会学科。在教学活动开展的同时,给学生灌输相关的人文理念,这不仅契合人文与科学相融合的教学理念,也让学生在完成体育训练要求的同时,了解体育文化和体育知识,对提升学生整体素养有积极推动意义。

在课程教学改革的过程中,要强调运用横向联想与纵向对比相接的教学方法,该教学法的关键在于一个"比"字,即理论教学过程中将相似的概念、规律或者现象根据不同的方式进行对比,并且在比较中找到相同或者相似点,目的是加深知识理论能力。这要求教师在教学时需要准确的对比不同材料的相似之处;同时要求学生由此及彼地联想到之前的知识;此外,让多项知识彼此之间形成内部联系,通过建立恰当的联系,让学生寻找到内在知识认知规律。

高校开设运动训练专业课程学习不仅是学习的需求,也是培养学生体育素养的关键性举措。因此,教师教学时要转变专业课程的设置形式,转变运行训练的驱动要素，进而完善专项体育课程，增强学生对实践知识的理解能力，借以优化课程训练和课程改革，进而探寻体育课程改革的新模式。

第四节 体育运动训练对体育教学的启示

在科学和经济迅速发展的今天，高校教学中的体育运动训练受到教育领域和各界人士的关注，纷纷研究什么是体育运动训练的基本原则。在国家和教育部的政策指导下，全国各地将中学生体育成绩纳入中考成绩，在很大程度上提高了全体学生和教师对于体育重要性的认识。体育运动训练一般是以学校本身的体育训练规律为准，此项标准在一定程度上体现了体育运动的有效性和正确性，这些体育标准都是学生和教师在长期的训练中得出的。

体育有其独特的文化性，高校教学过程中开展了多项体育训练项目，每一项体育训练项目都有着其独特的优势，也发挥着不同的作用和功能。体育教学和体育运动训练有所区别，各有特点，两者在教育实践过程中发挥着不同的作用。对体育教学和体育训练的基本特征进行深入了解，合理掌握两者之间的关系，可以帮助更好地在高校开展体育教学和体育训练工作，推动高校体育教学工作的健康进行。本文根据各高校在体育教学实践过程中获取的教学经验，对高校体育运动训练的基本原则和体育教学的启示进行深入分析。

一、运动训练与体育教学之间的联系

运动训练与体育教学之间有着紧密的联系，在体育教学中经常会借助运动训练的方式来达到预期教学效果。运动训练简单来说就是预先设立好体育训练的目标，进而通过一定强度的运动任务来达到预期训练效果。运动训练是提升学生身体素质水平，增强学生运动能力的有效途径。在体育教学活动中，体育教师应当充分利用科学合理的运动训练方法来促进学生运动水准与体育能力的提升，通过规范化的训练和教学能够高效地促进学生体育成绩的提高，达到理想的体育教学效果。结合规范化运动训练而言，主要可以分为身体训练以及战术训练两种模式。运动训练具有较强的专业性特点，在体育教学中通常需要教师进行专业的示范和指导，然后引导学生进行反复、大量的训练才能够获得良好的训练效果。在体育教学中运用运动训练需要综合考虑学生的体质特征、接受能力以及训练目标等多方面因素。除此之外，还应当结合教学目标、场地以及设备条件等合理设计运动训练的内容和强度。

运动训练有效展开的影响因素包括多方面，教师的自身专业性、学生的身体素质水平、运动项目和教学目标等都是影响体育教学中运动训练方式的主要原因。因此，需要在保障体育教师专业水准的基础上，对运动训练有更为深入的把握和理解，才能够充分发挥运动训练的积极作用和效果，促进体育教学有效性的提升。

二、体育运动训练对高校体育教学的启示

（一）体育训练的内容和过程对体育教学的启示

运动训练主要是针对一些具有竞争性的运动项目而开设的。体育竞技能带给人们精神上的享受，是人们生活娱乐的一种方式，同时也是一种具有较高水准的体育活动。竞技不仅能带给人们许多快乐和享受，还能够动员全校师生参与其中，在锻炼身体、丰富课余活动的同时体会体育活动带来的乐趣。一些天赋较好的运动员在报名参加体育竞技时，在参与竞技比赛中全力以赴，锻炼自我、超越自我，也成为学生学习的榜样，其体育精神可以鼓舞士气，引导越来越多的人参与到体育活动中，并且爱上体育运动。例如，教师在组织跑步比赛时，要考虑到体育活动给学生带来的作用。跑步比赛能够激发学生的竞争意识，在赛跑中不断提升自己，获得全新的体会和感受。这对学生的身心健康发展非常有利，能够帮助学生进一步激发自身潜能，发挥更大的优势。同时，这对学生的全面发展也非常重要，如果想让学生切实发挥出自身素质能力，就必须结合体育训练的内容进行考虑，在教育教学活动的影响下帮助学生完成充分的学习体会，体育教师要将重点放在学生整体素质的培养上。

（二）训练方法和训练原则对体育教学的启示

学生在参加体育训练时往往会受许多教学因素的干扰。学生在参加体育训练时，教师使用的方法应严格按照教学原则来施行，不能存在偏差。与此同时，学校和教师要根据教学的情况和学生体育训练的实际情况，定期进行研讨，总结相应的经验，只有不断地总结训练方法和相应的训练原则，才能更好地帮助学生积极、健康地参加体育活动。高校体育训练所采取的教学方法和原则有很多相同之处。例如，在进行俯卧撑训练时，教师可以给学生以正确姿势的引导，让学生能够养成良好的体育练习方式，在锻炼过程中不断提高自身素质，也有利于学生在训练过程中养成认真负责的态度，并逐渐成为影响学生一生的重要行为习惯。因此，训练方法和训练原则对体育教学而言非常重要，为促进学生的身心健康发展，应结合体育训练的过程，逐渐提升整体学生的体育素质。体育训练基本原则对高校体育教学有很

大推动作用，要求教师必须利用合理的训练方式来进行体育教学。

（三）先进知识与科学技术的启示

正如上文所言，运动训练具有一定的专业性和系统性，所以在训练过程中会采取一些较为先进的训练理念和训练方法，也能够接触到最为先进的训练器材设备等，还能够充分地与最新的科技水平相结合。相较而言，运动训练具有一定的先进性和专业性。而这些方面刚好可以弥补体育教学的不足，体育教学中可以利用运动训练中的先进知识与专业技能展开教学活动，进而完善体育教学的质量与水平，全面促进体育教学有效性的提升。

体育训练的开展工作是一个连贯的过程，学生在参加体育活动时必须严格遵循健康性原则和全面性原则。学生在参加体育活动时要积极踊跃，教师要选择针对性的项目开展训练，将学生锻炼成全面型体育人才。教师自身也要具备较强的专业教学能力，提供更多更完备的体育设施来完成教学目标，从而帮助学生更好地参加体育活动，并培养出一批又一批优秀的体育人才。

三、高校体育运动训练课的发展策略与建议

（一）完善课程设置，坚持"健康第一"的教学理念

在教学课改形势下，体育选修课程应对高年级学生开设。课程设置应遵循以学生为主导，充分考虑学生现有的心理水平及兴趣，重视学习过程和学生的主体地位，全面提升学生的综合素养。在教学改革背景下，高校应不断转变传统的以运动技术为核心的教学模式，逐步树立起"以运动竞赛为中心、以健康为首"的新型教学理念，从而促进大学生的全面发展；应以增强体质、培养大学生体育锻炼能力为目标，帮助其树立全面运动、健康第一的体育意识；要以创新进取、提升实践能力为中心，通过多样化的体育手段，来激发学生参与体育训练活动的积极性；要摒弃以教材、技术和课堂为中心的传统教学观念，关注体育教育，使高校学生的身心素质得到全面提高。

（二）完善体育场馆设施，加强高校体育师资建设

体育场馆设施及各类体育运动器材，是高校开展体育教学活动的基本前提。在我国，大部分高等院校的体育经费，均是由政府拨款或者是由高校自身筹备而来。假如不能正确分配这些教育经费，势必会影响高校体育教学的改革进程。基于此，在继续扩招的前提下，高校还应确保体育经费同学生数量同步，并加大体育经费支持力度，逐步完善校内各项体育设施，从而更好地满足高校当前的扩招需求。与此

同时，教师是高校体育运动训练课程教学中的引导者，其综合素质的高低，不仅关系到体育教育改革的成功与否，同时也影响着体育教学的工作质量。为此，各高校应吸引和培养更多经验丰富的体育教师，使师资队伍结构得到全面调整和优化。要引导和扶持中青年教师在职期间接受深层次教育，使学历层次得到逐步提升；应适当鼓励本校在职老师去其他省市读硕士、博士等，为本地区输送更多的优秀教学人才；此外，要创造优越的教学环境、条件，高薪聘请或吸引外省教学经验丰富的体育教学老师，从而不断优化高校体育教师的人才结构。

(三) 丰富教学训练方法，构建科学的教学评价体系

高校应立足于当前教学实际，将教师的教法与学生的学法综合起来，营造有助于学生全面发展的和谐环境。要以学生为主导，恰当运用"发现、做示范及问题教学"等方法。转变传统的教学组织形式、通过更新教学方式、提升技术等级等方式，为学生营造良好的学习情境，使之成为体育运动训练课中的主人，从而不断改善教学效果及质量，促进教学目标的顺利实现。此外，要构建科学的教学评价体系。高校体育课程评价是高校体育教学中必不可少的环节，一旦评价方式运用不恰当，很容易降低学生的学习主动性，严重时还将导致其厌烦体育课。基于此，一套有效的评价体系，应包含运动技能、活动参与以及社会适应等诸多方面。高校体育运动训练成绩的评价，既要遵循《体育与健康课程标准》中的相关要求，同时也应关注学生学习的各个阶段，要综合运用学生自我评价、他人评价等方式，使高校体育运动训练课的教学质量得到有效提升。同时，在实际的教学过程中，体育教师应做到"区别对待"，针对那些素质条件先天不足的学生，应适时予以鼓励，从而帮助其树立学习体育的信心。

(四) 营造校园体育文化氛围，组建教学类体育俱乐部

当前的教育形势下，高校应贯彻落实好《纲要》的规范及要求，要始终坚持"三自主"方针（在教学内容、上课时间和授课教师上，学生有绝对的选择权），逐步创设先进的体育文化氛围。首先，应立足于高校现有教学模式的实施状况，以"三基型"为基础，逐步实施"二段型"教学模式，使大学生能对体育运动训练课有更浓厚的兴趣；其次，应稳步发展和推进，假如高校已推行"二段型"教学模式，则可在校内成立教学类体育俱乐部，并将管理权限下放给学生社团。要从时间、器材、场地及指导力量等方面为学生提供条件，必要时可延长学生借还运动器材时间，或者延长学校向学生开放体育场馆的时间；可为学生配备1~2名体育运动教练，让体育俱乐部成为学生锻炼身体、体育课拓展和学生个性培养的根据地。

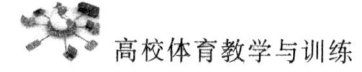

最后，应深入分析学生在课余及假期的生活方式，鼓励学生将假期利用起来，踊跃参与各类健身活动，从而逐步培养学生的终身体育意识及能力。

综上所述，体育是人类发展进程中的历史产物，其表现形式多种多样，因此人们在体育运动中具有较多的自主选择权。体育教学与运动训练之间存在着千丝万缕的联系，运动训练的原则及方法等对体育教学有着一定的启示作用。本章简要地阐述了运动训练与体育教学之间的联系，介绍了运动训练的基本原则，并进一步分析了运动训练对体育教学的启示和作用，以期能够更好地促进体育教学活动的有效展开。

第八章 体育课堂教学技能训练

第一节 体育课堂教学技能分类与形成

教学技能是教学技术或方法有目的、熟练完成的教学行为,即教学技术能够完成,并且可观测的教学行为方式。体育教学技能就是为了实现体育教学目标,在体育理论与教学理论的指导下,通过不断练习而逐渐形成的,熟练完成体育教学任务的行为方式。体育教学技能概念内涵强调技能是通过不断练习而形成的,其技能形成的标志就是能够熟练完成教学任务。

一、体育教学技能的分类

为了改进教学技能分类中的不足,顺应体育与健康课程改革对体育教师提出的新要求,完善体育教学技能分类体系,在前期研究成果基础上研究体育教学技能分类非常有必要。

科学合理的体会教学技能分类,有助于体育教师深刻认知教学技能,使科学训练有效并形成教学技能,从而提高教学质量,为教学技能更科学、更适用的分类提供参考。

(一)体育教学技能的以往分类

我国对体育教学技能的分类研究较少,学者们的现有研究中大都结合了体育教学独有的特点,对体育教学技能进行了分类。

有的学者依据体育课程教学的特殊性将教学技能分为以下几种:组织教学技能、动作演示技能、语言运用技能、活动创编技能、纠正错误技能和测量评价技能。有的根据体育课教学行为方式和教学特点将体育教学技能分为导入技能、讲解技能、动作示范技能、教学组织技能、人体语言技能、诊断纠正错误技能、结束技能和教学设计技能。有的着重介绍了从事体育教学工作所需要的实践技能——体育教学实践技能,从宏观上将体育教学实践技能分为体育教学计划编制技能、体育课堂教学实施技能、说课与模拟上课技能、体育教学反思技能。

(二)体育教学技能的重新分类

体育教学技能的重新分类遵守分类原则,在现有分类基础上,取长补短,借鉴国外教学分类注重师生互动、可观察性和可测性等特点，突出一般学科教学和体育学科特点，保证分类的科学性，避免交叉，增强实践指导作用。依据体育课教学活动即教师指导、学生练习、教学组织、观察休息、保护与帮助5大部分将体育教学技能进行重新分类，分别为：教学内容编制技能、学习指导技能、活动组织技能、帮助保护技能和负荷调整技能。体育教学这5种教学活动之间分别独立，所以据此分类的体育教学技能也不存在交叉混乱的情况。根据体育课教学活动将体育课堂教学技能分类，提高了教学技能分类对体育教学活动的指导意义，凸显了体会教学技能分类的实践价值。将教师指导和学生练习分开描述，充分体现了新课改中以"教师为主导""学生为主体"原则，避免了分类中的交叉，以教师指导确定了学习指导技能，以学生练习确定了练习内容编制技能。体育课强调互动性和安全性，保护与帮助技能非常重要，不可或缺。体育教学的特点就是使学生身体承受一定的运动负荷，这是增强技能、提高体能的必要因素，运动负荷调控技能的熟练运用，将有效提高教学效果，也能有效预防运动负荷导致的伤害过大。

根据体育教学5项活动将教学技能分成5个教学技能类，各类还包括许多子类。内容编制技能包括内容选择、内容改编、内容安排等技能，活动组织技能包括课堂常规贯彻、活动分组实施、队列队形调动、场地器材使用等技能，学习指导技能包括内容讲解、问题导引、活动提示、身体示范、媒介展示和效果评价等技能，保护与帮助技能包括安全措施落实、技巧摆脱危险、助力完成动作、外部（信号、标志物、限制物等）手段运用等技能，负荷调控技能包括心率水平预计、练习疲劳判定、练习密度调整、练习强度调控等技能。

二、体育教学技能的形成

（一）体育教学技能形成的感知过程

1. 感知的特点与作用

感觉是人脑对直接作用于感官客观刺激物的个别属性的反应，知觉是人脑对直接作用于感官客观刺激物的整体反应，二者统称为感知。知觉的产生必须以各种形式的感觉存在为前提，通常二者是融为一体的，合称为感知觉。个体的一切心理和行为都源于感知活动。

感觉具有随环境和条件变化而变化的特点，在感觉的基础上，知觉表现出了整体性、选择性、理解性、恒常性的特征。整体性是主体在过去经验的基础上把由多种属性构成的客观刺激物知觉作为一个统一整体的特性。在这个过程中，主体利用过去经验、知识解释知觉对象的特性即为理解性。知觉是在一定的客观条件下进行的，主体会根据当前的需要选择刺激物的一部分作为知觉对象，这反映了知觉的选择性。而当客观条件在一定范围内改变时，主体的知觉映像在一定程度上仍保持着稳定，这就叫作知觉的恒常性。

感觉和知觉作为两种不同层次的心理过程，属于感性认识阶段，个体的一切心理和行为都源于感知活动。感知技能是知识和技能学习的起点，任何技能学习均缘起于主体的感知活动。主体使用多种感官去感知同一个知觉对象，将不同感官获得的信息传递到大脑，从而获得对事物的全面认识，这对于技能的学习起着至关重要的作用。如果将知识或技能的学习比作一扇门，那么感知技能就是打开这扇门的第一把钥匙。

2. 体育教学技能形成的感知阶段

（1）选择适应阶段

选择适应阶段是体育教学技能形成的开始阶段，练习者在这个阶段首先会对体育教学技能产生笼统的、不精确的综合印象。在教师讲解下或者通过一些体育教学技能训练的形式或途径，如体育教学观摩等，练习者会将各部分技能知觉整合成一个整体，即体育教学技能。经过此阶段，练习者对体育教学技能建立整体的感知映像，要深化这种认识还需要进一步的理解和加工。

（2）理解加工阶段

理解加工阶段是指根据知觉的形成过程，在个人对知觉对象理解的前提下，迅速对获取的信息进行理解加工的阶段。在这一阶段，教师通过言语的指导和提示唤起学习者过去的经验，补充知觉的内容。学习者根据以往经验、知识，进一步对体育教学技能的各个组成部分进行精确分析，如教师对于教案设计的讲解，可以加深学习者对课的类型、教学目标、教学方法等内容的理解。在此基础上，理解体育教学技能各个组成部分之间的关系和联系，如教学内容编制技能与其他各技能之间的关系，从而构成新的综合，使教师对于体育教学技能的感知更清晰、更精确。

（3）巩固恒常阶段

通过前两个阶段，练习者已对体育教学技能形成了一定感知映像，但是这种映像是不稳定的。在巩固恒常阶段，学习者将变化的客观刺激物与经验中保持的表象结合起来，巩固前阶段对体育教学技能的感知，建立起对于体育教学技能恒常性观念。

3. 体育教学技能感知训练过程

（1）感受性变化

感受性指感觉器官对适宜刺激的感觉能力。主体的各种分析器的感受性会随外界条件和自身机体状态不同而发生相应的变化，具体表现为适应、对比和相互作用。体育教学技能形成的过程是提高知觉分化水平的过程，在这个过程中需要多种感知觉的共同作用，需要充分调动主体的视知觉、触知觉、深度知觉、肌肉知觉、节奏知觉和空间知觉等来促进其体育教学技能的形成，可以通过微格教学等多种技能训练形式，来提高学习者的感受性变化。

（2）整体理解性

整体理解性是指知觉的对象有不同的属性，由不同的部分组成，我们把它看作一个有组织的整体，并用自己过去的经验予以解释和标志。体育教学技能由教学内容编制技能、活动组织技能等多种维度的技能组成，学习者通过感知将这些技能知觉看作一个整体，即体育教学技能。这种整体理解的特性一旦形成，即使一定范围内发生变化，但知觉形象并不因此发生相应的变化，这有助于学习者通过纷繁复杂的现象把握体育教学技能的本质和规律。

（二）体育教学技能形成的心智过程

1. 心智的特点与作用

心理学上将心智定义为人对已知事物的沉淀和储存，是通过学习而形成的合乎法则的心理活动方式。从心智的定义可以看出，心智决定了主体认识事物的方法和习惯，具有指导主体思考和思维方式的特性。此外，心智过程会影响主体的行为结果并不断强化，体现了心智的修正特征。

主体器官感受到外部刺激后会根据以往经验做出分析，在这个过程中心智就会发挥作用。首先，它是主体获得经验的必要条件，主体接收信息刺激后，经由个人运用或观察得到进一步的回馈，若自己主观认为是好的回馈就会保留下来，从而形成经验。其次，心智对解决问题起着直接的调节与指导作用，主体对于问题的解决必须经过判断问题性质、选择表征的形式、确定步骤、执行等一系列的心智动作才能实现。再者，心智是主体技能形成与发展的基础之一，技能是在获得知识、掌握技术的基础上，通过迁移、概括、系统化而形成的，这个过程中心智过程必不可少。

2. 体育教学技能形成的心智阶段

（1）原型定向阶段

心智活动的原型，即心智动作的"原样"，也就是外化了的实践模式或"物质化"了的心智活动方式或操作活动程序。原型定向阶段是使主体掌握操作性知识的阶段。主体通过了解心智活动的"原样"，即体育教学技能的构成要素，建立起初步的自我调节机制，从而知道该怎样做、怎样去完成，为实际操作提供内部的控制条件，明确学习的方向。在内容编制技能、活动组织技能、学习指导技能等体育教学技能的训练时，应使学习者理解各部分的构成要素，建立初步的自我调节机制。内容编制技能的训练中，原型定向阶段只是技能形成的开端，要真正形成技能，还需要进行实际操作。

（2）原型操作阶段

原型操作阶段是指依据心智技能的实践模式，把主体头脑中所建立的各种活动程序计划以外显的操作方式付诸实践。学习者在原型操作过程中，依据前一阶段形成的体育教学技能定向映像做出相应的学习或实践行为。与此同时，练习者践行体育教学技能的行为也会在头脑中形成反应，进而在感性上获得完备的映像，这种完备的映像是技能形成的内化基础。因此，掌握各维度的技能时，应通过模拟上课、说课等多种训练形式或途径增强练习者将技能付诸实践的能力。

（3）原型内化阶段

如果说在原型操作阶段，主体外显的操作方式是一个由内而外、巩固内化的过程，那么在原型内化阶段，主体以外的操作方式付诸的实践会进行一次由外向内的过程，即主体心智活动的实践模式（原型）向头脑内部转换，使技能离开身体的外显形式而转向头脑内部。练习者在此阶段，对体育教学技能进行加工、改造，使其发生变化，认识由感性水平上升到理性水平，逐渐定型化、简缩化。

3. 体育教学技能心智训练过程

（1）原型模拟

原型模拟首先需要确定其实践模型，即确定体育教学技能的操作原型或操作活动的顺序。因此，确立模型的过程实际上是把主体头脑中观念的、内潜的、简缩的经验外化为物质的、外显的、展开的心理模型的过程（也称为物质化过程）。为确立技能的操作原型，必须对整个体育教学技能系统进行分析：①对系统进行功能分析，分析系统对环境的作用，其中包括作用的对象、条件及结果；②对系统做结构分析，分析体育教学技能系统的组成要素及组成要素之间的相互关系；③将功能分析与结构分析有机地结合起来。在拟订假设性的操作原型后，还应通过实验来检验这种原型的有效性。在实验中如能取得预期的成效，则证明此假设原型是真实可靠的，这种经实验证实了的原型就可以在教学上应用。反之，如果在实验中假设原型不能取得预期成效，则对此原型必须予以修正或重新拟订。可以通过参与体育教学

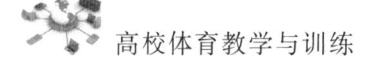

技能大赛、微课教学等多种活动,加强检验,提高练习者此阶段的能力。

(2) 分阶段练习

由于体育教学技能涵盖了教学内容编制、活动组织等多种技能,且每一种技能是按一定的阶段逐步形成的,所以在训练时必须分阶段、分类别进行,才能获得良好的成效。分类别进行是指体育教学技能中的每一维度技能,往往是多种心智动作构成的,一种技能的某些部分可能在其他技能的学习中已经形成,则这些已经形成的部分就可以在心智水平上直接迁移。分阶段进行是指在某类别技能中,有些内容是主体已掌握的,有些是未曾掌握的,那就必须针对那些未掌握的进行分段练习,注意做好新旧内容间组合关系的指导。

(三) 体育教学技能形成的操作过程

1. 操作的特点及作用

从教育心理学角度讲,操作是指学习者能迅速、精确、流畅和娴熟地执行操作,很少或不要有意识地注意的一种学习过程。知识与技能必须经过操作才能最终掌握,在这个过程中,操作便现出了以下作用。首先,操作是主体变革现有知识和技能不可缺少的心理活动因素,操作过程是主体对现有经验总结过程,是在长期学习过程中积累起来的,借助于这个过程主体才能更好地提升经验,革新现有知识。其次,操作是技能形成和发展的重要构成要素。操作过程是使主体顺利完成某种实践任务的行动方式,因此,主体对于某一技能的掌握必须经历操作过程。

2. 体育教学技能的操作阶段

(1) 定向阶段

操作定向也叫"行动定向",指在了解操作活动结构的基础上,在头脑中建立起操作活动的定向映像过程。体育教学技能的操作定向是指在了解体育教学技能构成及各部分作用的基础上,在头脑中建立起的各维度教学技能结构及教学动作的映像过程。操作必须在主体的、实际的操作活动中才能进行,所以操作的主体必须在操作前了解操作的结构,在头脑中建立起操作活动的映像,然后才能知道在进行实际操作做什么和怎么做。此阶段的作用在于帮助练习者建立初步的自我调节机制,只有练习者在对"做什么"和"怎么做"有明确的了解之后才能进行相应的活动,才能更快更好地掌握有关的活动方式,促进体育教学技能的形成。

(2) 模仿阶段

操作的模仿也叫做"行动的模仿",指仿效特定的动作方式或行为方式,是获得间接操作经验不可缺少的一种学习方式。根据现代心理学的研究,模仿可以有多种形式,可以是有意的或无意的,也可以是再造性和创造性的。就体育教学技能而言，模仿的实质是将头脑中形成的定向映像以外显的实际动作表现出来，是在定向的基础上进行的，是技能掌握的开端。通过模仿，练习者把对技能的映像转变为实际行动，将头脑中各种认识与实际操作联系起来。具体表现在以下两个方面：一是通过模仿检验已形成的技能映像，使之更加完善和充实，有助于技能映像在技能形成过程中发挥更加有效、稳定的作用；二是可以加强个体的技能感受，从而更加清晰地了解技能结构，加强技能实施的控制。

（3）联合阶段

操作联合阶段是指把模仿阶段反复练习固定下来的各维度技能相结合，使之定型化、一体化。练习者在模仿阶段只是初步再现定向阶段所提供的行为方式，但对于复杂的体育教学技能而言，要准确地掌握并在一堂课中较好地运用各部分技能，还应掌握各维度技能的相互衔接，这在模仿阶段是难以实现的。通过联合，各部分技能之间相互协调，技能结构逐步趋于合理稳定，初步概括化得以实现。此外，在联合阶段，个体对技能的有效控制也逐步增强，保证了其联系性和有效性。因此，联合阶段是体育教学技能形成过程中的关键环节，它是从模仿到自动化的一个过渡阶段，也为自动化活动方式的形成打下了良好的基础。

（4）自动化阶段

就某一技术动作的掌握而言，操作自动化是指通过练习所形成的动作方式，对各种环境变化的条件具有高度的适应性，从而使动作的执行达到高度的完善化和自动化。其内在机制是在大脑皮质中建立了动力定型，即大脑皮质概括的、巩固的暂时神经联系。就体育教学技能的掌握而言，主要是指在体育教学中教学技能的执行过程不需要意识的高度控制，执行者可以针对不同的教学内容、不同的学生以及不同的教学环境等，灵活、熟练地运用教学技能完成教学任务。这是体育教学技能形成的高级阶段，是由于操作活动方式的概括化、系统化而实现的。

3. 体育教学技能操作训练过程

（1）操作定向

操作定向是体育教学技能掌握过程中的一个必要环节，它的作用在于初步建立起操作的自我调节机制，进而不断调整学习者已经建立的技能表象。练习任何技能都必须以表象为基础，而熟练的操作技能都包含着非常清晰、准确的动作表象。因此，在训练过程中实施者要利用精准的示范和语言讲解，帮助练习者建立起这种自我调节机制。准确的示范与讲解可以使练习者不断地调整头脑中的表象，形成准确的定向映像，进而在实际操作活动中调节技能的执行。

（2）操作模仿

大量实验都证明，模仿练习是形成各种操作技能不可缺少的关键环节，只有通过应用不同模式的模仿练习，才能使学习者原有的技能映像得以检验、校正、巩固，并为发展成熟练技能铺平道路。体育教学技能由多种维度的技能组成，较为复杂。在模仿阶段，要注意整体练习与分解练习相结合，如先加强学习者对活动组织、学习指导等技能的练习，再通过模拟上课等方式将各部分技能联合在一起进行练习。此外，模仿练习应与实际练习相结合，并加强反馈。模仿练习是练习者增强自我体会、自我调整的一个过程，在实际练习中做出相应的调整，从而获得提高。在这个过程中要注意信息的反馈，充分而有效的反馈在操作技能学习过程中的作用是非常关键的。

（3）操作整合

操作整合即把构成整体的各要素联结成整体。操作的整合是体育教学操作技能形成的其中一个阶段，为掌握复杂的操作系列所必需。因为体育教学技能的操作不仅要求准确把握每一个维度，同时也要掌握各操作技能间的动态联系。在操作整合阶段，条件不变时，练习者对于技能的把握较稳定，但当条件变动，会发生对自己的错误不能意识、感觉的现象，很难对动作进行有意识的调节或控制，难以维持技能的稳定性、精确性。因此，此阶段的训练主要是进行专门的训练，提高练习者技能的清晰性和稳定性。

（4）操作熟练

操作熟练是体育教学技能掌握的高级阶段，是指通过练习形成的活动方式，以增强技能对各种变化着的条件有高度的适应性。教学技能的熟练是在反复练习的基础上实现的，但这种反复练习并不是机械地重复，在练习过程中要不断根据练习效果提高练习的目标与要求。通过参与体育教学技能大赛、示范评比课、集体备课等体育教学技能训练形式或途径，可以有效增强练习者对于体育教学技能的操作熟练程度。例如，控制课堂秩序是活动组织技能训练最基本的要求，在达到这一要求后还要力求学习气氛轻松活跃，做到活而不乱。另外，虽然练习的强度和密度都能对技能的熟练起到促进作用，但要注意合理地分配练习时间，要根据各维度技能的难易程度以及练习者的掌握情况进行时间分配。

第二节　体育课堂教学技能训练过程与原则

一、体育教学技能训练的过程

体育教学技能训练的过程是指为完成体育教学技能训练的目标所进行的启动、发展、变化和结束，并在时间上连续展开的程序结构。体育教学技能训练的过程由动机激发、目标设计、训练形式途径和方法构成，明晰训练过程有助于练习者理解技能训练的基本原理，认定训练目标，履行训练计划，了解训练形式途径和方法。

（一）体育教学技能训练动机的激发

体育教学技能训练动机是指推动个体参与体育教学技能训练的内部心理动因。体育教学技能训练动机具有始动、选择、强化和维持的作用，会对体育教学技能训练的效果产生重要影响。

1. 体育教学技能训练动机的重要性

（1）对训练行为具有始动作用。动机是行为的原始动力，对行为起着始动作用。动机理论认为，动机的始动作用是由诱因引起的。诱使体育教学技能训练的外部因素很多，例如新课改对教学实践的要求、教学竞赛展演的竞争、职称评定的压力等，均可促进体育教学技能训练动机的初始动能。

（2）影响训练行为的选择。在体育教学技能训练动机的作用下，训练行为指向与体育教学相关的内容编制、学习指导、活动组织、保护帮助、运动负荷调控等技能的学习过程，影响着训练行为的选择，决定着个体从事体育教学技能训练的努力程度。

（3）强化训练意识，促进教学能力的可持续发展。体育教学技能是体育教学从业人员的核心素养之一，通过技能训练，体育教学技能训练的动机得到激发，能力得到提高，强化了技能训练与自我更新的主动意识，促进了体育教学能力的可持续发展。

2. 体育教学技能训练激发动机的方法

教育心理学研究表明，激发动机需要从影响动机的两个要素即内部需要和外部诱因入手。因此，体育教学技能训练动机的激发，是根据体育教学技能的学习目标，通过设置特定的教学情境，满足体育教师体育教学技能的需求的过程。具体来讲，要从以下几个方面激发体育教学技能训练的动机：第一，设置合理的具体的体育教学技能学习目标；第二，增强体育教学技能的主观感知，提高教学胜任能力；第三，开展各种形式的教学技能展演竞赛活动，增强教学活动愉悦体验；第四，及时反馈，开展建设性评价，获得满足感和成就感。

（二）体育教学技能训练的形式和途径

体育教学技能训练不仅是技术行为能力提升的过程，更是心智技能和情感体验的历程，通过了解各项体育教学技能的基本要素，分析其运用时常见的错误与问题，从而选择行之有效的训练形式和途径，使体育教学技能的提高事半功倍。体育教学技能训练的形式和途径很多，在教学实践中较常见的以个人训练自我活动为主的形式有：微格教学、教学观摩、教案设计、模拟上课和说课；以集体配合完成的

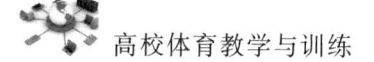

训练途径有：微课教学、体育教学技能大赛、示范课评比、集体备课和跟岗培训。

（三）体育教学技能训练的方法

1. 感知训练方法

人体通过感知建立与外在世界的联系，并形成直接经验。人在间接经验知识学习过程中，也常需要借助身体的感知，使知识转化成能够被感知的事物或代码，以帮助理解和吸收。所以感知是认识的基础，它为获得直接的体验以及建立抽象概念提供了实质性的内容。随着感知的经验越来越丰富，感觉越来越敏锐，认知活动也就越广泛和深入。因此，体育教学技能的形成和建立首先从体育教学技能的感知觉开始。体育教学技能的感知觉训练是指通过观察、聆听、体验等方法，获得体育教学技能的主观感知，是体育教学技能形成的基础。

2. 心智技能训练方法

现代教育理念对体育教学的要求越来越高，其中心智技能的地位越来越重要，不仅要熟练掌握体育教学的操作技能，还必须从事教学内容编制、负荷调控等以脑力劳动为主的工作，并具备一定分析问题和解决问题的能力。因此，心智技能训练主要包括分析能力训练和解决能力训练，训练方法有以下几种。

（1）评课法。评课法能提高分析问题的能力，它既可以通过课后自评的形式，对体育教学内容编制是否合理、活动组织是否有效、保护与帮助的方法是否正确、负荷调控是否科学等进行反思，也可以听取专家和同行的意见，或对公开课或网络视频课进行分析和评价，通过多种路径提高教师分析问题的能力。

（2）设疑法。设疑法是指设置特定的教学情境和问题，让练习者拟订解决问题的方案。例如，对于体重较大和身体素质较差的学生如何设置运动负荷，不同水平的学生如何进行活动组织更加有效等。

（3）纠错法。纠错法是指找出体育教学过程中不合理的地方，并提出解决问题的方案。例如，队列队形的设计与调动是否过于烦琐，负荷安排过大或过小如何进行调整等。

3. 操作技能训练方法

操作技能训练是体育教学技能训练中最重要的一个环节，根据操作技能形成的过程和规律，操作技能训练的方法包括表象训练、模拟训练和实战训练三种方法。

（1）表象训练。表象训练是指将与特定教学任务有关的体育教学知识或技能在头脑中重现的训练方法。通过表象训练，能够有效建立与教学任务有关的认知结构，从而确立教学活动初步的调节机制，表象训练是通过对体育教学活动的观察、体验及反思来完成的，是体育教学技能形成定向阶段最有效的训练方法。

（2）模拟训练。在表象训练的基础上，本着从实战出发的训练原则，设置具体教学情境，分别对体育教学内容编制、活动组织、学习指导、保护帮助及负荷调控进行针对性的模拟练习，增强练习者的实践能力。

（3）整合训练。整合训练是指将各项体育教学技能综合起来，应用到教学实践中的训练方法。设计完整的体育课或教学单元，将不同的体育教学技能应用到实践教学中，形成前后连贯、相互协调、合乎教学法则、优质高效的教学技艺。

二、体育教学技能训练的基本原则

体育教学技能训练的基本原则是广大体育教师在长期教学实践中积累的经验概括和总结，对体育教学技能训练具有普遍的指导意义。

（一）理论研究与教学实践相结合原则

理论研究与教学实践相结合原则是指在体育教学技能训练理论的指导下，紧密结合体育教学实践，有效地进行体育教学技能训练。

体育教学过程是复杂的，课堂的教学行为也千变万化。体育教学技能训练必须理论先行，了解并掌握体育教学技能形成的规律，形成正确的认知，在科学的理论指导前提下，才能顺利地开展。否则，技能训练的效率将难以保证。因此，二者结合才能有针对性地对体育教学技能进行改进强化，从而提高训练效果。

（二）单项技能训练与综合训练相结合原则

单项技能训练与综合训练相结合原则是指注重提高单项体育教学技能的同时，还要将单项技能不断融入综合训练之中，使各单项技能有机整合，实现整体优化。

一般来讲，单项技能训练是指针对一项或以一项为主的体育教学技能的训练。综合训练是指同时涉及多项体育教学技能的训练。在综合训练中，训练环境、程序、内容、目标和手段等相对于单项技能训练会更复杂，更接近体育教学的实际，难度更大，更具挑战性。单项技能训练与综合训练相结合有利于提高体育教学技能水平。

（三）个人训练与团队训练相结合原则

个人训练与团队训练相结合原则是指根据体育教学技能训练的实际需要，合理采用个人训练或团队训练的形式，整合个人训练的自主灵活及团队训练的责任、竞争意识强等特点，有效提高体育教学技能训练水平。

个人训练主要以个人自主学习、自主训练为主，强调自为、自律、独立训练。团队训练是指以团队的形式进行体育教学技能训练，强调团队整体的训练及团队整体的进步。个人训练与团队训练相结合，有利于促进个人及团队整体体育教学技能水平的提高。

(四) 传统手段与现代手段相结合原则

传统手段与现代手段相结合原则是指根据体育教学技能训练的实际需要，合理采用训练手段，既要积极利用体育教学技能的现代训练手段，也要恰当采用传统训练手段，传统手段与现代手段互相补充，有效提高体育教学技能水平。

传统体育教学技能训练手段主要是指师徒传授、教学观摩等，现代体育教学技能训练手段是指微格教学、多媒体技能培训系统等。传统手段与现代手段都有各自的优势和不足，传统手段与现代手段相结合，能够实现优势互补，会极大增强体育教学技能训练实效。

以上对体育教学技能训练的4个原则进行了简要分析。实际上，4个原则是相互联系、相互影响的，在运用过程中，既不能夸大某一原则，也不应低估其他原则，只有综合考虑并结合实际，灵活而有创造性地运用，才能发挥原则的指导作用。

第三节 体育课堂教学技能训练模式

体育教学技能训练的模式是依据认知科学理论建构，将技能的形成提升到认识论和方法论的高度，以行为主义、认知主义、建构主义、人本主义学习理论为基础，对体育教学技能训练模式的含义、结构和要求进行了深入解析。体育教学技能训练模式起着承上启下的作用，既要将技能训练的基本原理贯彻到具体模式中，又要为训练实践活动提供理论指导、操作程序和策略分析。没有一种模式是普遍有效的、最优的，熟练掌握体育教学技能需要应用不同的训练模式，也就是要根据自身具备的能力条件和技能本身的实际特点，选择运用不同的或多种体育教学技能训练模式，考虑训练策略，设计实施方案，掌握相应的体育教学技能。

一、程序训练模式

体育教学技能的程序训练模式以行为主义学习理论为基础，主要目的是促进体育教学技能形成的快速高效、准确规范。

(一) 程序训练模式含义与特征

1. 程序训练模式含义

程序训练模式是指以按照程序排列的体育教学技能内容作为为外部刺激因子，运用相应方法不断练习，进而掌握并达到技能自动化水平的训练过程范式。行为主义学习理论把人类学习归结为与外部环境相互作用的反应系统,即"刺激—反应"(S—R联结)系统,通过控制外部刺激就能控制和预测行为,进而控制和预测学习效果。

2. 程序训练模式特征

根据体育教学技能的程序训练模式概念分析,程序训练模式具有以下特征。

(1) 程序性

把体育教学技能分解成许多小的项目,按照一定的顺序排列起来,对每一项目都必须熟练掌握、操作和运用,经过审核再进入下一步的学习。

(2) 对应性

反复、明确的体育教学技能刺激,有助于技能习得,有益于自动化操作规范的学习与形成。体育教学技能与技能习得之间,是直接的、纯粹的、一一对应的直线型关系。

(3) 渐进性

程序训练模式的训练计划编排体现了学习活动循序渐进的特点,每一个练习项目都是下一个的前提和基础,只有对前一个小项目完全理解和掌握了,才能进行下一个小项目的练习。

(4) 稳定性

程序训练模式中的操作步骤与节奏安排等都是固定的,必须严格执行,不可随意变更。

(二) 程序训练模式结构

1. 结构要素

在早期的学习研究者看来,人类的行为都是通过条件反射建立新的刺激反应联结而形成的,学习的实质是条件反射形成和巩固的过程。因此,程序训练模式的结构要素包括训练目标、措施手段、训练步骤和评价标准。

2. 过程

(1) 设定训练目标

明确且合理的训练目标对于程序训练模式来说是极为重要的,体育教学技能操作自动化是显著的训练目标。体育教学技能必须纯熟、流畅,才能在体育教学过程中运用自如,提升教学效率和效果。

(2) 确定训练的措施手段

程序训练模式多适用于体育教学技能训练的初级阶段,以及单项的、基础的技能训练，例如，口令提示、队列队形变换、讲解示范、保护帮助动作等，可以采用分解、重复、循环等练习手段进行训练；对于综合技能也可以采用观摩、评价、模拟、比赛和理论讲解指导等方式，通过教学观摩、跟岗培训、微格训练、体育教学技能大赛等途径，反复训练直至技能达到自动化。

（3）制定训练步骤

训练步骤包括训练内容、时间序列和连接形式。制定训练步骤可以将体育教学技能分解成若干个小项目，并按照一定顺序呈现，通过既定次序，完成一整套的训练任务。从初始到技能形成之间可划分为多个小项目，训练顺序可以是直线式，可以是分支式，也可以是跳跃式。

（4）研定评价标准

研定体育教学技能训练评价标准包括确定检查与考核的内容及形式。程序训练模式的评价以阶段性评价为主，每完成一个小项目的训练，都要对其进行诊断和总结。例如，是否能够熟练地调动队伍、调整队形；讲解示范是否流利自如；是否能流畅地完成课堂教学；在体育教学技能大赛中取得的名次等。

（5）反馈调节

反馈调节阶段需要及时、适时和有重点地呈现反馈信息，使体育教学技能的程序训练模式形成畅通的回路，对训练的目标、内容、计划和方式进行反思，科学调控训练的程序安排和练习次数。如果在训练过程中，发现对某个小项目的习得出现困难，可返回至前一个步骤加强练习之后，再重新进行此项目的训练。

（三）程序训练模式要求

1. 合理编排，循序渐进

将体育教学技能按照操作的难易程度分级，由低到高、由简单到复杂，进行小步子的逻辑序列编排，使每一个正在学习和掌握的项目成为后一练习项目的基础或相关部分，关注不同训练项目之间的衔接，按部就班地严格遵照程序训练模式的步骤顺序进行训练。

2. 区别对待，自定进度

训练安排必须严格履行程序设计要求，不能随意变更练习的顺序，但应注重个体差异，根据自身的掌握情况调整练习进度，使训练速度与能力保持一致。依据个体对技能形成的难易感受，可自行调控训练步调，采取分支式、直线式或跳跃式的训练步骤。

3. 反复练习，巩固强化

把体育教学技能分解成片段知识、单个技术或单元项目，遵循预定程序组织训练活动，反复训练，加深记忆，达到自动化操作水平。反复练习不是简单的重复，而在反馈基础上，调整练习重点，攻关难点，直至熟练掌握。训练安排有既定的步骤和计划，可无限次反复练习，也只有通过检验和修正多次反复练习才能达到技能自动化的效果。

4. 适时反馈，自修为主

程序训练模式重视环境刺激对个体行为的影响，容易忽视内部心理过程，循规蹈矩地按套路训练，积极性和主动性有时难以发挥。因此，对训练的效果要适时验证和反馈，认识到自身的不足，自觉提高或降低训练强度，培养主动获取知识的方法、思维能力和创新精神，以及自学、自修的能力和习惯。

二、探究训练模式

体育教学技能的探究训练模式以认知主义学习理论为基础，认为学习在于个体内部认知的变化，是一个比刺激—反应联结要复杂得多的过程。在既定目标的指引下，模仿、迁移，甚至创造性地应用体育教学技能，解决实际训练中的问题，培养练习者发现、分析与解决问题的能力。

（一）探究训练模式含义与特征

1. 探究训练模式含义

探究训练模式是以体育教学技能中的某项技能为目标，在技能训练的特点、实施要求等原理指导下，主动发现问题、寻找答案，进行探索和研究性活动的训练过程范式。认知主义学习理论认为，学习就是面对当前的问题情境，在内心经过积极的组织，从而形成和发展认知结构的过程，强调刺激、反应之间的联系是以意识为中介的，强调认知过程的重要性。

探究训练模式是通过有意识的练习形成"路径导航"的综合表象，"路径导航"包括训练的内容、方法、时间、环境等要素及它们之间的关系，是指在明确训练目标的前提下，将体育教学技能训练中的要素布局在特定的环境中，经过个体内心的项目识别和组织协调，"导航"训练直至目标技能达成的过程。探究训练模式必须明确进行训练的目的、意义，对所需掌握的技能有清楚的认识，并能遵循一定的顺序和规律操作，直至完成目标技能的训练任务。漫无目的的探究活动，既浪费时间

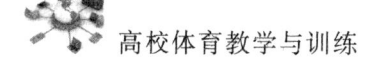

又无助于技能的形成。

2. 探究训练模式的特征

（1）探索性

探究训练不是简单的、机械的形成运动反应，而是在有明确目标指引下，以发现问题、分析问题、解决问题为逻辑主线，强调个体内在心理过程，激发学习者的主观能动性，按照既定路线自觉训练，清楚练习目标、步骤、环节和方法，在探寻的过程中提升心智技能和操作技能。

（2）主体性

重视在技能训练中个体的主体地位，强调认知、意义理解、独立思考等意识活动和心理动机，以及训练的亲历性、灵活性、主动性和发现性，使其在主动观察、判断、分析、归纳等基础上解决问题。

（3）基础性

重视个体训练中的准备状态，即训练效果不仅取决于外部刺激和个体的主观努力，还取决于一个人已有的知识水平、认知结构和非认知因素等，基础准备是任何有意义的探究训练赖以产生的前提。

（4）体验性

体验性是要求进行目标模式训练时亲身观察、探索和体验，提倡理解原理、独立思考、发现知识的过程。体育教学技能训练不仅可以习得体育教学基础知识和技能，更是获得生活与学习体验的过程。

（二）探究训练模式的结构

1. 结构要素

学习在于内部认知的变化，是学习者有意识、主动参与的过程，学习是一个比 S－R 联结要复杂得多的过程，注重解释学习行为的中间过程，即 S－R 认为主体意识是学习过程的中间变动。因此，体育教学技能训练认知模式的结构要素包括训练目标、训练路径、主观意识、训练方法和评价标准。

2. 过程

（1）拟定训练目标

从训练开始阶段就清楚地锁定训练目标，才能目标明确地进行探究活动，高效完成训练任务。

（2）描绘训练路径

通过任务分析法，将目标技能分解为若干要素或"标致点"，即系列问题，再将这些要素或"标致点"整合设计成系统的训练路径。与程序训练模式不同，探究训练模式训练路径的制定没有严格的难易程度和顺序要求，路径上的标志性指示必须清晰准确、互相连接、层层推进，以便参照指引发现问题，顺利完成训练任务。

（3）主观意识参与

主观意识参与训练的过程其实就是"导航"的过程，也就是发现问题——分析问题——解决问题的过程。依据训练路径的指引，通过有意识的感知、认知、识记、分析、比较、期望、想象和思维等心理过程，完成"路径导航"，训练练习者的心智技能，培养决策能力。

（4）确定训练方法

探究训练模式多适用于体育教学技能训练的中级阶段，可以采用探究式学习法、自主学习法、小群体学习法、讨论法等方法，也可以采用专家同行交流、成果汇报、案例解析、师徒结对等方法，通过微格训练、模拟上课、跟岗实习等途径，以积极主动、自觉训练为前提，对某一方面的体育教学技能形成全面、系统的认知。

（5）研定评价标准

探究训练模式不仅重视个体对知识的理解和掌握情况，而且特别强调个体在训练中的行为表现，因此，该模式的评价应以形成性评价、相对性评价、定性评价等为主，以训练过程的努力和独立思考的程度为主要指标。由于心智提高程度和情感体验等心理学指标难以测定，因此，只能以学习者的读书笔记、教学心得和反思材料等作为解读其心理和训练过程的重要依据。

（6）反馈调节

目标训练模式的反馈，是通过评价目标达成度和认识、理解、判断、执行等能力，对训练的难易程度、环节安排和训练时效性等进行反思，科学调控训练的目标设定、环节连接和推进过程等。

（三）探究训练模式的要求

1. 积极内化，激发动机

探究训练模式是一种积极主动的过程，因而内在的动机与训练活动本身会促进个体的内在强化作用，可有效提升心智技能。然而，此模式对非智力因素重视不够，情感、意志、兴趣、性格和需要等均会影响训练目标的达成，只有重视激发和调节训练动机，强化内部心理过程，使智力因素与非智力因素紧密结合，才能使训练达到预期效果。

2. 充分准备，独立思考

重视个体训练中的准备状态，进行体育教学技能训练之前，必须清楚自己的状态和所具备的基础，包括技能基础和认知水平，训练效果不仅取决于外部刺激和个体的主观努力，还取决于一个人已有的知识水平、认知结构、非认知因素等，基础准备是任何有意义训练赖以产生的前提。在以往的认知经验的基础上，独立思考，发现学习材料本身的内在逻辑结构，从而掌握体育教学技能。

3. 问题明确，任务具体

在体育教学技能训练开始前，就要明确提出要探究的目标问题即核心技能，明确训练的目的，因为探究训练活动是为最终达成技能、形成目标服务的。而围绕目标问题设计的相关任务，必须具体、指向清楚，有助于练习者循规而至。

4. 不断尝试顿悟渐悟

探究训练模式注重个体技能形成的体验过程，主要是亲历发现问题、研究问题、解决问题的学习过程，在不断尝试探索和寻找答案中，提高判断和决策能力，通过技能训练过程，感悟探究的心理过程，有利于在未来的体育教学实践中合理运用探究教学法。

三、情境训练模式

体育教学技能的情境训练模式以建构主义理论为基础，练习者通过情境训练模式提高体育教学技能，更能体验知识的习得与转化过程，以亲身体会阐释练习过程，有利于对具体教学情境和自身教学行为的反思，提高及时、有效应对不断生成和变化着的、复杂多样的教学形势的能力，学习并获得处理各种教学问题的经验。

（一）情境训练模式含义与特征

1. 情境训练模式含义

情境训练模式是在创设训练情境的前提下，通过角色扮演的方式，经过主体的选择、加工和诠释，将技能知识转化为教学实践的训练过程范式。认识并非主体对于客观现实简单的、被动的反映（镜面式反应），而是一个主动的建构过程，在建构的过程中主体已有的认知结构发挥了特别重要的作用，而主体的认知结构亦处在不断发展之中。获得知识的多少，取决于个体根据自身经验去建构有关知识的意义的能力，而不取决于记忆和背诵的能力。由于每个练习者所具备的经验不同，每个人对体育教学技能的理解方向和建构方式也不尽相同，情境训练模式帮助练习者发展自主训练的意识和能力,利于其不断地自我更新和自主成长。

2. 情境训练模式特征

(1) 直观性

在情境训练模式中,充实、检验、完善、反思和提炼体育教学技能,以建构和提升实践能力的过程,是在适当的情境和气氛中进行的,因此,练习者通过角色扮演,能够充分融入训练当中,直观感受训练经过。情境训练模式是个体对训练情境的改造和感受的过程,通过亲历和感知训练情境,使主体建立对目标技能整体的认识,并在已有知识的基础上,提升体育教学技能的水平。

(2) 自主性

个体必然有着不同的知识背景和经验基础(或不同的认知结构),因此,即使就同一个目标技能而言,相对应的训练活动也不可能完全一致,必然存在个体的特殊性。体育教学技能的情境训练模式是一种高度自主的活动,不同的人有不同的体验和组构。体育教学技能的情境训练模式是一种高度自主的活动,练习者能够设计适合自身发展的方案,并能进行计划、选择、修正,在训练中的自主性参与是其提升思维水平和实践能力的根本性动力。

(3) 社会性

情境训练模式是在一定的情境下,借助其他人的帮助即通过人际的协作活动而实现的意义建构过程,所以,社会环境、社会共同体对于主体的认识活动有重要作用,学习者的训练活动是在一定的社会环境中得以实现的。

(4) 建构性

如果说程序训练模式落脚点在结果,那么情境训练模式的侧道点就是意义和过程,主张在训练过程中学习"如何训练"。情境训练模式是个体运用自己的经验去积极地建构对自己富有意义的理解,而不是去理解那些用已经组织好的形式传递给他们的体育教学技能内容,也就是说提高某项体育教学技能并不是最终目的,提升个体的体育教学思维、组构和理解能力才是终极理想。

(二) 情境训练模式结构

1. 结构要素

知识是学习者在一定的环境即社会文化背景下,借助其他人(包括教师和学习伙伴)的帮助,利用必要的学习资料,通过意义建构的方式而获得的。建构主义学习理论认为"情境""协作""会话"和"意义建构"是学习环境中的四大要素或四大属性。所谓意义建构的核心内容是信息不连续性、人的主体性以及情境对信息渠

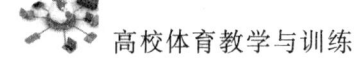

道和信息内容选择的影响。因此,体育教学技能体验训练模式的结构要素包括体育教学技能训练情境、合作伙伴、同伴之间的交流、意义建构和评价标准。

2. 过程

(1) 创设训练情境

依据训练目标内容和要求创设情境,深挖提炼体育教学技能内容之间的内在联系和训练规律,以引导个体从具有典型代表性的器材、对话或人物等情境中受到启发,使其能尽快、自然地掌握体育教学技能。创设情境的手段是多样的,主要有以语言描绘情境、以微格训练再现情境、以模拟课堂展现情境等。

(2) 确定合作伙伴

在选择合作伙伴进行体验训练时,有同质型和异质型两种组合方式,针对不同的训练目标、内容,可选择与自己知识和技能基础相同的同伴,也可选择在脾气性格、技能水平有较大差异的同伴。同质型可相互比较、促进,异质型可风格互补、互助提高。

(3) 鼓励同伴之间的交流

合作伙伴之间的鼓励、协作、互动、切磋和随时随地的反馈,对于认知能力的提升意义极大,可通过同伴之间发表感想、讨论、总结、分享等方式,交流训练的心得,加深对情境训练模式的理解,培养练习者表达、沟通、反思和批判的能力。

(4) 意义建构

意义建构主要是指信息的意义建构,是内部行为和外部行为共同作用的结果,更深刻理解训练内容的内涵。在练习体育教学技能的高级阶段,主要采用合作学习法、情境学习法、发现学习法和角色扮演等方法,通过教案设计、模拟上课、集体备课等途径,以积极主动建构体育教学技能应用的情境为前提,对整体的体育教学技能应用形成宏观的把握。例如,教授者以练习者作为研究者,以一课两讲或一课三讲的形式,建构同一内容的不同教学方式,有助于其体育教学技能的深刻理解和能力的提升。

(5) 研定评价标准

通过对注意、组织、决策和思维等能力的评价,增强个体对情境训练模式的深入认识。情境训练模式的评价以形成性评价、定性评价、自我评价等为主,鼓励学者深入思考,尽可能撰写研究报告、论文、经验总结或参与编著校本课程教材等。

(6) 反馈调节

通过学术研讨、行动研究、案例分析等方式,探析训练中的进步与失误,调整与改进情境训练模式的情境布局、合作伙伴和意义建构等关键环节。

(三) 环境训练模式要求

1. 创设情境，模拟真实

提倡建构训练模式，营造具体和真实的训练情境，并反对抽象和概括，尽可能贴近体育教学现实情况，使练习者在情境中感受体育教师形象的同时，愿意对情境持续地产生注意，从而产生或满意、或愉悦、或悲伤、或热爱的情感体验。多方面的情感体验不应都是积极的，适当消极的体验有利于练习者在面对真实的体育教学实践时，做好充足的心理准备，可以从容面对、坚韧不屈。

2. 方法混搭，反思改进

在运用情境训练模式的同时，要注重多种训练方式、方法的结合使用，达到更好的训练效果。教育情境的不确定性、非线性和混沌性，决定了教学没有固定的模式和技能技巧可以套用，因此，体育教学技能训练也必须凭借自己对教学技术的理解和领悟，做出自主判断，选择适当的训练方法，不断地对训练过程进行反思，自我调整、改进训练细节。

3. 基础扎实，体验创新

体育教学技能情境训练模式的应用，要求具备良好的基础知识和基本的体育教学技能，在所创设的情境中应用自如，全情投入体验情境，把训练的重心放在提升心智方面，体验学习、挑战、交流和创造的乐趣。在应用情境训练模式进行体育教学技能训练时，重点是体验学习和思维的过程，练习者可以模仿体育教学实践，但更重要的是理解贯穿整个教学过程的原则和方法，筛选适合创设情境的内容，切勿为了应用模式而进行无效或低效的体验。

4. 合作完成，群体相容

体育教学活动由于其特殊性，许多练习需要通过师生、生生协作与配合才能完成，因此社会能力的培养渗透在体育活动的方方面面。在进行体育教学技能训练时，必须重视同伴之间的协作和竞争对手之间的尊重，感悟群体动力的重要性，使学习者在掌握技能的同时，建立融洽的人际交往关系，相容于群体之中，为今后从事体育教学奠定良好的社会适应能力基础。

四、展演训练模式

展演训练模式以人本主义学习理论为基础，它的顺利开展建立在对体育教学技术的深入理解及较熟练掌握的基础之上。纯熟的心智技能和操作技能是一个数据库，在教学过程中选择"用什么"和"怎么用"取决于练习者的观念风格和临场发挥。只要遵循体育教学的基本规律和原则，体育教学技能可根据实践中教学要求、情境、学生的差异而灵活运用、组合、搭配，切勿被生搬硬套的教学行为习惯所束缚。

(一) 展演训练模式含义与特征

1. 展演训练模式含义

体育教学技能的展演训练模式是以提升体育教学技能水平为目的，以完整展示技能训练成果或完成某项教学任务为基本方式的训练过程范式。展演训练模式不仅关注教学技能和认知能力方面的提高，还有个体情感、意志、创新能力等方面的自我肯定和实现，使练习者养成较强的感受性，便于感知自身和教学对象的情绪，有助于在未来的体育教学实践中与合作伙伴、教学对象和谐相处，调整情绪和教学方式、方法，及时有效地应对和处理突发事件，注重提升体育教学技能运用到实际教学情境下的能力，并形成独特的教学风格。

2. 展演训练模式特征

(1) 灵活性

教学过程具有复杂性和变化性，即便是在规定了教学目标和方法的前提下，也会因为环境、对象、组织能力等条件的变化，产生千差万别的情况和效果。因此，展演训练模式就是训练学习者将自己的体育教学技能完整、全面地展现出来，灵活运用技能手段，合理地处理突发事件。

(2) 主观性

主观性是鼓励从自我的角度出发，感知体育教学的魅力，对体育教学技能训练的原则、规律等基本原理的个性领悟。自我实现和为达到目的而进行创造的能力才是个体行为的决定因素，个人所处的物质、社会和文化环境只能促进或阻碍他们潜能的实现。

(3) 独特性

个体对知觉方式的调节、学习能力的获得、持续学习等均存在差异，因此，展演的方式和效果不尽相同，不同的展示个体存在不同的表现。展演训练模式可以促使个体在进行技能训练活动时，深入理解训练内容，客观地审视自己，对完善练习者的价值取向与教学风格具有十分重要的意义。

(4) 创造性

展演训练模式通过对规则和假设的不断创造，解释观察到的现象；而当教学技能的原有观念与新的观察之间出现不一致，原有观念失去平衡时，便产生了创造新的规则和假设的需要。展演训练模式通过对教学要素的个性解读，创造性地设计和实施教学活动，是一种创新性的理解和行动过程。

(二) 展演训练模式的结构

1. 结构要素

人本主义学习理论中的关键环节是意义学习，指为学习者创造一个良好的环境，使其从自己的角度感知世界，发展出对世界的理解，达到自我实现的最高境界。展演训练模式就是意义学习的最好诠释，不仅仅涉及事实积累的学习，而且使个体的行为、态度、个性得到充分施展的意义训练过程。因此，体育教学技能展演的训练模式包括4个要素：展演内容、展演方案、意义训练、评价标准。

2. 过程

(1) 设计展演方案

根据展演内容，在尊重、了解与理解训练个体的前提下，激发练习者的训练积极性，充分发挥个体选择性、创造性，表现练习者对展演内容的构想和预计，将体育教学技能合理搭配、自由组合，体现展演训练模式不拘一格的特点，从而促进其成长、学习与训练。

(2) 确定训练方法

展演训练模式多适用于体育教学技能训练的终极阶段，可以采用分层练习法、差别练习法、成功练习法等方法进行体育教学技能的训练；也可采用行动研究、教学评比等实战演练，通过教案设计、说课、示范课评比、微课教学等途径，完整展示技能训练成果。

(3) 意义训练

在前期已形成的体育教学技能基础上，融合个体对训练内容的解读，灵活自如地呈现出展演内容，展示体育教学技能的娴熟程度，从而继续拓展知识和技术，形成新的或更纯熟的体育教学技能。

(4) 自我实现

在展演训练过程中体会到的是自我满足的价值感，如成功掌握教学技能的满足感、未来可以教书育人的认同感、个性得以彰显的存在感。展演训练模式不但注重挖掘个体的创造潜能，更关注人的高级心理活动，如热情、信念、生命、尊严等，引导其结合认知和经验，肯定自我，进而自我实现，形成自己独特的教学风格。

(5) 评价反馈

练习者最清楚训练是否满足自己的需要、是否有助于明确自己原来不甚清楚的

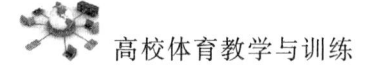

某些方面,因此发展性评价、个体内差异评价、自我评价等方式,是展演训练模式的主要评价方法。通过评价形成正确的自我认识与反思以及敏锐的观察和感受能力,有助于个人教学技能的提升和风格的塑造。

(三)展演训练模式要求

1. 彰显个性,全面发展

教学风格的形成一般要经历从模仿到独立再到创新、稳定的过程。练习者能在训练过程中感受到体育教学的乐趣、成功、满足,激起其认知与情感的相互作用,重视创造能力、认知、动机、情感等心理方面对行为的制约和促进作用,从而全身心地投入训练,逐渐形成自己的风格,并注重其行为、态度、人格等的全面发展。教授者不仅要关注体育教学技能的形成,更重视个体的内心世界,重视训练过程中学习者的认知、兴趣、动机、需要、经验、个别差异以及潜在智能等内部心理世界的全面发展。

2. 自我提升,协同促进

展演训练模式注重自我评价反馈,重视自我的修炼与肯定。展示自我固然是提升自身能力品位的关键途径,但不能忽视社会、文化、学校、教师和家庭教育的协同作用。现实中的学校总是在与社会文化环境的互动中改变着个体的教育目标、方针与办学模式,对练习者施加种种影响,指导教师和合作伙伴作为促进者、协作者,对个体成长为一个既具有社会组织特性,又具有独特个性的人意义重大。

3. 气氛宽松,张弛有度

提倡在宽松、自由的训练氛围中,给练习者提供充足的空间,体现自由展示的精神,使其充分发挥所长。但是必须遵循角色规范,遵守必要的规章制度,既自由又受纪律制约,适应当前的训练与未来的生活。展演训练模式有利于练习者潜能的开发,但又不应该一味迁就其原有的水平和独特性。

4. 完整展示,积极反思

展演训练模式要求练习者完整展现训练过程和结果,使体会教学的某项技能或综合技能得到充分发挥;反思是对训练行为的总结与纠错,通过对展演过程的深刻审视,使练习者再次回顾和思考技能训练的认知、行动、感悟的经过,从而整改和完善训练计划,提升训练效率,提高自我监管、解决问题的能力。

第九章　高校体育运动体能综合训练方法

第一节　促使力量素质提升的训练方法

一、力量素质的概念和分类

（一）力量素质的概念

力量素质是人的身体或身体某些部分用力的能力或指肌肉在人体运动活动中克服内部和外部阻力的能力。内部阻力包括人体自身的重力、关节的加固力、肌肉韧带的黏滞力、人体内部的反作用力（惯性力）；外部阻力包括重力、支撑反作用力、摩擦力、离心力、介质阻力、惯性力等。内部阻力是人体伴随用力过程发生的，它随人体的机能状态和用力动作的合理程度而变化；外部阻力是力量训练的施加因素和手段，是对人体的一种外部刺激。人体在克服这些阻力的过程中发展了力量素质。力量素质对人体运动有非常大的影响，是人体运动的基本素质。力量素质训练既是培养优秀大学生过程中的基本训练内容和主要训练手段，也是衡量大学生身体训练水平的重要指标，对运动成绩持续稳定地提高有极大的影响。

1. 力量素质是进行一切体育活动的基础

我们所进行的各种体育活动都是由作为主动运动器官的肌肉以不同的负荷强度、收缩速度和持续时间进行工作，进而带动被动运动器官骨骼移动来完成的。如果没有肌肉的收缩和舒张而产生的力量牵拉骨骼进行运动，人们连起码的行走和直立都不可能完成，更不要说进行体育活动了。跑、跳、投及攀、登、爬、越等各种体育运动和体力劳动都离不开力量素质。一个人要想跑得快，腿部就要有较好的后蹬力，要想跳得高、跳得远就得有较好的弹跳力，要想投得远就要大力发展上肢爆发力。可以说力量素质是人体最基本的身体素质，是进行一切体育活动和体力劳动的基础。

2. 力量素质影响并促进其他身体素质的发展

任何身体素质都是通过一定的肌肉工作方式来实现的，而肌肉的力量是人体一切活动的基础。力量素质决定速度素质的提高、耐力素质的增长、柔韧素质的发挥和灵敏素质的表现。首先,力量素质的增长有助于速度素质的提高。因为肌肉的快速收缩是以其力量为前提的。其次,力量素质也有助于耐力素质的增长。从生活常识中我们可以非常容易地看出,一个强壮有力的人能比身体虚弱者持续活动更长的时间。再次,力量、速度的提高会增加肌肉的弹性,促进灵敏素质和柔韧素质的发展。

3. 力量素质的水平直接影响技术动作的掌握和运动成绩的提高

大学生力量素质的水平直接影响技术动作的掌握和运动成绩的提高。例如进行体操项目训练的大学生如果没有足够的上肢、肩臂、腰腹力量,就无法完成十字支撑、慢起手倒立等用力动作;球类运动中的各种急停、闪躲、变向、腾空以及一些高难动作的完成也都是以一定的肌肉力量为基础的;最大力量和爆发力是田径运动除技术之外决定运动成绩的关键因素。除长距离跑之外,其他田径运动项目的高水平运动成绩都与力量素质的发挥密切相关,尤其是投掷项目。

4. 力量素质是衡量运动训练水平的重要指标,也是各运动项目选拔人才的重要依据

力量素质在运动训练实践过程中,往往作为判断运动训练水平、评定参加何种等级比赛的一项重要指标,作为判断某些专项运动潜力的一种重要手段,也是一些体能性运动项目选材的依据。例如:进行体操项目训练的大学生在完成各种动作时,虽然要借助外力的作用,但是在其动作的所有阶段都要求大学生按照动作技术的要求,协调地运用自身的力量完成动作,所以对力量素质的发展必须给予足够的重视,尤其是力量往往被作为选拔大学生的重要指标;在篮球选材时往往将力量素质训练的"原地纵跳摸高""助跑摸高""负重半蹲""仰卧起坐"等动作作为衡量一名大学生身体素质好坏和评价运动训练水平的指标。

(二)力量素质的分类

大学生力量素质的水平决定着速度力量与力量耐力素质,主要分为最大力量、速度力量与力量耐力三种类型。

1. 最大力量

最大力量是指肌肉在随意一次性最大程度收缩中,神经肌肉系统所能够产生的最大的力。在竞技运动项目训练中,最大力量往往表现为可能克服和排除的外阻力的大小。大学生参与竞技运动训练,其最大力量并不是一成不变的,而是常常处于动态变化之中的,这就要求大学生不断发掘自身能力的极限,充分发挥自己的最大

力量，以保证力量训练的效果。通常情况下，最大力量训练多运用于田径的投掷、举重、摔跤、体操和柔道等竞技体育项目中。力量型运动项目的大学生常常采用增大肌肉体积，发展肌肉内和肌肉间的协调性的方法，以达到提高最大力量的目的。

2. 速度力量

速度力量是指神经肌肉系统以最快的速度发挥最大力量的能力，也可以说是在最短的时间内最大用力的能力。速度力量对所有需要"爆发性"用力运动项目的成绩起着非常重要的作用，如短跑、跳远等项目。据研究发现，当大学生发挥速度力量时间小于150毫秒时，爆发力和起动力起主要作用，而当大学生发挥速度力量时间超过150毫秒时，最大力量则起作用。速度力量通常是以速度和加速度的形式表现出来的。在田径、举重、柔道、摔跤、短程游泳、球类、体操、对抗类项目、室内自行车和短程速滑等竞技运动项目中，速度力量都扮演着重要的角色，发挥着重要的作用。一般来说，速度力量主要有爆发力、弹跳力和起动力三种特殊的表现形式，主要内容如下。

（1）爆发力

爆发力是指神经肌肉系统以最短的时间产生最大加速度所爆发出的最大的肌肉力量的能力，它可以在150毫秒之内达到最大力值。爆发力通常用力的梯度和冲量来表示。爆发力是利用肌肉弹性能的一种力量，即在爆发力之前的一瞬间有一个极短暂的肌肉预拉长瞬间产生弹性能（约为原肌肉长度的5%），迅速向相反方向用力收缩的动作过程，如田径运动中的掷标枪项目，大学生在助跑投掷前展现出的慢弓状就同爆发力有着密切的关系。在众多的以速度力量为主的运动项目中，爆发力对运动成绩起着至关重要的作用。

（2）弹跳力

弹跳力是指神经肌肉系统在触地前瞬间被拉长，后再自动（触地）转化为缩短的过程中，以很高的加速度朝相反方向运动使身体产生跃起的能力。与爆发力相比，弹跳力有一个触地的动作过程。大量的研究证明，肌肉拉伸速度越快，肌肉工作的转换速度就越快，从而起跳的高度也越高。

（3）起动力

起动力是指神经肌肉系统在极短的时间内发展尽量高的力量的能力，即用力开始后约50毫秒就能达到较高力值的能力。在速度力量中，起动力是收缩时间最短的力，是在必须对信号做出迅速反应的运动项目上所表现出的一种力量能力。

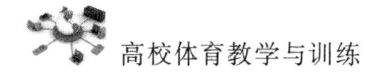

3. 力量耐力

力量耐力是指大学生机体耐受疲劳的能力，其以较高的持续表现能力为特征，如竞技运动中的现代五项、铁人三项、中长跑、划艇、公路自行车以及足球等项目，均需要长时间抗疲劳的能力。

二、力量素质训练应遵循的原则

（一）力量素质训练要有系统性

力量训练应有计划地全年安排，保证训练的连续性和系统性。力量训练可使肌肉克服阻力的能力较快增长，但一旦停止训练，消退得也较快。研究表明，力量增长得快，消退得也快，增长得慢，消退得也慢。若停止力量训练，已经获得的力量将按原增长速度的三分之一消退。所以力量训练要按计划、逐步稳定地增长，这样既可以防止伤害事故发生，又可以减慢力量消退速度。根据优秀大学生的训练经验，每周进行1~2次力量训练，可保持已获得的力量；每两周进行4~6次力量训练，力量可望获得增长；每周进行3~4次力量训练，力量可获得显著增长。

（二）力量素质训练要把握"超量"原则

优秀大学生的力量训练是建立在"超负荷训练"的基础之上的。所谓"超负荷训练"就是指要求肌肉完成超出平时的负荷。"超负荷训练"通常会引起肌肉成分特别是肌蛋白的分解。"超负荷训练"会导致超量恢复的产生。在超量恢复的整个过程中，肌肉的成分会重新组合，肌蛋白含量得到提高，从而使肌肉更加粗壮有力。因此，要经常不断地安排"超负荷训练"，以引起超量恢复，达到迅速发展力量素质的目的。在力量素质训练过程中逐渐增加练习负荷是最为重要的，但是重量不宜增加过快。力量增长后要及时地增加练习负荷或是增加重复次数。若最大力量练习的重复次数达到10~12次，则练习重量应增加3%~5%；若使重复次数减少到7~8次，而负荷量停留在原来的负重水平上，那么训练只能增加力量耐力。

（三）力量素质训练要全面、要有实用性

全面提高各肌肉群的力量，不但主动肌要得到提高，而且对抗肌要注意提高；不但要使大学生的大肌肉群得到训练，而且要注意发展小肌肉群和肢体远端肌群的力量。这样不仅可以提高动作的协调性，更重要的是可预防受伤。力量训练手段和专项动作应力求一致。大多数运动项目的动作结构、用力方向、参与肌肉的用力形式及其工作方式、关节角度等均不相同，各有其自身特点。因此，发展力量时要努力做到一般力量训练和专项力量训练相结合。在安排力量练习时，必须对所从事的

专项运动进行全面深入的分析研究。一般在比赛期,优秀大学生进行专项力量训练时,应该在动作结构、肌肉工作性质、用力的动力学特征上尽可能与专项动作和比赛动作保持一致。但是,对青少年大学生或训练的初期阶段不宜按此要求进行训练。周期性项目的大学生提高专项力量素质应主要采用克制与退让相结合的动力性练习。

(四)力量素质训练要有科学性

1. 要掌握正确的动作姿势和呼吸方法

在进行力量素质训练时,应注意正确的身体姿势,因为力量练习时不但作用于各关节的力和力矩的大小发生变化,而且力矩的方向也会发生变化,如果动作不正确,不但达不到训练效果,甚至会造成运动损伤。因为憋气有利于固定胸廓,提高腰背肌紧张程度,可以提高练习时的力量,所以极限用力往往要在憋气的情况下才能进行。人们进行背力测定研究发现,憋气时的背力最大,为133千克,在呼气时为129千克,而在吸气时力量最小,为127千克。虽然憋气可提高练习时的力量,但用力憋气会引起胸廓内压力提高,使动脉的血液循环受阻,而导致脑贫血,甚至会发生休克。为避免产生不良后果,力量练习时必须注意以下几点:第一,憋气用力不要过于频繁。第二,学会和掌握在练习过程中完成呼吸。第三,在完成力量练习前不应做最深的吸气。第四,可以采用慢呼气来协助最大用力练习的完成。

2. 要掌握正确的练习顺序、方式

不同性质的力量练习同时进行时,首先安排发展肌肉爆发力的练习,然后是最大力量练习,最后是力量耐力练习。力量素质训练时练习负荷与练习方式要经常变换,防止机体对力量练习形成适应,这样会削弱力量练习的效果。长时间完成相对固定的力量练习,大学生机体会对练习刺激产生适应,那么这些练习就达不到训练刺激的目的。只有在训练方式不断变化的情况下,才能保证训练刺激的有效性,促进力量素质的不断增长。为此,可采用以下方法:第一,在可能的范围内改变负荷重量、重复次数和完成动作的频率;第二,改变练习的手段与方法;第三,使用的训练器材和负重方法多样化;第四,改变发展各肌群力量的练习顺序。

另外,在力量素质训练中要处理好负荷与恢复的关系。在一个训练阶段中,负荷安排应大中小结合,循序渐进高负荷量度;在小周期训练中,应使各种不同性质的力量训练交替进行,如在每周星期一、三、五可安排发展爆发力或最大力量为主的训练;在每组重复练习中注意组间的休息;力量训练后要特别注意使肌肉放松。

三、力量素质训练的方法

(一) 力量素质训练的基本方法

1. 动力性克制收缩练习方法

动力性克制收缩练习方法是指肌肉在拉长状态下以近端固定收缩克服外阻力的力量训练方法。在体育技术中，为克服地心引力，大学生支撑腿髋、膝、踝关节的伸肌群以近端固定收缩，使关节伸展，支撑反作用力推动人体进入腾空状态。为发展下肢肌肉的蹬伸支撑力量，以动力性克制收缩负重或徒手跳跃练习方法发展臀大肌、臀中肌、臀小肌、股四头肌、小腿三头肌等肌群克制性收缩力量。动力性克制收缩力量练习方法主要发展伸肌群的最大力量、速度力量和力量耐力素质。各种负重力量练习和跳跃力量练习都属于这种力量练习方法。

2. 动力性退让收缩练习方法

动力性退让收缩练习方法是指肌肉在拉长状态下以远端固定收缩克服外阻力的力量训练方法。在体育技术中，由于重力、冲撞力、冲量的作用，人体的支撑器官如下肢和脊柱等需要在维持一定的关节角度的同时进行吸收和缓冲冲撞力，避免人体受伤。在这种情况下，肌肉以远端固定，在缩短中被迫拉长，进行离心收缩。在这一过程中，伸肌群在缩短中拉长，而屈肌群同时在拉长中缩短，共同维持关节角度处在有利于伸肌发挥弹性势能的位置，并且能够承受更大的外部阻力。动力性退让收缩力量练习方法在发展屈肌群力量的同时，也发展了伸肌群的弹性势能储备能力。跳深练习和有水平速度的单腿连续跳跃、双腿跳跃练习可以很好地发展肌肉的动力性退让收缩力量素质。

3. 等动力量练习方法

等动力量练习方法是指在等动力量练习器械上进行的肌肉抗阻力始终恒定的力量练习方法。外部阻力负荷始终随着负重关节角度的变化而变化，即恒速力量练习，或关节角度无论变化到哪个位置，都能承受最大负荷。因此，等动力量练习方法被认为是发展最大力量和避免受伤的最好的力量训练方法。游泳训练时，大学生常采用等动练习方法发展匀速的划水力量。

4. 超等长收缩练习方法

肌肉在外阻力作用下在缩短中被拉长，进行超等长收缩。超等长收缩与退让性收缩的不同之处是，前者强调的是在离心收缩时储备大量的弹性势能，在后续向心收缩时转化为对外做功的动能；后者则强调肌肉的退让拉长的缓冲作用和承受负荷的能力。例如，跳跃大学生的起跳腿伸肌群在脚着地时会进行超等长收缩。

5. 静力性练习方法

静力性练习方法是指不改变肌肉长度、张力变化的力量练习方法。

6. 电刺激方法

电刺激力量练习方法是指利用电刺激替代神经冲动使肌肉产生收缩的力量练习方法。

7. 组合力量练习方法

组合力量练习方法是指将上述力量练习方法进行不同搭配组合进行综合力量训练的力量练习方法。

（二）力量训练的基本手段

1. 负重抗阻力练习手段

负重物、杠铃、沙袋等克服外阻力的负重力量练习手段。

2. 对抗性力量练习手段

将对手的力量作为阻力进行对抗力量练习。

3. 克服弹性阻力的练习手段

利用弹性物体的变形阻力发展身体的局部力量。

4. 利用外部环境阻力的练习手段

利用自然环境如沙滩、水阻力、山坡等进行力量练习。

5. 克服自身体重的练习手段

各种徒手的蹲起、跳起、跳跃、跳台阶等力量练习。

6. 利用专门力量训练器械的练习手段

利用各种综合的、单一功能的、专项的力量训练器械进行力量练习。

（三）最大力量训练方法

1. 重复力量训练法

重复力量训练法的负荷特征是重复一种多重量级别或重复多种力量练习内容，强度为75%～90%，重复组数6～10组，重复次数3～6次，组间歇3分钟。重复力量训练法可以加强新陈代谢，加强支撑器官的力量，提高协调性，发展基础力量素质和保持力量素质。重复力量训练法能够有效地增加肌纤维的粗度，使肌肉的横断面增大，肌肉力量增加。

杠铃深蹲重复练习方法举例：

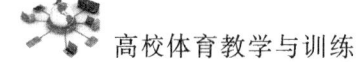

①练习强度：75%～85%（最大力量100千克）。

②练习方案：

60千克×3组×8次（组间歇3分钟）；

65千克×3组×8次；

70千克×3组×6次；

75千克×3组×6次；

80千克×2组×3次；

85千克×2组×3次。

重复组数和重复次数的增加意味着力量素质的提高，还要增加负荷的重量或提高强度。当大学生能够完成重复次数时，便能承受更大重量的负荷，甚至超过最大负荷。采用重复法发展最大力量素质比较适合力量训练水平较低、刚开始进入力量强化训练的青少年大学生。在准备期前期，宜采用重复法发展基础力量素质和支撑力量能力。

2. 强度法

强度法的负荷特征是以85%的强度开始负荷，经过5～6个重量级别之后达到最大负荷强度，即100%强度。重复组数6～10组，重复次数1～3次，组间歇3分钟，强度越大，重复次数越少。强度法可有效地改善肌肉的内协调能力，使肌肉的最大力量增加而不增加体重或少增加体重，多增加力量。这是在不增加体重情况下增加相对力量的较好的途径。

强度力量素质训练法举例：

（1）进行铅球项目练习的某大学生采用强度法进行的力量训练方案：

最大力量指标：卧推230千克，深蹲300千克，高翻180千克，弯举90千克成组练习。

推铅球成绩：22.20米。

星期一、四：卧推5组×3～5次，弯举5组×8～12次。

星期二、五：深蹲4组×3～5次，高翻4组×3～5次，负重仰卧转体3组×8～12次。

星期日：力量测验。

（2）杠铃深蹲负重强度法举例：

①练习强度：85%～100%（最大力量180千克）

②练习方案：

150 千克×1 组×3 次（间歇 3 分钟，走动）；

160 千克×1 组×3 次；

165 千克×1 组×1 次；

170 千克×1 组×1 次；

175 千克×1 组×1 次；

180 千克×1 组×1 次。

举重大学生采用强度法，后 3 个重量级别可以以 2.5 千克递增。其他项目最大力量素质的大学生采用 5 千克递增的强度法可最大限度地动员神经中枢的兴奋冲动，一次性地发挥出最大力量。投掷、跳跃大学生多采用强度法发展最大力量素质。强度法力量训练方法在准备期后期采用，可以提高专项力量的强度。最好在重复法之后，有了一定力量训练基础之后，再采用强度法进行最大力量训练效果更好。

3. 极限强度法

极限强度法也叫"保加利亚法"或"阶梯式力量训练法"。极限强度法的负荷特点是：突出最大强度或超最大强度，在 90% 强度至 110% 强度之间确定 5~6 个强度级别，重点是 97.5% 和 100% 强度。在达到最高强度之后，以 10 千克递减两个重量级别。

极限强度法负荷方案：

强度 90%×3 组×3 次；强度 95%×2 组×2 次；强度 97.5%×2 组×2 次；强度 100%×2 组×1 次；强度 100%以上×1 组×1 次。以 10 千克为单位递减两个重量级别，组间歇 3 分钟。

极限强度法与强度法的不同之处在于，极限强度法开始强度较大，为 90%，达到 100% 强度之后还要上一个强度，即超最大强度，向极限挑战，然后大幅度地递减两个重量。举重大学生采用极限强度法发展最大力量对于提高比赛能力效果较好。

4. 退让练习法

退让练习法是指负重或从高处跳深发展屈肌群力量和伸肌群等。

长离心收缩力量的练习方法。退让练习时，肌肉工作的最大张力比克制性和静力性工作的最大张力大 1.2~1.6 倍。

退让性练习的强度以 140%～190% 或 120%～190% 为宜。跳深练习采用的跳下高度超过 1 米,为 1～1.6 米。发展伸肌群的最大的超等长收缩力量。负较重的杠铃深蹲进行退让练习时,要有保护,或在专门器械上练习。采用仰卧蹬杠铃慢放的方法也可以发展腿部肌肉的退让性工作能力。

5. 静力性练习方法

静力性力量练习可以发展肌肉的最大力量,也可以发展肌肉的力量耐力。发展哪种力量素质,取决于静力性力量练习的负荷强度和静力负荷持续的时间。

静力性力量练习方案:

强度 50%×2～4 组,组持续时间 20 秒以上,组间歇 3～4 分钟。发展力量耐力素质。

强度 50%～70%×2～4 组,组持续时间 12～20 秒,间歇 3 分钟。发展力量耐力素质。

强度 70%～90%×4～6 组,组持续时间 8～12 秒,间歇 3 分钟。发展最大力量素质。

强度 90% 以上×3～5 组,组持续时间 3～6 秒,间歇 3 分钟。发展最大力量素质。

6. 电刺激法

电刺激引起的肌肉收缩在本质上与其他力量训练时肌肉收缩是相同的。电刺激可以增加局部肌肉力量而不增加肌肉的重量。研究表明,举重大学生运用电刺激法进行力量训练,10 天后股四头肌力量由 308 千克增加到 375 千克,增长率为 21.75%;肱三头肌经过 7～10 次电刺激后,力量增加 23.8%。同时,采用其他力量练习方法,肱三头肌力量仅增加 8.7%。游泳大学生采用电刺激法发展不同原动肌力量效果较好。电刺激法分直接刺激法和间接刺激法两种。直接刺激法是将两个电极固定在肌肉末端,频率 2 500 赫兹,收缩最强烈。间接刺激法使用电脉冲电流仪,通过两个趋肤电极传输到肌肉,频率 1 000 赫兹时肌肉收缩状态最为理想。运用电刺激法时,也可以用电极针扎在肌腹两端,进针深度 3 厘米,刺激频率 100 次/秒,每次时限 0.1 秒,刺激 5～7 秒,间隔 3～5 秒,共 15 分钟,隔日一次。电刺激获得的力量消失较快,停止电刺激 15 天后力量下降。电刺激法可以作为力量训练的辅助手段,也可以用于因伤不能进行正常的力量训练的大学生发展力量素质。

7."长力量不长体重"的最大力量训练方法

除了少数项目之外,大部分项目的大学生都希望在力量训练中能够收到既长力量又不长体重的训练效果。肌肉的收缩力量与肌肉的体积大小有关,也与参与收缩的肌纤维数量多少有关。增长肌肉力量的训练要沿着这两条途径展开。肌肉体积不够大，表明肌肉纤维的围度不够粗，收缩力量不够大，增加肌肉的体积意味着同时增加了身体重量。只有参加收缩的肌纤维数量最多，围度也足够大，肌肉收缩力量才最大。

人体运动时是采用特定的技术动作以展现特定的身体姿态和身体位置。构成身体姿态和改变身体位置的原动肌力及"核心力量"的大小取决于技术动力结构及其运行机制，即遵循用力的顺序、用力的力度、用力的节奏、用力的时间、用力的方向等技术的用力机制及特点规律。不同技术的不同的用力特点决定了不同技术需要发展不同的肌肉（群）的力量素质。例如，跳高大学生的技术是越过横杆的高度，需要起跳腿发挥最大的肌肉力量，推动肢体垂直向上升起。跳高大学生的起跳腿的肌肉体积一定要足够大；拳击大学生的技术需要用拳击打对方，上肢及躯干的肌肉体积必然较大。因此，给我们的提示是最大限度地发展专项技术的原动肌力量，不限制原动肌的体积，限制发展远离原动肌或"核心力量"的肌肉体积，如跳高大学生的上肢、拳击大学生的下肢肌肉体积，而保持整体重量的不变。然而，在实际力量训练中，仅仅进行这样的限制性训练是达不到"既长力量又不长体重"的训练效果的。原因在于力量训练的方法和手段在动作结构上与实际完整的专项技术结构相去甚远，即使采用具有专门功能的力量训练器械，也无法"非常准确"地发展特定的肌肉力量。解决途径有两条：一是在力量训练中采用训练学的方法、手段"消除"或"抵消"由于肌肉体积的增加带来体重的增加的影响。如杠铃负重之后的大量的跳跃练习和肌肉拉伸练习，既可以改变肌肉收缩的性质和方向（变横向收缩为纵向收缩），抵消肌纤维横向增长的趋势，又可以恢复肌肉的弹性和柔软度，保持原动肌肉的收缩能力。同时，消耗了大量的能量，限制了体重的增长。二是进行大运动量的专项技术训练。事实表明力量训练包括负重力量训练和跳跃训练，只有与大运动量的专项技术训练相结合、相适应，才能充分地表现出技术训练的强度和难度。力量训练后隔一天的大运动量的专项技术训练，既可以满足力量与技术结合的需要，又可以解决因为大量消耗能量而降低或保持体重的问题。

（四）速度力量训练方法

1. 负重快速克制性力量练习法

负重30%～65%，以最快的速度完成力量练习，练习次数6～8次，间歇充分。

（1）负重计时法

完成一定次数的负重练习需要的时间。计每次练习的时间和每组练习的时间。

由于计时练习，大学生要在尽量短的时间内完成一定次数的负重力量练习，需要加快练习的速度和动作频率，发展肌肉克制性收缩的速度。

（2）负重计数法

在一定时间内完成的负重力量练习次数。时间一定，计负重练习次数，大学生为完成更多的次数，往往加快练习的速度和动作频率。

（3）重—轻负重力量练习法

将重量增至90%~100%，然后大幅度地减轻负重量，如减至60%~30%，加快负重练习的速度。在跳跃项目中，先进行杠铃负重力量练习，然后穿沙背心进行跳跃练习，最后徒手进行跳跃练习或起跳练习，可以加快练习的动作速度。在投掷项目中，先投重器械，后投轻器械可以提高出手速度。

2. 超等长快速力量练习法

在短跑和跳跃项目的脚着地瞬间，支撑腿的伸肌群在强大的冲量作用下进行超等长收缩。穿沙背心或徒手进行各种跳跃练习，可以发展下肢肌肉的超等长收缩能力。

（1）垂直跳深

垂直跳深是指原地从高处跳下—跳上练习，主要发展的是支撑腿伸肌群在超等长收缩条件下进行垂直克制性收缩的能力。因此，在从高处跳下时不能停顿，并且在保持合适的关节角度情况下借助反弹力跳起，跳高、跳远大学生的起跳需要这种力量素质。

（2）助跑单腿跳深

助跑的速度要逐渐提高，逐渐加大跳深的难度。间隔一定距离设置若干高度在30~50厘米的支撑物，进行单腿连续跳深或换腿跳深练习。这种跳深练习可以发展支撑腿肌肉在强大的冲量作用下连续跳跃能力，三级跳远大学生需要这种能力。

（3）跳台阶

连续向下跳台阶可以发展支撑腿肌肉的超等长收缩力量。

3. 发展肌肉弹性速度力量的练习法

在体育项目的技术动作中，发挥肌肉的弹性可以加强肌肉的收缩力量，同时，还可以控制技术动作的节奏、协调性和保护关节免受伤害。在大多数情况下，肌肉的弹性需要以快速地收缩形式表现出来。

（1）跳深

跳深发展的是肌肉在离心收缩过程中弹性势能转变为弹性动能的能力。

(2) 各种跳跃

跳跃练习可以单独进行，也可以在负重力量练习之后进行大量的跳跃练习。

(3) 各种拉力练习

掷标枪、游泳、越野滑雪等项目需要大学生上肢肌肉发挥弹性力进行一次性的或周期性的拉引器械或水，产生弹性力量，完成具有弹性的拉力动作。拉力器、拉力弹簧、拉力橡皮条等有助于发展上肢肌肉的弹性力量。

(五) 力量耐力训练方法

1. 重复法

采用重复法进行力量耐力素质训练，可以在大学生的肌肉工作能力允许范围内以最大的负荷量重复最多的次数和组数。这种力量训练对大学生的心血管系统和神经肌肉系统的影响是深刻和长远的。在准备期前期采用这种力量训练方法可以为后续的力量训练和速度训练打下坚实的肌肉力量耐力基础。

2. 循环法

采用循环法发展力量耐力素质，可以设置若干个力量练习站进行轮流式、分配式或流水式循环力量练习。

3. 等动力量练习

等动力量练习方法可以发展最大力量，也可以发展力量耐力。

第二节 促使速度素质提升的训练方法

一、速度素质的概念和分类

(一) 速度素质的概念

速度素质是指人体或人体的某些部位快速运动的能力。在人体与器械整体运动中，速度是指人体－器械整体快速运动的能力。速度能力包括快速移动能力、快速完成动作的能力和快速反应能力，即所谓的移动速度、动作速度和反应速度。

速度素质是个体神经－肌肉支配系统反应的灵活性、反应时、肌肉收缩速度等综合能力的体现。速度素质是指以最短时间通过一定距离的能力，以最短时间完成一定幅度动作的能力，神经冲动以最短时间通过反射弧的能力。

(二) 速度素质的分类

1. 反应速度

反应速度是指个体大学生的听觉、视觉、触觉、动觉对各种信号刺激的反应时间,即反应时。这种能力取决于神经传递反射弧的灵敏性。机体的感受器感受到刺激时,信号由感觉神经元传入神经中枢,由中枢神经发出指令,经运动神经元传出至效应器,肌肉收缩产生动作,这一神经—肌肉反射过程的快慢决定了反应速度的快慢。短跑大学生起跑时蹬离起跑器的时间长短,取决于大学生听到发令枪声后"推手"和"蹬腿"的反应时长短。优秀短跑大学生的起跑时间为 0.15 秒左右,0.18～0.20 秒的反应时是优秀水平的反应时。球类项目的大学生的反应时取决于视觉反应时和动觉反应时。如乒乓球大学生能在 0.15～0.18 秒时间内"看"到对手的发球并迅速做出回球的动作反应。反应速度的训练主要是充分挖掘遗传潜力,熟练掌握技术动作,集中注意力及改善专项反应时。

2. 动作速度

动作速度是指在单位时间内完成动作的多少。动作速度包括完成整套动作的速度、完成单个动作的动作速度和动作速率。在体育运动中,整套动作是指一次完成的完整动作,如掷标枪的"最后用力"动作,自投掷臂一侧的脚着地的"转蹬"开始,经另侧脚着地完成"满弓"形,至"转髋"—"转肩"—"鞭打"—"出手"为止,为一个整套的完整动作。"最后用力"过程的动作速度是指整套动作的平均速度。实际上整套动作的速度是加速度,尤其是"鞭打"动作,自躯干至手腕的"鞭打"动作是连贯的动量传递和逐渐加速过程。单个动作的动作速度是指在整套动作中完成某一动作或完成某一动作环节的动作速度,如"鞭打"动作速度、"出手"速度。动作速率是指动作的频率及单位时间内完成动作的多少。动作速度的大小取决于神经—肌肉系统的调节,取决于肌肉收缩的速度和相对力量、速度力量的大小,取决于肌肉工作的协调性和技术动作的熟练程度。力学上,动作速度包括动作的平均速度、瞬时速度、加速度及角速度、角加速度。

跳远的起跳速度是平均速度,腾起初速是瞬时速度,也是加速度。平均速度与瞬时速度是相对的,瞬时速度是单位较小的平均速度,它取决于动作时相的选择。在有支撑和无支撑旋转运动中,动作速度是角速度和角加速度。掷铁饼是有支撑旋转运动,在大学生的持饼三周旋转训练中,角速度是逐周增加的,至铁饼出手瞬间,由于旋转运动的突然停止使器械沿切线方向运动,角加速度变为线加速度,铁饼沿斜直线飞出。自由式滑雪空中技巧是有支撑和无支撑的旋转运动。虽然规则规定在跳台上转动要扣分,但是大学生的空中无支撑转动的动力却来源于台面的支撑转动,首先是不对称的摆臂引起的转动,其次是通过改变沿身体横轴和纵轴转动的转动半径使纵轴转动角速度增加,从而准确地完成空中的多周转体运动。

3. 移动速度

移动速度即位移速度,通常以通过一定距离的时间或单位时间内通过的距离来表示：v＝s/t。跑速和游速＝步（划）长×步（划）频。决定步长的因素有肢体长度、关节柔韧性和肌肉力量。腿长及髋关节柔韧性好的大学生其蹬摆的动作幅度较大，但是如果缺乏足够的肌肉力量和动作速率也不能获得较大的移动速度。决定动作频率的因素有神经支配的灵敏性、神经冲动的强度和兴奋性、肌肉收缩速度、肢体交替运动的协调性及技术动作的熟练程度。对于移动速度而言，步长与步频的最佳搭配是获得最大速度的有效途径。移动速度包括平均速度、瞬时速度、加速度、角速度、角加速度、初速度、末速度。100米跑10秒是指平均速度；起跑蹬离起跑器的时间约0.15秒是瞬时速度；100米跑的前30米跑时间为2.58秒是加速度；跳远的助跑最后一步速度是末速度；跳远起跳腾起速度是初速度；自由泳大学生手臂的划水动作可以视为肘关节和肩关节的角位移运动，产生角速度和角加速度。

在一个项目中或在一个项目的某一动作环节中，可能同时包括反应速度、动作速度和移动速度，如起跑动作；也可能包括动作速度和移动速度，如途中跑。各种速度之间存在着互为相关的关系。

二、影响速度素质的因素

（一）神经—肌肉反射系统

信号刺激—感受器（视觉、听觉、触觉等）—神经中枢（大脑皮层）—效应器（肌纤维），神经—肌肉反射系统是一个条件反射弧，神经传递在反射弧的每一环节的反应都需要时间，其中在大脑皮层延搁的时间最长，称为中枢延搁。视觉、听觉、触觉等感受器的敏感程度决定了感受时间。注意力高度集中、适宜的紧张度、没有感官疲劳，可以缩短感受时间。刺激信号的选择性、复杂性及刺激强度，决定了大脑皮层"分析"过程的时间延搁，复杂反应时比简单反应时长。肌肉的适宜紧张比肌肉放松时反应时缩短7%左右，肌肉的疲劳使反应时延长。

随着动作技能的逐渐熟练，反应时会明显缩短。研究显示，简单反应时可缩短11%～18%，复杂反应时可缩短15%～20%，而且反应的稳定性明显增强，这是建立条件反射过程成熟阶段的标志。总之，感受器、效应器的敏感程度、兴奋性、疲劳程度、刺激信号的强度、选择性、复杂程度、技术动作的熟练程度等因素决定了神经—肌肉系统的反射时间。

（二）肌纤维类型及肌肉能量储备

人体骨骼肌分为快肌纤维（白肌纤维）、慢肌纤维（红肌纤维）和介于二者之间（中间型）的肌纤维。人体内肌纤维类型的数量是由遗传基因决定的，个体内三种类型的肌纤维的比例一定，后天不能互相转化，但可以通过专门的训练改变中间类型肌纤维的功能,如增加毛细血管数量来强化肌肉的速度耐力素质的专项性。个体快肌纤维的比例高、肌肉收缩的速度快,速度素质就好。白肌纤维周围没有毛细血管,不能进行有氧代谢,但白肌纤维中的三磷酸腺苷(ATP)、磷酸肌酸(CP)含量高,ATP、CP无氧非乳酸功能,是速度的能量来源;白肌纤维肌糖原在ATP、CP储备动用完之后,进行无氧酵解至乳酸,生成ATP、CP供能,是速度耐力的能量来源。合理的速度素质训练不但可以提高肌肉中ATP、CP的含量,提高ATP、CP的能量储备,而且也可以提高ATP、CP的再合成速度及能量利用的能力。

(三)力量与技术水平

力量等于人体质量与加速度的乘积。质量一定,力量与加速度成正比,力量越大加速度越大,人体运动速度越快。由于加速度与质量成反比,因此,增加相对力量是增加加速度的有效途径。力量与速度相辅相成。在训练中往往采用发展速度力量的方法、手段发展速度素质,如短跑大学生在采用负重计时手段发展速度力量素质的同时也发展了速度素质。而30米起跑等速度练习也发展了爆发力素质。

合理而熟练的技术水平有利于速度的发挥。动作幅度、动作方向、动作节奏、动作力度、动作距离、动作的协调等技术因素直接影响着速度的发挥。同理,速度、力量、耐力、柔韧性等素质也直接影响着技术水平的发挥。它们共同组成大学生的竞技能力结构的核心构件。在比赛中,专项素质和技术水平对于战术的发挥和成绩的获得起着至关重要的作用。

三、速度素质训练的方法

(一)发展速度素质的基本方法

1. 重复法

短时重复法用于发展速度素质和改进技术,中时重复法用于发展速度耐力。短时重复法的特点是负荷时间较短,为2~30秒,负荷强度最大,为90%~100%强度,间歇较充分,心率恢复至120次/分进行下一次练习,发展ATP、CP供能能力;中时重复法的负荷时间较长,为30~120秒,负荷强度次大,为85%~90%,间歇较充分,主要发展糖酵解供能能力。速度和速度耐力是无氧代谢供能,即非乳酸供能和乳酸供能。

方案:发展游泳大学生的无氧供能能力方法举例。

(1)短冲法

例:10×12.5米;10×15米;8×25米;2~4×50米。短冲法是典型的无氧供能方式的训练，主要发展速度和绝对速度，超短距离，间歇时间较长，心率和呼吸次数的恢复更接近安静时的基础水平，冲刺时间一般不超过 30~35 秒，常用距离为 25~50 米。在一次全力冲刺中，大学生吸入的氧气量跟不上氧气消耗量，就会形成负氧债，在短时间内感到呼吸困难，因而称为缺氧训练法。短冲法可有效地提高大学生肌肉中 ATP 与 CP 的含量、无氧代谢酶的活性，加快糖酵解的速度。另外，由于用最大力量和最快速度划手和打腿，从而提高肌肉的速度力量，提高神经紧张与放松快速交替转换的能力，进而提高快速游泳技术。

以提高速度能力为目标的短冲训练手段示例：

10×12.5 米，90%~100%，间歇 12~25 秒。

10×12.5 米，90%~95%，间歇 8~10 秒。

8×25 米，95%~100%，间歇 30~40 秒。

8×25 米，90%~95%，间歇 25~35 秒。

4×50 米，95%~100%，间歇 60~90 秒。

4×50 米，90%~95%，间歇 50~80 秒。

（2）重复法

不同于短冲法的是重复法要求控制速度。随着练习次数的增加，疲劳不断积累，间歇时间适当延长。在短距离（50~100 米）重复时，间歇时间至少要等于该练习所用时间的 3 倍（1∶3）；较长距离（300~400 米）重复时，间歇时间不必太长，心率恢复达到 100~110 次/分开始下一次练习。重复训练法可以提高速度感和动作节奏感，从而学会在比赛中合理分配体力和控制速度。重复法是以强度为中心的训练方法，对神经中枢兴奋与抑制的转换、对大脑皮层与肌肉的协调能力要求较高。采用 50 米以下距离的重复练习，主要发展肌肉力量和速度，是非乳酸供能；采用 75~400 米距离的重复练习，主要发展速度耐力。由于较长时间对呼吸系统和血液循环系统提出较高要求，对缺氧和耐乳酸能力的提高有作用。重复训练主要用于训练后期和赛前减量期，是提高训练强度的手段。重复训练的安排不要集中，要分散安排，一般每周安排 1~2 次为宜。如安排过于集中，长时间进行大强度的重复训练，会使肾上腺素大大减少，肾上腺素的作用是使心跳频率加快，打开毛细血管，减少外周阻力，使代谢水平提高，能量供给充分。肾上腺素减少会使机能下降，疲劳积累。

重复训练法示例：

发展速度 4×50 米，全力游，提高每个游速。

发展速度耐力 4×100 米，3×200 米。

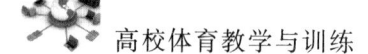

发展速度和速度耐力200米，100米，2×50米，逐渐增加速度，缩短距离。

（3）负分段游组

在反复游组中，要求完成每一游距时后程游速比前程快。

例一：10×400米，每个400米游速为90%，但在每个400米中要求后200米游速比前200米游速快，如400米自由泳成绩是4分20秒，前200米为2分12秒，后200米为2分08秒。

例二：4×200米，第一个200米后50米快；第二个200米后100米快；第三个200米后150米快；第四个200米全力游。

（4）耐乳酸训练

这一训练为长时间产乳酸大于消乳酸的能力训练。

例：50～200米，总量为400～600米，练习时间与间歇时间1∶1～1∶2，95%～110%比赛速度，根据距离不同，血乳酸控制在6～12毫摩尔/升，心率达到最高心率减去10次/分。

（5）乳酸峰训练

这一训练法使训练强度达到最大产乳酸能力。

例：25～100米，总量为200～400米，练习时间与间歇时间1∶2～1∶8，用100%～110%比赛强度，心率达到最高心率减10次/分，血乳酸控制在10～18毫摩尔/升。

（6）速度训练

这一训练法可提高最大速度能力。

例：12.5～50米，总量为100～200米，练习时间与间歇时间1∶6～1∶8，110%～120%比赛速度，血乳酸控制在2～3毫摩尔/升。

2. 间歇法

采用高强性间歇训练法发展糖酵解供能能力，发展ATP、CP和糖酵解混合供能能力；采用强化性间歇训练法主要发展无氧－有氧混合供能能力。400米跑成绩达43秒左右，是ATP、CP和糖酵解混合供能。发展400米跑大学生的速度耐力可采用高强性间歇训练法；800米跑成绩达1分32秒，是无氧－有氧混合供能，采用强化性间歇训练法发展800米跑大学生的专项速度耐力。

方案：发展400米、800米跑大学生速度耐力的训练手段举例。

（1）发展400米跑大学生的ATP、CP和糖酵解混合供能能力

300米×4～6组，间歇1∶2，强度为90%～95%。

400米×4～6组，间歇1∶3，强度为85%。

300米×4～6组，间歇1∶5，强度为85%。

(2) 发展400米跑大学生的糖酵解供能能力

400米×10～20组，间歇1∶3～1∶8，强度为85%～90%。

500米×4～6组，间歇1∶5～1∶8，强度为80%。

(3) 发展800米跑大学生的无氧—有氧混合供能能力

600米×4～8组，间歇1∶3，强度为90%～95%。

800米×4～6组，间歇1∶3～1∶8，强度为80%。

600米×4～6组，间歇1∶5～1∶8，强度为85%。

(4) 发展800米跑大学生的最大吸氧量能力

1000米×4～6组，间歇1∶1～1∶3，强度为80%。

3. 比赛法

采用教学性比赛、检查性比赛、模拟性比赛及适应性比赛的方法发展专项速度和速度耐力，可以收到比训练更大的效果。研究表明，测验性比赛比平时训练时机能水平发挥的程度要高10%～15%，正式比赛比平时训练机能水平要高出15%～20%。显然，比赛是最能充分动员机体机能储备，调动神经中枢的兴奋性，从而表现出最好运动成绩的训练手段。大学生可以参加短于专项距离项目的比赛，以提高专项速度能力。

4. 变换法

由于发展速度和速度耐力经常采用重复法和间歇法，大学生对神经兴奋与抑制转换节律易产生消极适应，甚至形成"速度障碍"，因而采用变换训练法可以减轻或消除这种消极影响。

(二) 发展速度素质的手段

1. 发展反应速度的手段

(1) 听信号起动加速跑

在慢跑中听到信号后突然起动加速跑10～15米，重复8～10次。

(2) 小步跑、高抬腿跑，听信号后加速跑

原地小步跑、高抬腿跑，听到信号后突然加速跑15～20米，重复进行。

(3) 俯卧撑听信号跑

俯卧撑听信号后突然起跑10～15米，重复进行。

(4) 听信号转身起跑

背对前进方向，听到信号后迅速转身180°，起动加速跑10～15米，重复进行。

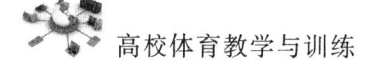

(5) 听枪声起跑

站立式或蹲踞式，听枪声后起跑 20～30 米，3～5 组×3～6 次，强度为 90%～95%。

(6) 反复突变练习

练习者听各种信号后分别做上步、退步、滑步、交叉步、转身、急停等动作。

(7) 利用电子反应器

依据不同的信号，用手或脚压电扣，计反应时。

(8) 两人对拍

两人面向站立，听到信号后用手拍击对方的背部，在规定时间内，拍击次数多者为胜。

(9) 反应起跳

练习者围圈站立，圈内 1～2 人，站在圆心手持小树枝或小竹竿，持竿人持竿画圆，竿经谁脚下谁起跳，被竿打到者进圈换人，可突然改变方向。

(10) "猎人"与"野鸭"

"猎人"围圈而立，站在画好的圈内，1～2 人手持皮球击打圈内的"野鸭"，"野鸭"为"猎人"的三分之一，"野鸭""猎人"互换角色。

(11) 找伙伴

练习者绕圈慢跑，听到"三人"或"五人"口令后，练习者立即组成规定人数的"伙伴"，不符合规定人数的为失败组，失败组罚做俯卧撑、高抬腿等练习。

(12) 追逐游戏

两队相距 2 米，分为单数队和双数队，听到"单数"口令，单数队跑，双数队追，反之亦然。在 20 米内追上为胜。

(13) 起动追拍

两人一组前后距离为 2～3 米慢跑，听到信号后开始加速跑，后者追上前者用手拍对方的背部，20 米内追上为胜。

(14) 多余的第三者

练习者若干，呈两人前后面向圈内围一圆圈而立，左右间隔 2 米，两人沿圈外跑动追逐，被追者可跑至某两人前面站立，则后面的第三人立即逃跑，追者追第三人，被追上者为游戏的失败者，罚做各种身体练习。

2. 发展动作速度的手段

(1) 听口令或节拍器摆臂

两脚前后开立或呈弓箭步，听口令或节拍器快速前后摆臂 15～30 秒，2～3 组。

(2) 原地快速高抬腿或支撑高抬腿

站立或身体前倾支撑肋木快速高抬腿10～30秒，4～6组。

(3) 仰卧高抬腿

仰卧快速高抬腿10～30秒，也可以拉橡皮条。

(4) 悬垂高抬腿

手握单杠悬垂，两腿快速交替做高抬腿动作，20～50次，2～4组。

(5) 快速小步跑

15～30米，3～5组，最高频率，强调踝关节屈伸当中的连贯性和协调性。

(6) 快速小步跑转高抬腿跑

快速小步跑5～10米，身体前倾转快速高抬腿跑20～30米，4～6组。

(7) 快速小步跑转高抬腿转加速跑

小步跑10米转高抬腿跑10米转加速跑10～20米。

(8) 高抬腿跑转加速跑

快速高抬腿跑10～15米转加速跑20米。

(9) 高抬腿跑转车轮跑

高抬腿跑10米转车轮跑15米，2～4组×4～10次。

(10) 快节奏高抬腿跑

高抬腿慢跑，听信号后加快节奏以最快频率跑10～15米。

(11) 踏步长标记高频跑

在跑道上画好步长标记，在行进间听信号踏标记高频快跑15～20米，2～4组×4～6次。

(12) 跨跳接跑台阶

跨步跳，听信号后快速跑台阶，要求逐个台阶跑，步频最高，如台阶固定可以计时跑，4～6组×6～8次。

(13) 连续建立跨栏跑

5～6副栏架，栏间距短于标准栏间距1～2米，要求栏间跑加快频率，讲究动作节奏和加速跑，2～4组×4～6次。

(14) 听节拍器或击掌助跑起跳

短程助跑，听信号加快最后三步助跑和快速放脚起跳，2～4组×8～12次。

(15) 侧跳台阶

练习者侧对台阶站立，侧跳台阶，两腿交替进行，2～3组×6～8次。

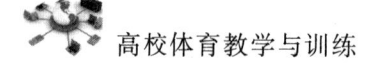

（16）左右腿交叉跳

在一条线上站立，沿着线两腿向左右两侧方向交叉跳，交叉跳时大腿高抬，快速转髋，动作速度加快，20～30米×4～6次。

（17）上步、交叉步、滑步或旋转投掷轻重量的器械

进行铅球、铁饼、标枪等项目投掷的大学生在发展专项动作速度时往往"最后用力"投掷较轻重量的器械。

（18）纵跳转体

原地纵跳转体180°或360°，连续跳10～20次。

（19）跳抓吊绳转体

助跑跳起双手抓住吊绳，后仰收腹举腿，转体180°跳下，10～15次。

（20）快速挥臂拍击沙袋

原地或跳起快速挥臂拍击高悬沙袋，30次×3～5组。

（21）转身起跳击球

吊球距地面3米左右，原地起跳用手击吊球后在空中转体180°落地，接着转身起跳击球，连续5～10次，重复3～5组。

（22）快速挥臂击球

原地或跳起挥臂击高吊的排球，连续击打，动作速度要快，有鞭打动作，20～30次，重复2～4组。

（23）起跳侧倒垫球

在排球网前站立，听信号后双脚起跳摸网上高物，落地后迅速垫起教练抛来的排球，连续10～15次，重复3～4组。

（24）两侧移动

两物体高120厘米相距3米，练习者站在中间左右移动，用右手摸左侧物体、左手摸右侧物体，计30秒内触摸物体的次数，重复3～4次。

（25）对墙踢球

距墙4～6米站立，以脚内侧或正足背连续接踢，从墙上反弹回来的球，20～30次，重复3～5组。

（26）移动打球

6人站成相距2米的等边六角形，其中5人体前各持一球，听信号后大学生徒手快速移动循环拍打持球者手中的球，每次移动拍打20次，每人完成2次循环为一组，重复2～4组。

(27) 快速移动起跳

在篮板左下角听信号后起跳摸篮板，落地后迅速移动到右侧跳摸篮板，8～10次，重复 2～3 组。

(28) 上步后撤步移动

根据教练的手势或信号在乒乓球台端线做上步后撤步移动练习，移动速度快，持续 30 秒，重复 2～3 次。

(29) 交叉步移动

在乒乓球台端站立，听信号后左右做前交叉步移动练习，结合挥拍击球动作，动作速度加快，移动 20 秒，重复 2～3 组。

(30) 技巧、体操、弹网大学生的转体练习

组合动作接转体动作尤其是接多周转体动作，要求大学生不仅要具有速度力量等素质，而且还要有快速的动作速率及熟练而协调的技术能力。

(31) 高山滑雪中的"小回转"练习

在雪道上设置若干小回转旗门，练习快速、准确回转过旗门。

第三节　促使耐力素质提升的训练方法

一、耐力素质的概念及分类

(一) 耐力素质的概念

耐力素质是指有机体在较长时间内，保持特定强度负荷或动作质量的能力。耐力与力量和速度这三种素质的结合，分别表现为力量耐力和速度耐力。大学生对长时间工作的心理耐受程度、运动器官持续工作的能力、能量物质的储备情况和长时间工作时有氧代谢的能力、掌握运动技术的熟练程度和功能节省化的水平等对耐力水平具有重要作用。大学生耐力素质越好，则抗疲劳的能力就越强，保持特定负荷或动作质量工作的时间也越长。耐力素质对于各个项目的大学生来说都是重要的基础素质，而对于那些以有氧代谢为主要供能来源的项目来说，它对于提高运动成绩更有直接的意义。因此，耐力素质是运动成绩的基础条件，耐力训练应根据专项需要，采用适宜的训练手段和方法进行开发。

(二) 耐力素质的分类

1. 训练学分类体系

从训练学角度来分，可以把耐力素质分为一般耐力和专项耐力。

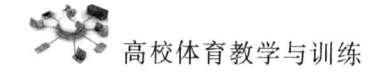

(1) 一般耐力

一般耐力是一种多肌群、多系统长时间工作的能力。无论专项特点如何，良好的一般耐力都有助于各种形式的训练取得成功。但是，由于一般耐力是不同形式耐力的综合表现，对不同的运动项目来说，项目特点对其有不同的要求。因此，在进行一般耐力训练时，应充分考虑一般耐力与专项耐力之间的关系。

(2) 专项耐力

专项耐力是指大学生的机体为取得专项成绩而最大限度地利用机体的能力，克服因专门负荷所产生的疲劳的能力。专项耐力取决于专项运动的特点，大学生在进行训练和比赛的任何活动中都能体现出这种能力。

2. 生理学分类体系

从生理学角度来分，可将耐力素质分为心血管耐力和肌肉耐力。而心血管耐力又包括有氧耐力、无氧耐力和有氧与无氧混合耐力。

(1) 有氧耐力

有氧耐力是指有机体在氧气比较充分的情况下，坚持长时间工作的能力。有氧耐力训练的目的在于提高大学生机体输送氧气的能力，促进机体的新陈代谢，为今后运动负荷的增加创造条件。如大多数球类项目和田径运动中的马拉松、越野跑、长跑、长距离竞走等项目中所需要的耐力。

(2) 无氧耐力

无氧耐力是指有机体在氧气供应不足的情况下，能坚持在较长时间内工作的能力。无氧耐力训练的目的在于提高大学生机体承受氧债的能力。如体操、短距离游泳以及田径运动中的短跑和大多数投掷、跳跃项目所需要的耐力。

(3) 有氧与无氧混合耐力

有氧与无氧混合耐力是介于无氧功能和有氧供能之间的一种耐力。它的特点是持续时间长于无氧耐力而短于有氧耐力。就像大多数对抗性项目，如拳击、摔跤、柔道、跆拳道以及田径运动中400米、400米栏和800米等项目所需要的耐力。

二、影响耐力水平提高的因素

耐力素质与人体其他素质密切相关，是多种因素共同作用的结果。

(一) 最大吸氧量水平

最大吸氧量是指在运动过程中，当人体的呼吸和循环系统发挥出最大机能水平时，每分钟所能吸取的最大氧气量。最大吸氧量的大小对耐力素质的影响十分明显，因为最大吸氧量本身就是反映有氧耐力水平的一个重要指标。最大吸氧量越大，有氧耐力水平也就越高。在有氧运动项目中，大学生的最大吸氧量明显大于其他人，同样，最大吸氧量水平越高，耐力性运动的成绩就越好。

最大吸氧量在很大程度上受遗传影响。除此之外，最大吸氧量与肺的通气功能、氧从肺泡向血液弥散的能力、血液结合氧的能力、心脏的泵血功能、氧由血液向组织弥散的能力、组织的代谢能力等也有十分密切的关系。在以上诸因素中，具有明显可控量化指标的是血液结合氧的能力，血液结合氧的能力可通过血液中血红蛋白的含量来反映。血液中血红蛋白含量越高，血液结合氧的能力越大。

（二）中枢神经系统的功能

中枢神经系统的功能对耐力素质有很大的影响。中枢神经系统通过交感神经对肌肉、内部器官和各神经中枢起到适应与协调作用，如各神经中枢间的协调性程度、神经中枢与运动系统间协调性程度、运动系统间的协调性程度等，对提高肌肉活动的耐力水平具有重要意义。除此之外，中枢神经系统还能通过神经系统体液的调节提高人体的耐力素质水平。如加强肾上腺素的分泌和肾上腺皮质激素的分泌，使心血管系统和肌肉工作能力提高，从而提高耐力水平，可见，中枢神经系统的功能对耐力素质有制约作用。反过来，耐力素质的练习又能促进神经系统有关功能的提高，这一点在发展耐力素质的过程中要引起充分重视。

（三）个性心理特征

大学生的心理素质、心理稳定性以及主观努力程度、运动动机与兴趣、自制力和忍耐力等都直接影响到耐力素质水平的发展。特别是忍耐力与耐力素质关系更为密切。所谓忍耐力是指人体忍受有机体发生变化后的能力。忍耐力的强弱与有机体发生变化的程度和其忍受时间的长短有关。忍耐力越强，人体也就越能长时间地忍受有机体发生的剧烈变化。如在以强度为主的长时间练习中，有机体就会发生很大的变化（如缺氧、酸性物质堆积等），在这种情况下，如果大学生的忍耐力不能忍受这种变化，练习就将终止，耐力素质的发展也只能停留在一定水平上。一般来说，耐力素质要得到最大限度的发展，就必须充分利用大学生的忍耐力去克服耐力发展过程中一个又一个的"极点"，不断突破机体的结构和功能的"临界状态"。

（四）机体的能量储备与供能能力

机体活动时的能量供应和能量交换的程度，在某种意义上取决于各种能量储备的大小和能量交换过程中的大学生水平。能量储备越大，耐力的发展潜力也就越大。如肌肉中磷酸肌酸（CP）、糖原的含量越多，就有利于无氧、有氧耐力水平的提高。肌肉中的CP储备能保证速度耐力活动中的能量供应；而肌肉中的糖原储备则是耐力活动中能量供应的主要方面。能量供应的速度主要在于能量交换的速度，耐力水平高的大学生，其体内能量交换的速度也快，从而保证了能量供应在人体活动中的不间断。能量交换的速度主要和各种酶的活性有关，耐力训练能有效地提高各种酶的活性（如肌酸激酶、氧化酶等），加快ATP的分解及其合成速度。

（五）机体机能的稳定性

机体机能的稳定性是指机体的各个系统在疲劳逐步发展、内环境产生变化时，仍然能够保持在一个必要水平上。由于耐力活动会产生大量乳酸，乳酸的逐步堆积也会引起肌肉组织和血液中的pH值（酸碱度）下降，造成一系列人体机能能力下降的现象。如神经肌肉接点处兴奋的传递受到阻碍，影响冲动传向肌肉；酶系的活性受到限制，使ATP合成速度减慢；钙离子浓度下降，肌肉收缩能力降低等。由此可见，机体机能的稳定性往往取决于机体的抗酸能力，抗酸能力越强，稳定的程度就越高，时间也越长。影响机体抗酸能力的因素有许多，与血液中的减储备密切相关。碱储备是缓冲酸性的主要物质，习惯上以血浆中碳酸结合的碱含量来表示。大学生的碱储备比未受过训练的人高出10%左右，这对提高大学生的抗酸能力，保持技能稳定性十分有利。

（六）机体机能的节省化

耐力素质的水平还取决于机体的机能节省化程度。机能节省化和机体能量储备的利用率有很大关系。耐力活动中，各种协调性的完善、体力的合理分配都能有效地提高能量储备的利用率。如协调性的完善可以减少不必要的能量消耗；体力的合理分配则可以提高能量的合理利用程度（匀速能量消耗少，变速能量消耗大）。总之，高度的机能节省化，能使人体在活动时单位时间内能量消耗减少到一个最小的程度，从而保证人体长时间的活动。

（七）红肌纤维数量

人体肌肉纤维的类型及数量对耐力素质也有影响。肌肉中红肌纤维因含血红蛋白多，线粒体多，氧化酸化供氧能力强，收缩速度虽慢但能持久，适宜有氧耐力训练。耐力性项目大学生的肌肉中红肌纤维占的比重极大。优秀的长距离游泳大学生的三角肌中，红肌纤维可达90%左右。所以红肌纤维占优势的人，给发展耐力素质提供了良好的物质条件。

（八）速度储备能力

速度储备即以较少的能量消耗保持一定速度的能力。这也是影响耐力特别是影响专项耐力的因素之一。在周期性运动项目中，其重要作用尤为突出。如一名100米跑10.5秒的大学生，跑400米成绩达到50秒是很容易的，他的速度储备指数是50秒/4－10.5秒＝2秒；而一名100米跑12秒的大学生，如400米成绩要达到50

秒是很困难的，因为他的速度储备指数只有 0.5 秒。也就是说，如果大学生能以极快的速度跑完一个短距离，也能更容易以较低速度跑完较长的距离。因为速度储备较高的大学生能以较少的能量消耗保持一定的速度，达到轻松持久的效果，这是中距离项目大学生所要求的专项耐力。除此之外，运动技能水平的高低、体型、性别、体温等因素也都会在不同程度上影响耐力素质的水平。

三、耐力训练的方法

(一) 有氧耐力训练方法

1. 匀速持续跑

适合项目：马拉松、10 000 米、5 000 米、公路竞走等。

目的：发展有氧耐力。

方法：跑的负荷量尽可能多，运动时间在 1 小时以上。心率控制在 150 次/分钟左右。

要求：匀速持续地跑进。

2. 越野跑

适合项目：所有中长跑和竞走项目。

目的：发展有氧耐力。

方法：跑的速度可以适当变化，心率控制在 150～170 次/分钟左右。运动时间在 1.5～2 小时。

要求：在空气清新、相对松软、有弹性的地面练习。

3. 变速跑

适合项目：1 500 米、3 000 米障碍、2 000 米障碍、5 000 米。

目的：发展有氧耐力。

方法：负荷强度由低到高，心率控制在 130～150 次/分钟、170～180 次/分钟左右。练习持续时间在半小时以上。

要求：根据运动能力控制速度和距离。

4. 间歇跑

适合项目：800 米、1 500 米、2 000 米障碍、3 000 米障碍。

目的：发展有氧耐力。

方法：训练负荷量较小，训练中每次练习的持续时间不长。负荷强度较大，心率达到 170～180 次/分钟。在身体尚未完全恢复的情况下进行下一次练习，心率在 120～140 次/分钟。

要求：整个训练的持续时间尽可能延长，持续时间在半小时以上。练习中采用积极性休息的方式，如放松跑和慢跑。

5. 法特兰克速度游戏

适合项目：所有中长跑和竞走项目。

目的：发展有氧耐力。

方法：在野外、丘陵、山坡、平原的地形条件下，由练习者自己控制距离不等的快跑、慢跑、匀速跑、加速跑交替进行的持续练习。

要求：多用于调整训练课或过渡训练期。

6. 高原训练

适合项目：所有中长跑和竞走项目。

目的：激发机体的补偿机制，发展有氧和无氧耐力。

方法：世居海拔1 600米以上高原的大学生在系统的高原训练中，再上海拔更高的高原，进行4～6周的系统训练，再回到居住地训练3～4周，下平原参加重大比赛。世居平原的大学生定期上海拔1 900～2 500米的高原训练4～6周，然后下平原训练3～4周后，参加重大比赛。

要求：注意解决高原训练能量消耗大、易疲劳、恢复时间长以及训练过程难以控制等问题。也可以采用"仿高原训练器""低压氧舱"等训练设备，模仿高原训练的环境和条件进行训练。

(二) 无氧耐力训练方法

1. 固定间歇时间跑

适合项目：100米、200米、400米、400米栏。

目的：发展乳酸供能无氧耐力。

方法：采用80%～90%的练习强度，心率达到180～190次/分钟。一次练习的持续时间和距离稍长，练习的重复次数不宜过多。

要求：间歇时间固定不变，可采用段落相等或不等的练习。如果段落不等，练习顺序应由短到长，在最后一组练习时基本保持规定的强度。

2. 逐渐缩短间歇时间跑

适合项目：100米、200米、400米、400米栏。

目的：发展乳酸供能无氧耐力。

方法：采用80%～90%的练习强度，心率达到180～190次/分钟。一次练习的持续时间和距离稍长，练习的重复次数不宜过多。

要求：间歇时间逐渐缩短，可采用段落相等或不等的练习。如果段落不等，练习顺序应由短到长，在最后一组练习时基本保持规定的强度。

3. 短段落间歇跑

适合项目：100米、100米栏、110米栏、400米栏。

目的：发展非乳酸供能无氧耐力。

方法：可采用30～60米距离，间歇时间1分钟左右。采用95%以上的大强度练习，持续时间10秒左右。

要求：保持高训练强度。较多的练习重复次数，组数根据练习者的情况而定。

4. 长段落间歇跑

适合项目：100米、100米栏、110米栏、400米栏。

目的：发展非乳酸供能无氧耐力。

方法：可采用100～150米距离，间歇时间2分钟以上。采用95%以上的大强度练习，持续时间10秒以上。

要求：保持高训练强度。练习的重复次数可以较多，组数根据练习者的情况而定。

（三）有氧和无氧混合耐力训练方法

1. 反复跑

适合项目：400米、400米栏、800米、1500米。

目的：发展有氧和无氧混合耐力。

方法：采用80%以上的强度，每组反复跑150米、250米、500米之间距离4～5次。每组练习之间休息约20分钟。

要求：以预定的时间跑完全程。也可以采用专项的四分之三距离进行练习。

2. 间歇快跑

适合项目：400米、400米栏、800米、1500米。

目的：发展有氧和无氧混合耐力。

方法：以接近100%强度跑完100米后，接着跑1分钟，间歇练习。快慢方式对照组成一组，反复训练10～30组。

要求：根据练习者的实际情况增减和调整训练负荷。

3. 力竭重复跑

适合项目：400米、400米栏、800米、1500米。

目的：发展有氧和无氧混合耐力。

方法：采用专项比赛距离，或稍长距离，以100%强度全力跑若干次，每次之

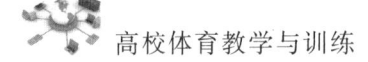

间充分休息。

要求：短跑大学生可以采用 30 米。中跑大学生可以采用 800 米或 1 500 米距离。

4. 俄式间歇跑

适合项目：400 米、400 米栏、800 米、1 500 米。

目的：发展有氧和无氧混合耐力。

方法：固定练习中间休息时间，随训练水平的提高逐渐缩短中间休息时间。

要求：如在跑 400 米练习中，用规定速度跑 100 米后，休息 20～30 秒，如此循环反复训练，随着大学生水平的不断提高，练习中间休息时间就可以调整为 15～25 秒。

5. 短距离重复跑

适合项目：200 米、400 米、400 米栏、800 米。

目的：发展有氧和无氧混合耐力。

方法：采用 300～600 米距离，每次练习强度为 80%～90%，进行反复跑。

要求：注意速度分配的准确性，可以采用全程或半程的速度分配计划。

6. 持续接力

适合项目：100 米、200 米、400 米、400 米栏。

目的：发展有氧和无氧混合耐力。

方法：以 100～200 米的全力跑，每组 4～5 人轮流接力。

要求：注意安全和练习过程中的协调配合。如果练习者人数充足也可以分成若干组进行训练比赛。

第四节 促使灵敏素质提升的训练方法

一、灵敏素质的概念及分类

（一）灵敏素质的概念

灵敏素质是指大学生在各种突然变换的条件下，协调、快速、准确地完成动作的能力。在熟练掌握运动技能的情况下，灵敏素质就能得到充分发展和提高。灵敏素质并没有像其他素质一样有具体的衡量标准，只有通过动作的熟练程度来显示灵敏素质的高低。衡量灵敏素质的发展水平高低主要从三个方面来判断。首先，是不是具有快速的反应、判断、躲闪、转身、翻转、维持平衡和随机应变能力。其次，是否能把力量（爆发力）、速度（反应速度）、耐力、柔韧、协调性、节奏感等素质和技能熟练掌握并以迅速准确的动作表现出来。最后，在完成动作时，是否能在任何不同的条件下自如地操纵自己的身体准确熟练地完成动作。另外，在不同的运动项目中，对灵敏素质要求不同。例如：跳水、体操等需要身体位置迅速改变及空中翻转方面所表现的灵敏素质。

灵敏素质是协调发挥各种身体素质能力、提高技术动作质量、创造优异成绩的重要条件，它在体能训练中主要有两点意义。第一，在体能训练中，准确、熟练、协调完成动作，提高运动技能和身体素质的重要保证。第二，在运动比赛中能够巧妙地战胜对手，取得良好的成绩。

(二) 灵敏素质的分类

1. 一般灵敏素质

一般灵敏素质是指运动者在各种运动活动及突然变换条件的情况下，能迅速、准确地完成各种动作的能力，它是专项灵敏素质发展的基础。

2. 专项灵敏素质

专项灵敏素质是指在各种专项运动中，运动者能够迅速、准确、协调地完成专项运动中各种动作的能力。它是在一般灵敏素质的基础上，不断重复专项技术和技能环节训练的结果。各项运动对灵敏素质有着不同的要求。例如：球类项目和格斗类项目动作复杂，没有固定的程序和动作模式，随时根据复杂比赛条件的变化，改变动作的方向、速度、身体姿势，主要强调反应、判断、躲闪、移动、随机应变、动作敏捷等能力。健美性运动的项目，则主要要求快速改变身体位置、空中翻转、时空感、节奏感和控制身体平衡等方面的能力。所以，专项灵敏素质具有明显的项目特点，必须根据专项机能的特异性，发展专项运动所需的灵敏素质。

二、灵敏素质训练的影响因素

(一) 智力发展水平和敏捷的思维能力

大学生要想有良好的灵敏素质，必须具备良好的智力发展水平和敏捷的思维能力。在运动活动中，各种运动技术和运动技能的灵活应用，深谋远虑的战术思想和实施计划，大脑神经活动过程兴奋与抑制的转换程度与快速工作能力的平衡，均取决于良好的智力发展水平和敏捷的思维判断能力。一个优秀大学生不仅要表现惊人的运动和超人的技能素质，而且还要表现出良好的思维能力，以及解决复杂与潜在的战术、技术等各个方面问题的能力。

（二）感觉器官的准确灵活性能

运动分析器的准确与灵活决定着灵敏素质的优劣，肌肉同样有着决定性的作用。运动分析器分析越完善，运动者对肌肉活动用力大小、快慢的分析能力就越高，完成动作就越精确。通过多年系统训练，可以使运动分析的能力得到全面提高。

（三）运动实践经验的丰富度

掌握基本运动技术越多、越熟练，不仅学习新的运动技能速度快，而且技术动作也显得更灵活，更富有创造力，表现出的灵敏素质也就越高。长期学习、运用各种技术动作和运动技能，可以提高运动实践经验的丰富度，实践丰富度越高，身体素质和技术动作"储备"就越多，因而灵敏素质水平才能不断提高。

（四）气温降低

气候阴郁潮湿、气温降低会使肌肉、韧带等一系列的运动器官灵敏度下降，影响灵敏素质。

三、灵敏素质训练的注意事项

（一）训练手段多样化

灵敏素质的提高发展与身体的各器官的机能改善有着很大的关系，而且一旦某个动作达到自动化程度，就没有明显的灵敏度提高的效果了。因此，就要变换手段发展灵敏素质，提高大学生各种分析器官和运动器官的机能。在具体训练过程中，可以采用以下几种手段进行训练。第一，可以采用快速变向跑、躲闪、突然起跑等训练，各种快速急停和迅速转体的练习，让运动者在跑跳的过程中迅速、准确、协调地完成各种动作。第二，可以采用各种调整身体方位的练习和专门设计的复杂多变的练习。如利用体操器械练习各种较复杂的动作，以及采用穿梭跑、躲闪跑和俯卧撑等相互结合进行训练。第三，可以采用不同信号反应练习和各种变换方向的追逐性游戏。

（二）结合专项综合训练

灵敏训练是提高运动能力的一个重要方面，在发展灵敏性的过程中，应该注意提高力量、速度、耐力、柔韧性是发展灵敏性的基础，将它的发展与其他素质的发展结合进行。灵敏素质具有专项化的特点。例如，一个人在体操、技巧专项训练中能表现出良好的灵敏素质和协调性，但是在球类练习中就不一定也能表现出来。因此，在训练时，要因专项要求和项目特点的不同采用不同的训练手段，使训练效果与专项要求相一致。如体操、技巧等可多做一些移动身体方位的练习，而球类运动项目可多做一些脚步移动的躲闪练习。

（三）合理安排训练时间

在整个训练过程中，灵敏素质训练安排要系统化，训练时间不宜过长，重复次数也不宜过多。因为训练时间过长会导致机体疲劳，影响运动者的力量水平，速度也会减慢，节奏感被破坏，平衡能力会降低，这些情况都不利于灵敏素质的发展。此外，在具体训练过程中，一般会在训练课开始的部分安排灵敏素质的训练，因为此时运动者处在精神饱满、一体力充沛、运动欲望强的状态下，能有效地减缓运动疲劳。

另外，在训练时间安排合理的情况下，要保证充足的训练间歇时间，偿还氧债和肌肉内 ATP 能量物质的合成。这也是减缓运动疲劳提高灵敏素质的另一种方式。但休息时间又不可过长，休息时间过长会使中枢神经系统的兴奋性大幅度下降；在下次训练中就会减弱对运动器官的指挥能力，使动作协调性下降、速度减慢、反应迟钝，这必然影响练习的效果。一般来讲，练习时间和休息时间的比例控制在 1∶3 即可。

（四）因地制宜，区别对待

因地制宜，合理安排练习内容。由于不同的运动项目和锻炼者，对灵敏性都有不同的要求和表现形式，应根据其不同的特点和需求区别对待。

（五）消除紧张的心理状态

当训练者心理产生紧张情绪时，必然会导致肌肉反应迟钝，动作的协调性下降，影响训练效果。因此，在进行灵敏性训练时，应采用各种有效的方法与手段，消除训练者紧张的心理状态和恐惧心理。另外，张弛有度的心理状态还能促进灵敏性素质训练的水平。

（六）女性生理期要进行特殊训练

要注意女性的生理特点，必要时要进行特殊的训练。女子进入青春期，由于体重的增加，有氧能力下降，以及内分泌系统变化所致，灵敏性会出现明显下降，但这属正常生理性下降。锻炼者应正视这一规律，适当调整锻炼计划，青春期后，灵敏性仍会恢复和发展。

四、灵敏素质训练的方法

（一）灵敏素质训练的基本方法

第一，在跑、跳中做迅速改变方向的各种躲闪、突然起动以及各种快速急停和迅速转体训练等。

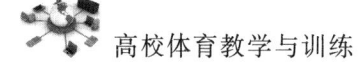

第二，做各种调整身体方位的训练。

第三，做专门设计的各种复杂多变的训练，如用"之字跑""躲闪跑""穿梭跑"和"俯卧撑"四项组成的综合性训练。

第四，以非常规姿势完成的训练，如侧向或倒退跳远、跳深等。

第五，限制完成动作的空间训练，如在缩小的球类运动场地进行训练。

第六，改变完成动作的速度或速率的训练，如变换动作频率或逐步增加动作的频率。

第七，做各种变换方向的追逐性游戏和对各种信号做出应答反应的游戏等。此外，体能训练中灵敏素质的训练还有很多，常见的训练手段如表6-1所示。

表9-1 发展灵敏素质的训练方式

序号	训练方式	训练实例
1	用非常规姿势完成训练	各种侧向或倒退方向的训练，如侧向或倒退跳远、跳深等
2	用对侧肢体或非常规姿势完成动作	用对侧臂掷铁饼或推铅球；用对侧脚盘带球或踢球，做反方向拳击防护
3	限定完成动作的空间	如球类运动缩小场地的训练
4	改变完成动作的速度频率	变换频率；逐步增加频率
5	改变技术环境或动作	如采用不熟悉的跳高、跳远技术；以起跳腿或非起跳腿进行超过机械或障碍的常用跳远技术训练
6	通过增加辅助动作提高训练难度	采用不同器械，设立不同目标，完成各不同任务的来回跑和接力跑
7	已掌握技能与新技能相结合	完成部分体操或花样滑冰中的成套动作。运用新学技能进行游戏或比赛
8	增加训练同伴的对抗能力	增加对方队员人数并使用不同战术；与不同的队进行比赛
9	制造非常规的训练条件	改变训练场地条件
10	进行相关与非相关项目训练	各种游戏或比赛；完成各种项目的技术动作或技能

（二）灵敏素质训练具体方法

1. 徒手练习

徒手练习法主要有单人练习和双人（结伴）练习等方法。

（1）单人练习法

①快速移动跑。此训练是为了提高大学生迅速反应、准确判断的能力，变换起跑快。一般练习时每组15秒，练习3组。

由站立姿势开始，两眼注视指挥手势或判断信号。当练习者听到信号或看到手势后，按照指挥方向进行前、后、左、右快速变换跑动。一般发出的指令的间隔时间不超过2秒。

②越障碍跑。此训练是为了提高大学生快速、灵巧地通过障碍物体的能力。练习2～3组。

面对跑道站立（在跑道上设立多种障碍）。听到"开始"信号后，练习者迅速敏捷地跑、跳、绕，通过各种障碍物体，并跑完全程，可采用计时的方式进行练习。

③弓箭步转体。此练习方法是为了提高大学生跳起稍腾空、转体到位的运动能力。连续跳转10秒/组，共练习3组。

由（左）弓箭步姿势开始，两臂自然位于体侧。听到"开始"信号后，练习者两脚蹬地跳起，身体向左（右）转180°呈右箭弓步姿势，有节奏地交替进行，采用计时计数均可。

④俯卧撑跳转体。此训练方法是为了让动作更加正确和连贯，每次练习每组要持续30秒，共练习3组。

由站立或蹲立姿势开始。听到"开始"信号后，练习者完成一次俯卧撑动作，即刻接原地跳转180°，计算30秒内完成动作的次数。

⑤原地团身跳。此训练方法是为了让大学生在进行运动时能够跳跃连贯、腾空明显、团身紧。持续练习5次/组，共练习3～5组。

由站立姿势开始。听到"开始"信号后，练习者原地双脚向上跳起，腾空后两腿迅速团身收紧，接着下落还原。连续进行团身跳，采用计时计数均可。

⑥退跑变疾跑。此训练方法是为了提高动作的变换速度，通过计时练习，重复3～5次。

由蹲距式起跑开始。听到"开始"信号后，练习者迅速转体180°，快速后退跑5米，接着再转体180°，向前疾跑5米。

⑦前、后滑跳移动。此训练方法是为了调整大学生前后移动的幅度，目的是保持幅度适中，水平移动。持续练习30秒/组，共练习2～4组。

两脚前后开立，上体稍前倾，两腿微屈，两臂位于体侧。听到"开始"信号后目视手势而移动身体，前滑跳时，后脚向后蹬地，前脚向前跨出，身体随之向前移动；当前脚落地后，随即向前蹬地，后脚向后跳，身体随之向后移动。前、后滑跳移动也可以采用左、右滑跳的方式进行练习。

（2）双人（结伴）练习

①模仿跑。此训练方法是为了让大学生在活动时保持注意力集中，随前变而

变，动作协调、有节奏。持续练习 15 秒/组，间隔 30 秒，共练习 4 组。

2 人一组，前后站立，间隔 3 米。听到"开始"信号后，前者在跑动中做出带有变向、急停、转身、跳跃等不同动作变换的练习，后者则模仿前者跑动。跑动中做出相同的动作变换。

②手触膝。此训练方法是为了提高大学生积极主动进攻对方的能力。每组持续练习 20 秒，间歇 20 秒，共练习 4~5 组。

2 人一组，面对站立。听到"开始"信号后，双方在移动中伺机手触对方膝盖部位。身体素质良好者可采用一些鱼跃、前扑等动作，触膝次数少者受罚。

③躲闪摸肩。此训练方法是为了提高大学生的灵敏躲闪能力。可计算 30 秒内拍中对方肩的次数，重复 2~3 组。

2 人站在直径为 2.5 米的圆圈内。听到"开始"信号后，练习者在规定的圈内跑动做一对一巧妙拍摸对方左肩的练习。

④过人。此训练方法是为了提高大学生的反应速度和肢体灵敏协调能力。在此训练期间，不准拉人、撞人，持续练习 20 秒/组，共练习 4~6 组。

在直径为 3 米的圆圈内，2 人各站半圈。听到"开始"信号后，一人防守，一人设法利用晃动、躲闪等假动作摆脱防守者进入对方的防区。交替进行。

⑤障碍追逐。此训练方法要求充分利用障碍物进行躲闪、转身等动作快速跑动。持续练习 20 秒/组，间歇 20 秒，共练习 5~6 组。

乙方为被追方在前，甲方为追方在后。听到"开始"信号后，练习者利用障碍物进行一对一追逐游戏，追上对方用手触到身体任何部位，即刻交换进行。

2. 器械练习

器械练习法包括单人练习和双人（结伴）练习两种基本练习形式。

（1）单人练习

单人练习包括多种形式的传球、运球、顶球、追球、颠球、托球、接球和多球练习、滚翻传接球练习、悬垂摆动、翻越肋木、钻山羊、钻栏架以及各种专项球类练习和技巧练习、体操练习等。

（2）双人（结伴）练习

结伴练习包括多种形式的传球、运球、接球、抢球、断球以及跳跃障碍、顶球接前滚翻等练习。下面简略介绍几个练习动作。

①扑球。此练习过程要求逐渐加快抛球速度，判断准确、主动接球。

二人一组，面对站立。一人将球抛向另一人体侧，对方可利用侧垫步、交叉垫步或交叉步起跳扑向球，并用手接住球。2 人交替进行练习。

②通过障碍。此练习过程中要求跑动迅速，变换敏捷。通过计时进行练习，重复练习3～5次。

面对障碍物站立。助跑5米，跳过山羊，钻过山羊，绕过双杠间，再返回起点。

③跳起踢球。此训练过程要求抛球到位，踢球准确。持续练习15次/组，重复练习2～3组。

2人间隔15米，面对站立。一人抛球至另一人体前或体侧方，对方快速跳起用脚准确踢球。交替进行练习。

④接球滚翻。此训练要求传球到位，接球滚翻协调、迅速。持续练习30秒/组，重复练习2～3组。

2人一组，一人坐在垫上（接球），另一人面对站立（传球）。坐在垫上，接不同方向、速度的来球。当接到左、右两侧的球后做接球侧滚动，接到正面的球后做接球后滚翻。交替进行练习。

3．组合练习

组合练习，是指把两个或两个以上的动作组合起来进行练习。灵敏素质组合练习有两个动作的组合、三个动作的组合和多个动作的组合练习。

（1）两个动作的组合练习

两个动作的组合练习主要有：交叉步接后退步，前踢腿跑接后撩腿跑，俯卧撑接原地高频跑，前滚翻接挺身跳转180°或360°，侧手翻接前滚翻、后踢腿跑接圆圈跑、俯卧膝触胸接躲闪跑、坐撑举腿接俯撑起跑、转体俯卧接膝触胸、变换跳转髋接交叉步跑、盘腿坐接后滚翻等。

（2）三个动作的组合练习

三个动作的组合练习主要有：俯卧撑→原地高频跑→跑圆圈，交叉步→侧跨步→滑步，腾空飞脚→侧手翻→前滚翻，滑跳→交叉步跑→转身滑步跑等，转髋→过肋木→前滚翻，旋风脚→侧手翻→前滚翻等。

（3）多个动作的组合练习

多个动作的组合练习主要有：跨栏架→钻栏架→跳栏架→滚翻，后滚翻转体180°→前滚翻→头手倒立前滚翻→挺身跳，分腿跳→后退跑→鱼跃前滚翻→俯卧撑，倒立前滚翻→单肩滚翻→侧滚→跪跳起、腾空飞脚→旋子→前滚翻→乌龙绞柱，跨栏跳栏→滚翻、悬垂摆动→双杠跳下→钻山羊→走平衡木、摆腿→后退跑→鱼跃前滚翻→俯卧撑等。

4．游戏练习

发展灵敏素质的体育游戏方法很多，如各种应答性游戏、追逐性游戏、集体游

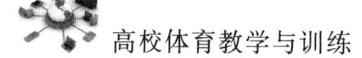

戏等。下面简略介绍几种游戏方法。

(1)"一不成二"(贴膏药)

此游戏训练是为了发展运动者反应、躲闪及奔跑能力,要求被追者必须从圈外跑,不得穿过圆圈;贴人时必须以背部贴靠别人身前,保持圆形队伍;凡以手摸到被追者即为追上,此时追者与被追者互换,游戏继续进行;被追者不得跑离圆圈队伍3米外或向远处跑去。

练习者站成单层圆圈,左右间隔两臂;另设2人一追一逃,被追逐者可沿圈外奔跑,与追逐者周旋,当不再想跑时,可从圈外钻入圈内,以背部紧贴任何站立者的身前,呈2人重叠,此时重叠外层的人便成为被追逐者;凡在被追逐者已组成2人重叠之前未被抓住者,原来的被追者为安全,追逐者须开始追外层的人(第2人)。队伍始终保持单人圆圈。

(2)排头捉排尾

此游戏训练是为了提高运动者灵活性和奔跑能力。要注意在游戏过程中队伍不能被拉断或拉散;排头触到排尾时,即刻更换排头和排尾,重新开始游戏。

练习者排成单行,用手抓住前面人的腰部;听到"开始"信号后,排头要努力地去捉排尾的人,而后半部分人则要努力地帮助排尾,不让排头捉到。

(3)"跳山羊"接力

此游戏的目的是培养运动者的灵巧性并提高其兴奋性,此游戏应注意在运动期间要以单跳双落的动作起跳、落地,身体钻越山羊时不能碰器械。

把练习者分成人数相等的甲乙两组,分别站在距"山羊"5米的起跑线上;听到"开始"信号后,每组第一人助跑分腿跳过"山羊",落地后,转体180°,再从"山羊"底下钻出跑回击打第二人的手,第二人与第一人动作相同,并以此类推进行。

(4)形影不离

此游戏是为了培养运动者的反应灵敏性。在运动期间要求甲方随机应变,乙方必须迅速准确地移动。

两人一组,标记为甲乙,并肩站立。甲方站在右侧可以自由变换位置和方向,站在左侧的乙方必须紧随其后,跟进仍站到甲方右侧位置。

(5)"水、火、雷、电"

此游戏是为了培养运动者的灵活性和反应速度,要求想象力丰富,变换动作快。

练习者在直径为15米的圆圈内快跑,教练员接连喊已商定的口令,所有人必须做出与之相适应的动作。

(6) 互相拍肩

此游戏是为了锻炼人的平衡能力和反应速度，要求伺机而动，身手敏捷。

两人相对 1 米左右站立，既要设法拍到对方的肩膀，又要防止对方拍到自己的肩膀。

(7) 抓"替身"

此游戏是为了培养运动者反应能力和奔跑能力，要求反应迅速、躲闪灵敏。

成对前后站立围成圈，指定一人抓，另一人逃，逃者通过站到一对人的前面来逃脱被抓，后面的人立即逃开。当抓人者拍打着被抓者时，两人交换继续抓"替身"。

(8) 双脚离地

此游戏训练是为了提高运动者的反应速度和观察应变能力，在练习时要求快速倒立、悬垂、举腿等。

练习者分散在指定的地方任意活动，指定其中几个为抓人者，听到教练的哨音后，谁的双脚离地就不会被抓，抓人者勿缠住一人不放。

(9) 听号接球

此游戏的目的是锻炼运动者的奔跑能力和反应速度。在运动期间要求根据时间和空间采取应急行动。

练习者围圈报数后向着一个方向跑动，教练持球站在圈中心，将球向空中抛起喊号，被喊号者应声前去接球。

(10) 围圈打"猴"

此游戏是为了培养运动者的掷球技术，反应敏锐度。在练习时要求眼观六路，耳听八方，掷球准确，躲闪机灵。

指定几个人当"猴"在圈中活动，余者作为"猎人"手持 2～3 个皮球围在圈外，掷球打圈中的"猴"（只准打腿部），被击中的"猴子"与掷球的"猎人"互换。

(11) 传球触人

此游戏是为了培养运动者的肢体灵活性和反应速度。要求传球者不得这球或走步违例，闪逃者不准踩线或跑出界外。

队员分散站在篮球场内，两个引导人利用传球不断移动，追逐场上队员并以球触及场内闪躲逃跑的队员。凡被球触及者参加传球，直到场上队员全部被触及为止。

(12) 追逐拍、救人

此游戏是为了培养运动者的自我牺牲精神。在游戏时要求判断准确，闪躲敏捷，救人机智。

队员分散站在场内，指定 4 名引导人为追逐者，其他队员闪躲逃跑。当有人被追到时，需马上原地站立，两手侧平举。此时，同伴者可去拍肩救他，使之复活逃脱。

参考文献

[1]曹颖,段旭亮.体能训练在高校体育教育中的创新体系[J].当代体育科技,2022(9):75-77.

[2]陈兴雷,高凤霞.高校体育教育与管理理论探索[M].天津:天津科学技术出版社,2022.06.

[3]陈昱,兰润生.高校体育教育融入游戏的价值选择与实施路径[J].吉林工程技术师范学院学报,2023(2):85-88.

[4]丁玉旭.高校体育教育训练学专业课程设置现状与策略分析[J].情感读本,2020(29):39-40.

[5]董一凡,牟少华.高校体育教育研究[M].昆明:云南大学出版社,2010.

[6]方平.高校体育教育训练现状研究[J].当代体育科技,2018(8):23,25.

[7]何鑫.高校体育教育管理创新途径探讨[J].文体用品与科技,2021(19):166-168.

[8]胡晓光.高校体育教育训练教学和心理健康教育的融合实践研究[J].中国学校卫生,2022(12):1924.

[9]来军.论高校体育教育与运动训练工作的重要性[J].体育画报,2022(8):185-186.

[10]李建春.基于素质教育视角的高校体育教学改革与发展探索[M].北京:中国书籍出版社,2022.

[11]李陆军.高校体育教育训练的思考与探索[J].中国电子商务,2012(4):260.

[12]李艳平.高校体育教育创新模式探究[J].拳击与格斗,2023(2):73-75.

[13]林丽芳.现代高校体育教育专业多维构建[M].北京:北京出版社,2021.

[14]林县伟.浅析当代高校体育教育与训练工作[J].亚太教育,2016(31):120.

[15]刘瑞.高校体育教育与素质教育的发展措施[J].大众商务(上半月),2021(6):238.

[16]刘同众."五育并举"背景下高校体育教育体系构建[J].新教育时代电子杂志(教师版),2022(27):77-80.

[17]刘伟.高校体育教育创新理念与实践教学研究[M].北京:九州出版社,2019.

[18]骆劲松.我国高校体育教育的现状和对策研究[J].花炮科技与市场,2020(3):52.

[19]施小花.当代高校体育教育理论与发展探究[M].长春:吉林人民出版社,2021.

[20]受中秋,王双,黄荣宝.高校体育教育发展与改革探究[M].长春:吉林大学出版社,2018.

[21]王冬梅.高校体育教育创新发展研究[M].长春:吉林人民出版社,2021.

[22]王丽丽,许波,李清瑶.教育技术在高校体育教学中的实践探索[M].吉林人民出版社,2021.

[23]王彦舒.高校体育训练实践教学创新探索——评《高校体育教育创新理念与实践教学研究》[J].中国教育学刊,2021(12):111.

[24]吴正兴.高校体育教育与终身体育教育的策略[J].山西青年,2021(19):73-74.

[25]谢萌.高校体育文化教育研究[M].吉林人民出版社,2021.

[26]谢明.高校体育教育理论探索与实务研究[M].长春:吉林人民出版社,2020.

[27]徐丽,牛文英,韩博.高校体育教育与实践[M].北京:新华出版社,2018.

[28]许智勇.浅析当代高校体育教育与训练工作[J].体育世界,2015(3):98-99,105.

[29]杨波,刘日良,朱明月.高校体育教育[M].北京:中国石化出版社,2018.

[30]杨乃彤,王毅.高校体育教学创新及运动教育模式应用研究[M].北京:九州出版社,2019.

[31]袁莉萍.中国高校体育教育研究[M].武汉:湖北科学技术出版社,2013.

[32]张亮.高校体育教育训练的研究及发展趋势[J].运动-休闲(大众体育),2022(9):91-93.

[33]张巧玲.高校体育教育训练的实践探究[J].当代教研论丛,2018(7):120.

[34]张旖旎,张秀丽,杨建灵.体能训练在高校体育教育中的创新体系[J].网羽世界,2021(22):31-32.

[35]钟频.新形势下高校体育教育教学改革研究[J].冰雪体育创新研究,2022(18):114-117.

[36]周丽云,刘朝猛,王献升.高校体育教育理论与项目实践教程[M].北京:中国书籍出版社,2022.

[37]朱贺萌.体能训练在高校体育教育中的创新体系分析[J].体育风尚,2020(2):42-43.

[38]朱林.关于高校体育教育训练的研究及发展趋势[J].体育画报,2021(8):222-223.